Billar tres bandas: Autour du monde modèles

De tournois de championnat professionnel

Testez-vous contre les joueurs professionnels

Allan P. Sand
PBIA Instructeur de billard certifié

ISBN 978-1-62505-284-1
PRINT 7x10

ISBN 978-1-62505-438-8
PRINT 8.5x11

First edition

Copyright © 2019 Allan P. Sand

All rights reserved under International and Pan-American Copyright Conventions.

Published by Billiard Gods Productions.
Santa Clara, CA 95051
U.S.A.

For the latest information about books and videos, go to: http://www.billiardgods.com

Acknowledgements
Wei Chao created the software that was used to create these graphics.

Contenu du livre

Introduction 1
À propos des dispositions de table 1
Instructions de configuration de la table...2
But de la disposition des tables 2
A: Jambe courte (bandas long) 3
A: Groupe 1 3
A: Groupe 2 8
A: Groupe 3 13
A: Groupe 4 18
A: Groupe 5 23
A: Groupe 6 28
A: Groupe 7 33
B: Inverser les motifs 38
B: Groupe 1 38
B: Groupe 2 43
B: Groupe 3 48
B: Groupe 4 53
C: Jambe étendue 58
C: Groupe 1 58
C: Groupe 2 63
C: Groupe 3 68
D: Grosse boule dans le coin de la maison 73
D: Groupe 1 73
D: Groupe 2 78
D: Groupe 3 83
D: Groupe 4 88
D: Groupe 5 93
D: Groupe 6 98
D: Groupe 7 103
D: Groupe 8 108
D: Groupe 9 113
E: Suivre dans le coin 118
E: Groupe 1 118
E: Groupe 2 123
E: Groupe 3 128
F: Chemins courts, modifies 133
F: Groupe 1...133
F: Groupe 2...138

Other books by the author ...

- 3 Cushion Billiards Championship Shots (a series)
- Carom Billiards: Some Riddles & Puzzles
- Carom Billiards: MORE Riddles & Puzzles
- Why Pool Hustlers Win
- Table Map Library
- Safety Toolbox
- Cue Ball Control Cheat Sheets
- Advanced Cue Ball Control Self-Testing Program
- Drills & Exercises for Pool & Pocket Billiards
- The Art of War versus The Art of Pool
- The Psychology of Losing – Tricks, Traps & Sharks
- The Art of Team Coaching
- The Art of Personal Competition
- The Art of Politics & Campaigning
- The Art of Marketing & Promotion
- Kitchen God's Guide for Single Guys

Introduction

Ceci est l'une des séries de livres de billar tres bandas qui montrent comment les joueurs professionnels prennent des décisions, en fonction de la disposition des tables. Toutes ces mises en page proviennent de compétitions internationales.

Ces dispositions vous placent dans la tête du joueur, en commençant par les positions des boules (indiquées dans le premier tableau). La deuxième disposition du tableau montre ce que le joueur a décidé de faire.

À propos des dispositions de table

Ce sont les trois balles sur la table:

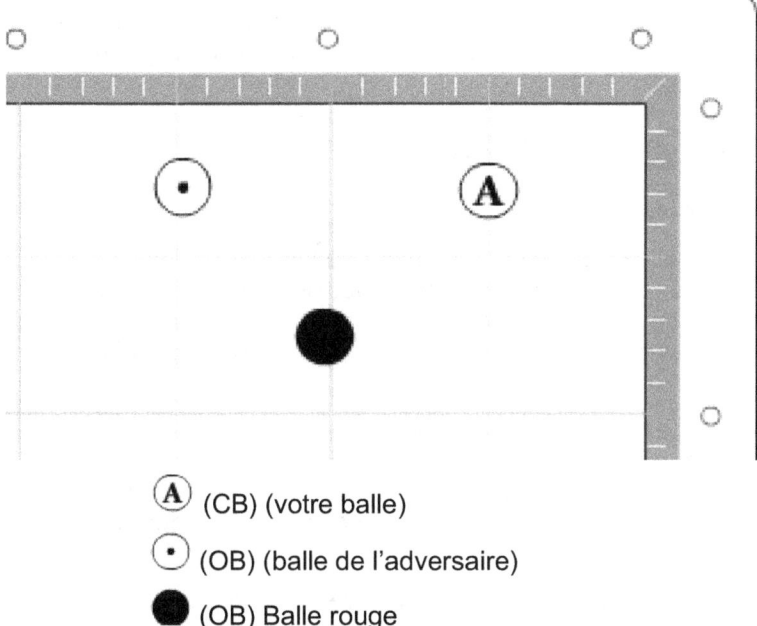

Ⓐ (CB) (votre balle)

◉ (OB) (balle de l'adversaire)

● (OB) Balle rouge

Chaque configuration a deux dispositions de table. Le premier tableau est la position de la balle. La deuxième table est la façon dont les balles se déplacent sur la table.

Instructions de configuration de la table

Utilisez des anneaux de reliure en papier pour marquer les positions de la balle (achetez dans n'importe quel magasin de fournitures de bureau).

Placez une pièce de monnaie sur chaque coussin de table que le (CB) touchera.

Comparez votre chemin (CB) avec la configuration de la deuxième table. Pour apprendre, vous pouvez avoir besoin de plusieurs tentatives. Après chaque échec, effectuez les réglages et réessayez jusqu'à ce que vous réussissiez.

But de la disposition des tables

Ces mises en page sont fournies à deux fins.

- Votre analyse - À la maison, vous pouvez réfléchir à la manière de jouer la configuration sur la première table. Comparez vos idées au modèle actuel de la deuxième table. Pensez à votre solution et envisagez des options. À partir du deuxième tableau, vous pouvez également analyser comment suivre le modèle. Jouez mentalement le coup et décidez comment vous pouvez réussir.

- Entraînez-vous à la configuration de la table - Placez les balles en place, conformément à la configuration du premier tableau. Essayez de tirer de la même manière que le motif de la deuxième table. Vous devrez peut-être faire plusieurs tentatives avant de trouver la bonne façon de jouer. C'est ainsi que vous pouvez apprendre et jouer ces coups lors des compétitions et des tournois.

La combinaison de l'analyse mentale et de la pratique pratique fera de vous un joueur plus intelligent.

A: Jambe courte (bandas long)

Sur cette série de configurations de billes, le (CB) contacte en premier (OB), ce qui est très proche du bandas long. Le (CB) entre alors dans le standard mondial.

Ⓐ (CB) (votre balle) - ☉ (OB) (balle de l'adversaire) – ● (OB) Balle rouge

A: Groupe 1

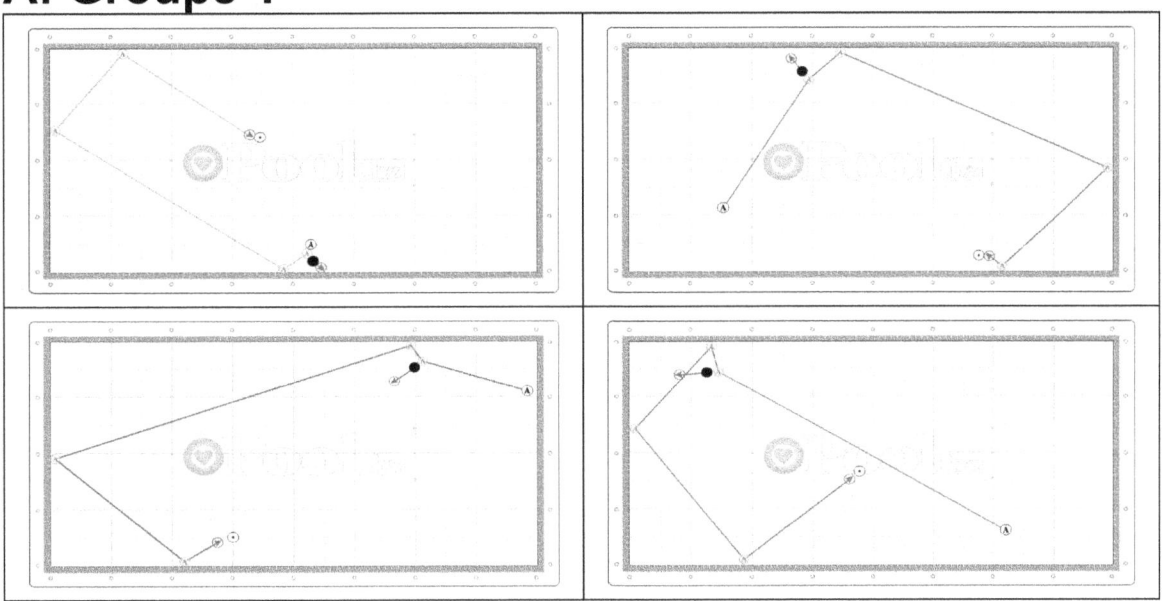

Une analyse:

A:1a. _____

A:1b. _____

A:1c. _____

A:1d. _____

A:1a – Installer

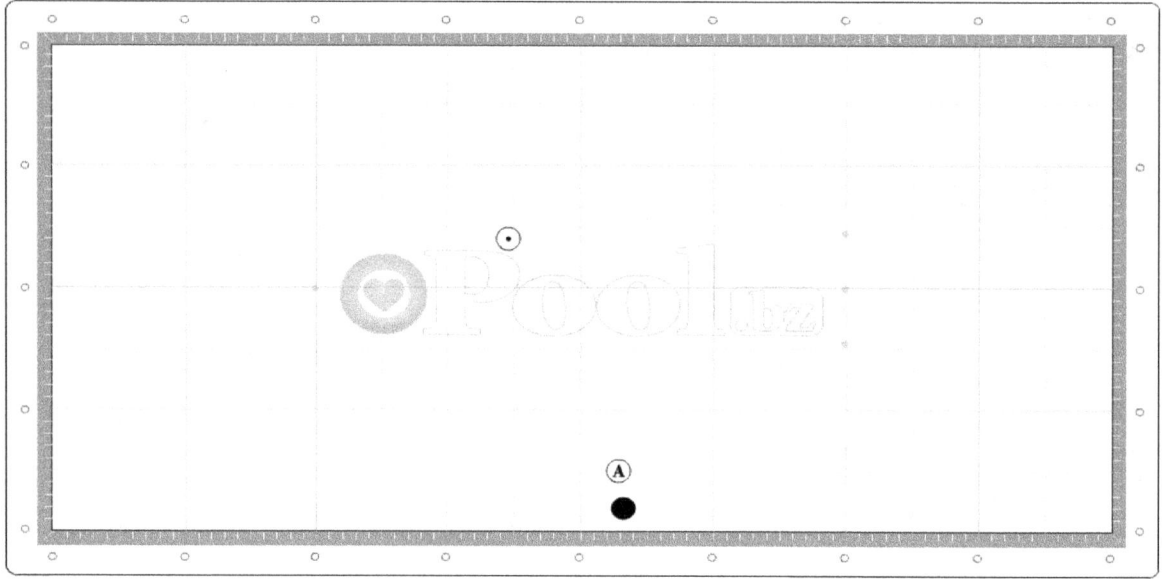

Notes et idées:

Modèle de balle

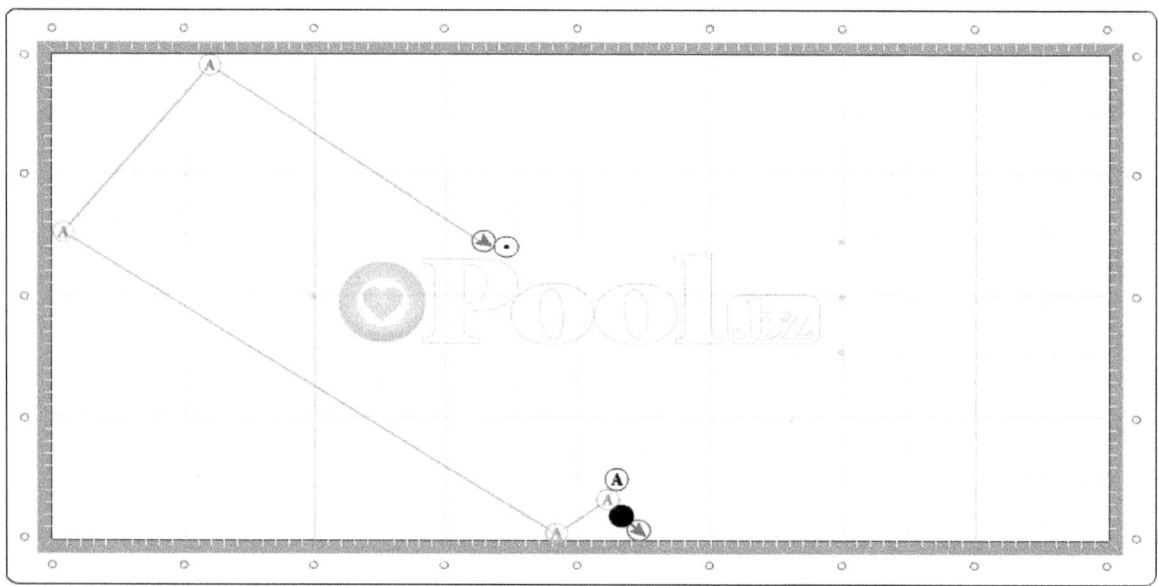

A:1b – Installer

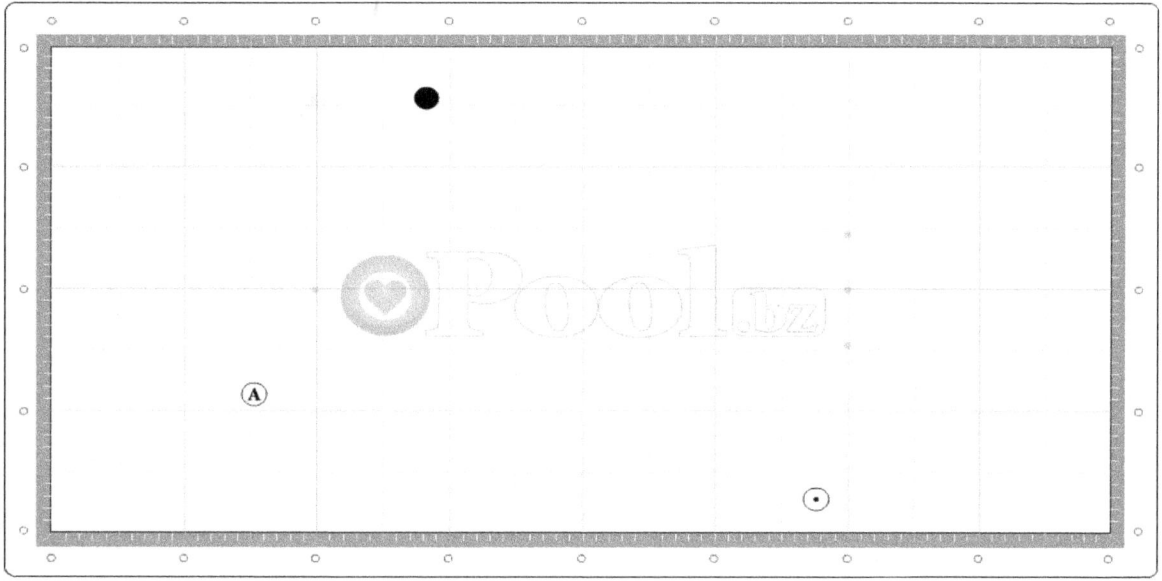

Notes et idées:

Modèle de balle

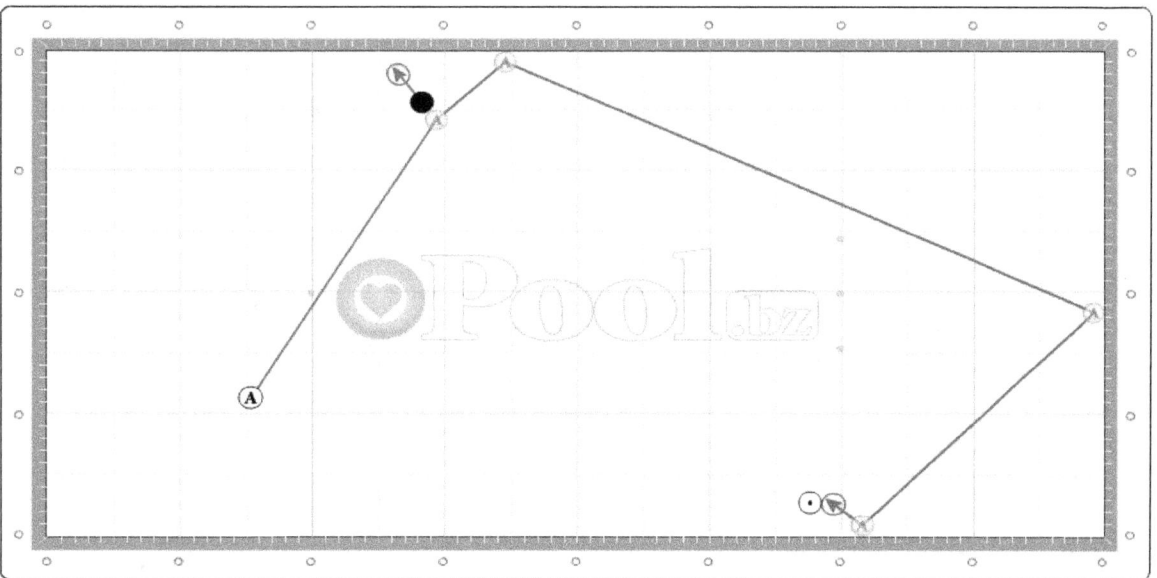

A:1c – Installer

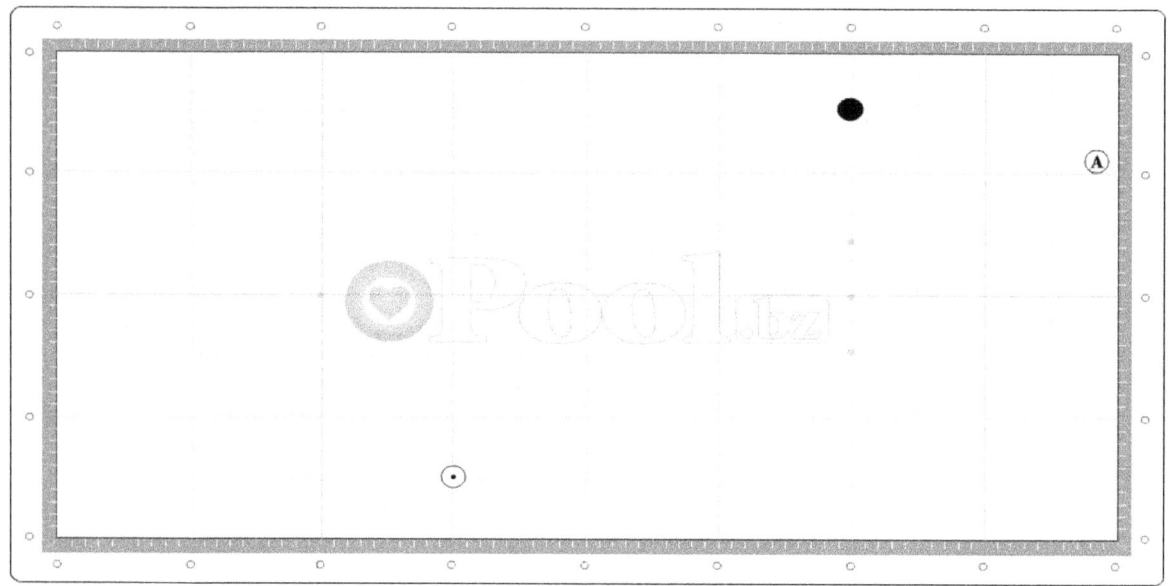

Notes et idées:

Modèle de balle

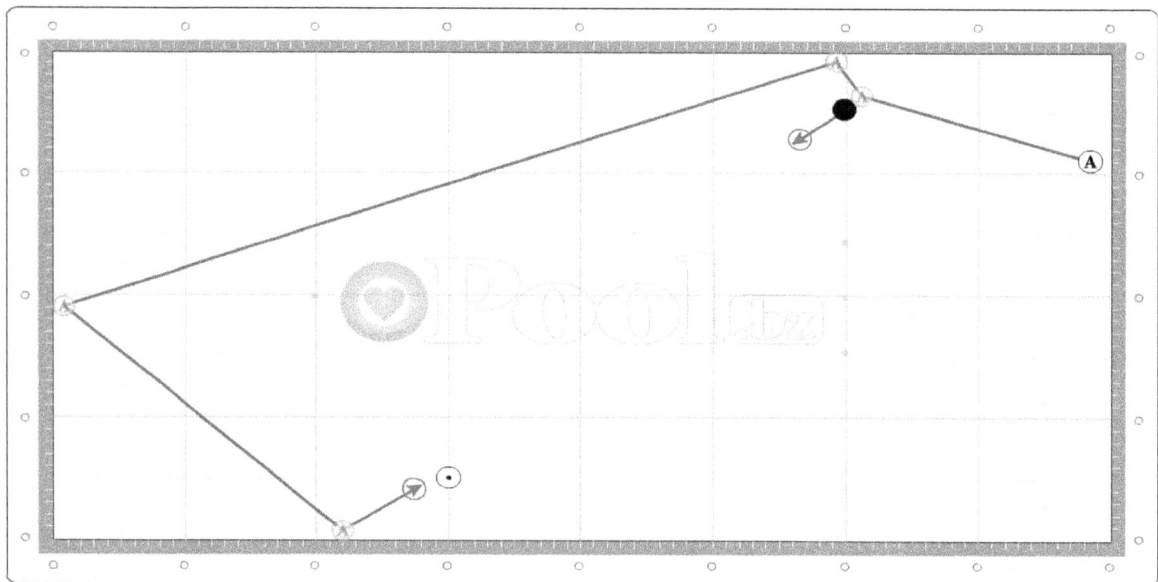

A:1d – Installer

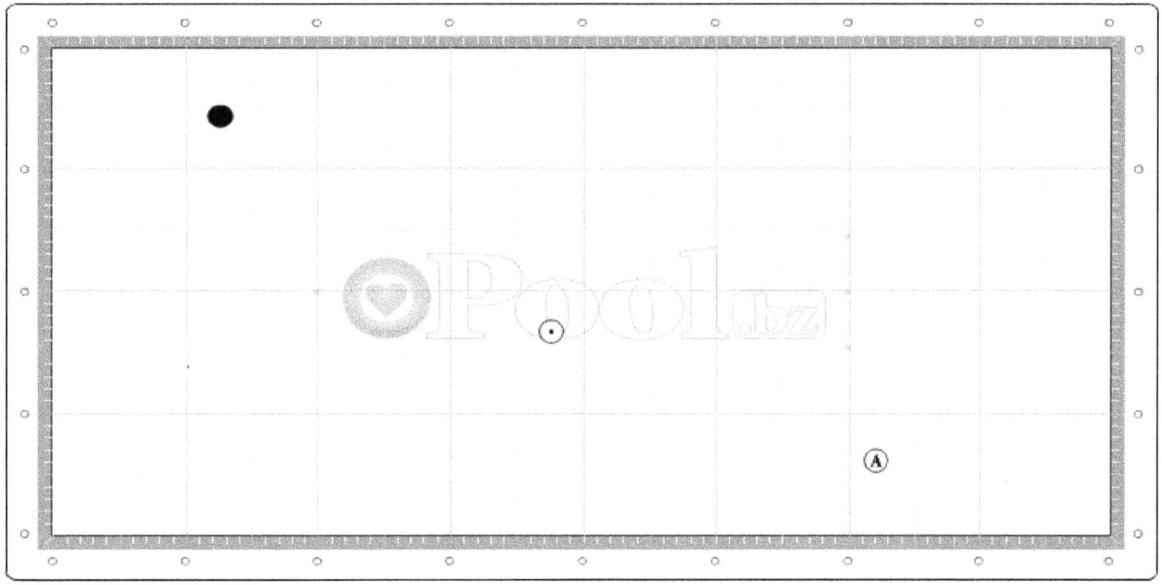

Notes et idées:

Modèle de balle

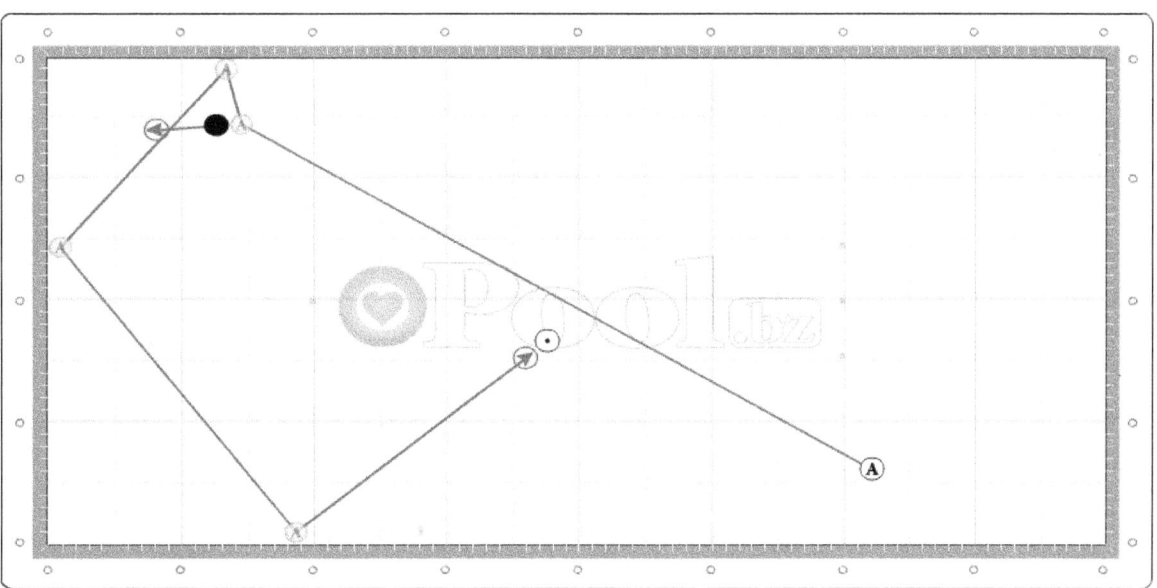

A: Groupe 2

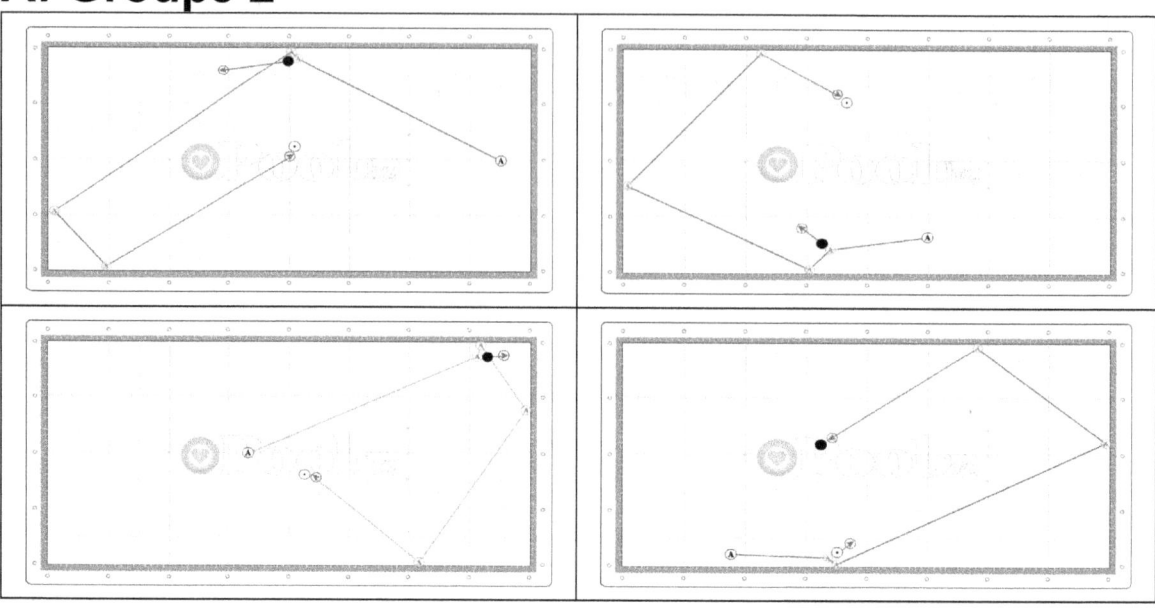

Une analyse:

A:2a. _____

A:2b. _____

A:2c. _____

A:2d. _____

A:2a – Installer

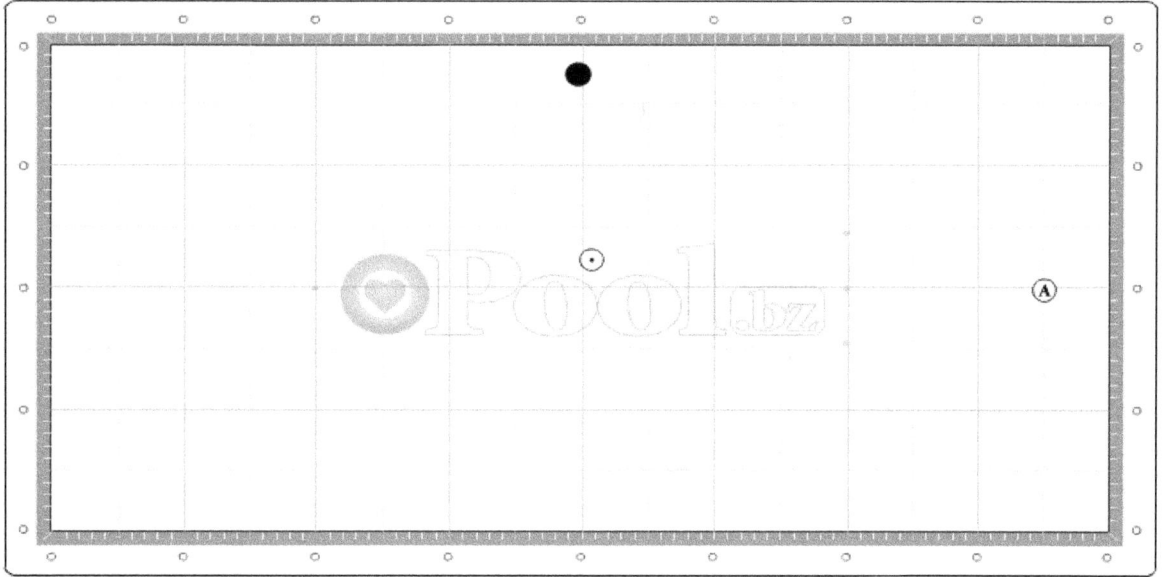

Notes et idées:

Modèle de balle

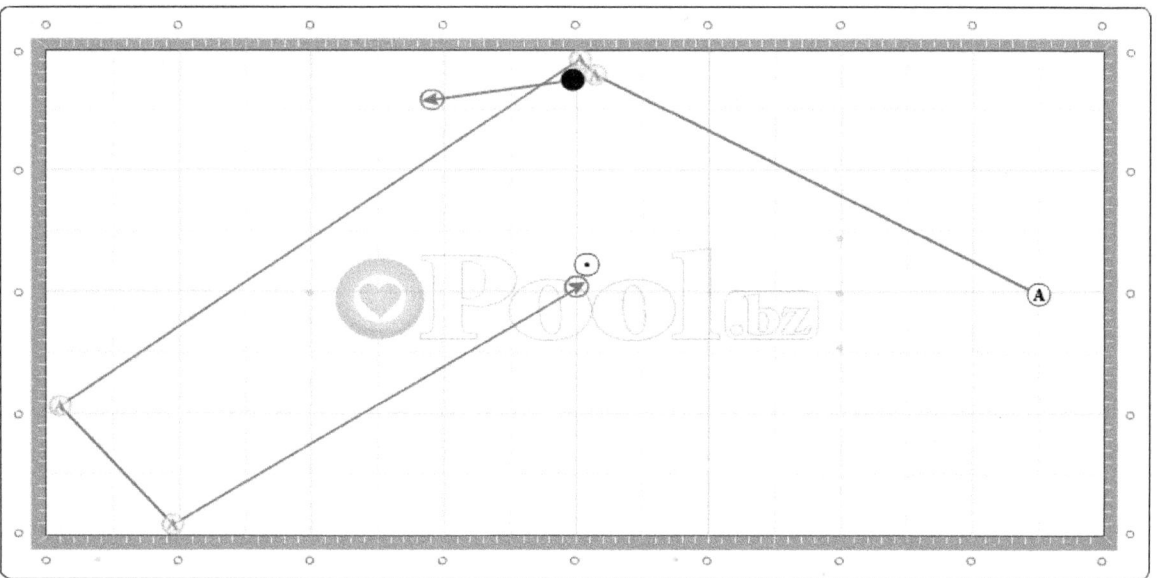

A:2b – Installer

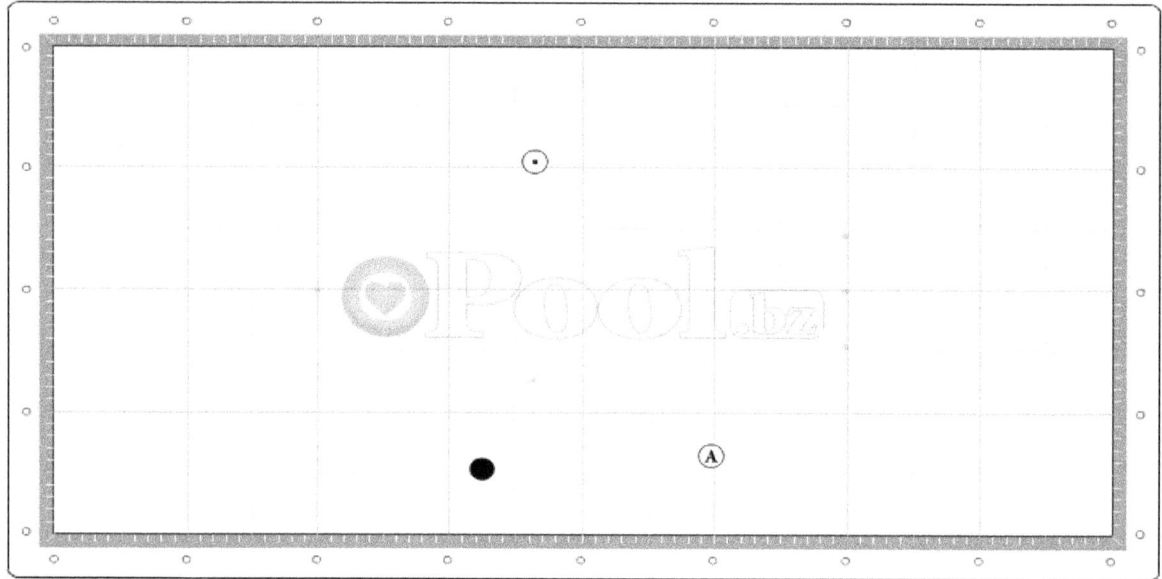

Notes et idées:

Modèle de balle

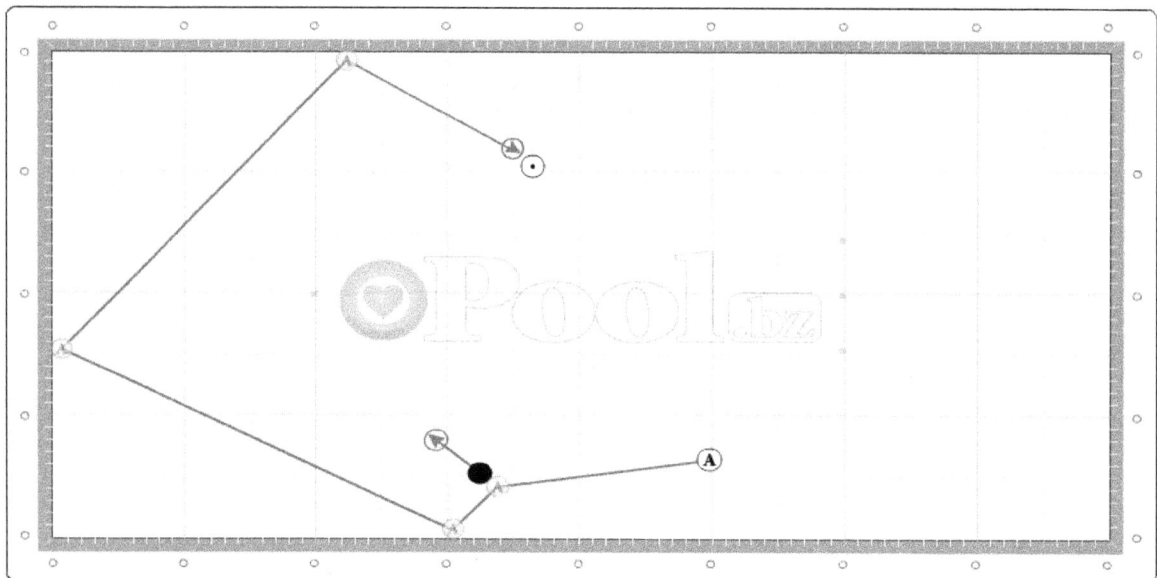

A:2c – Installer

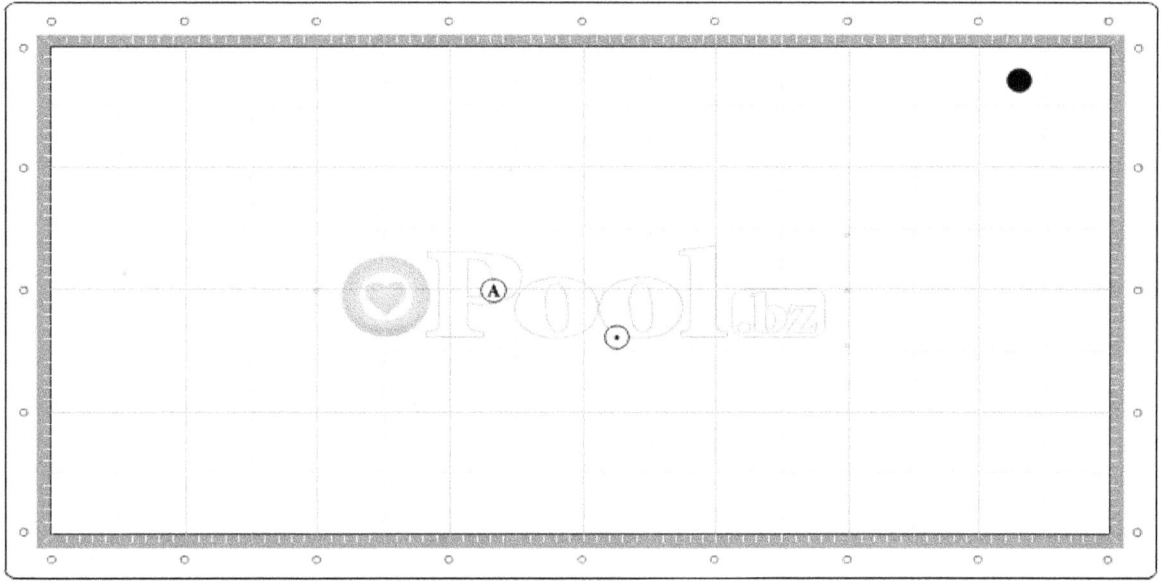

Notes et idées:

Modèle de balle

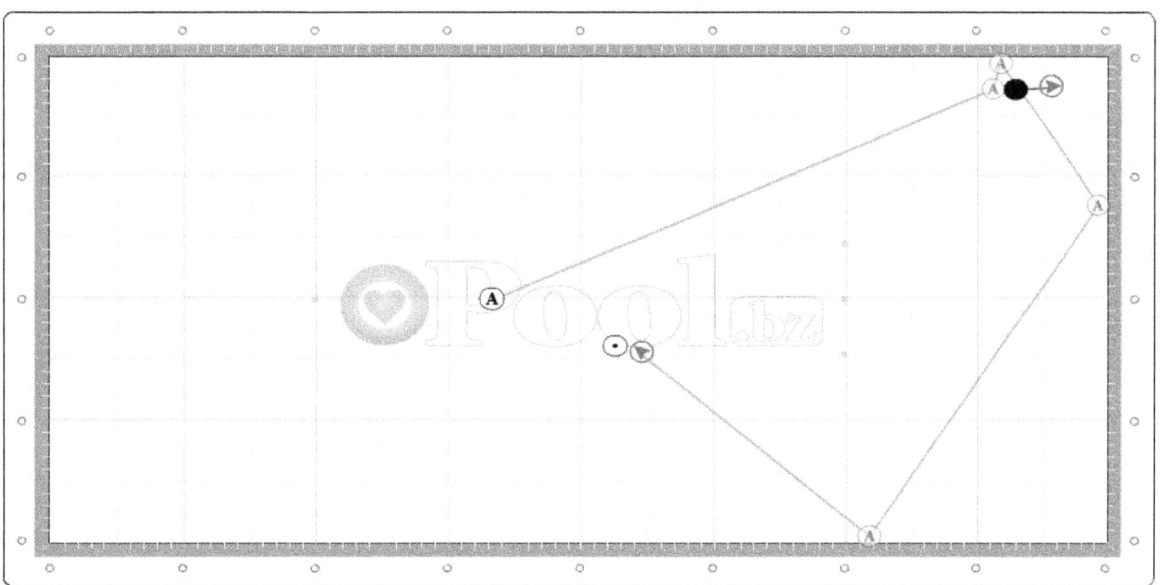

A:2d – Installer

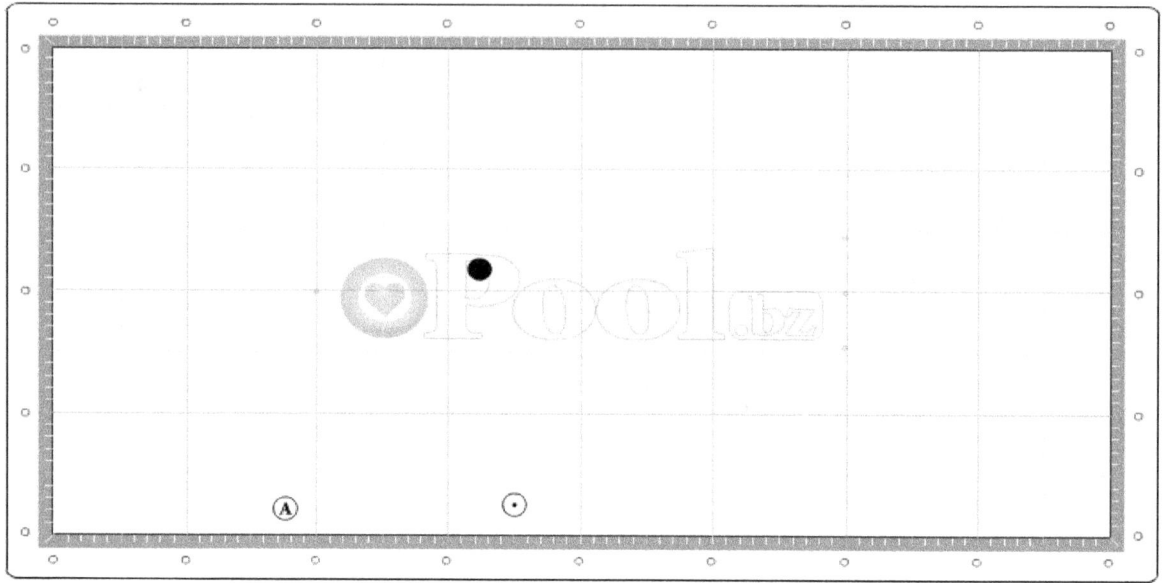

Notes et idées:

Modèle de balle

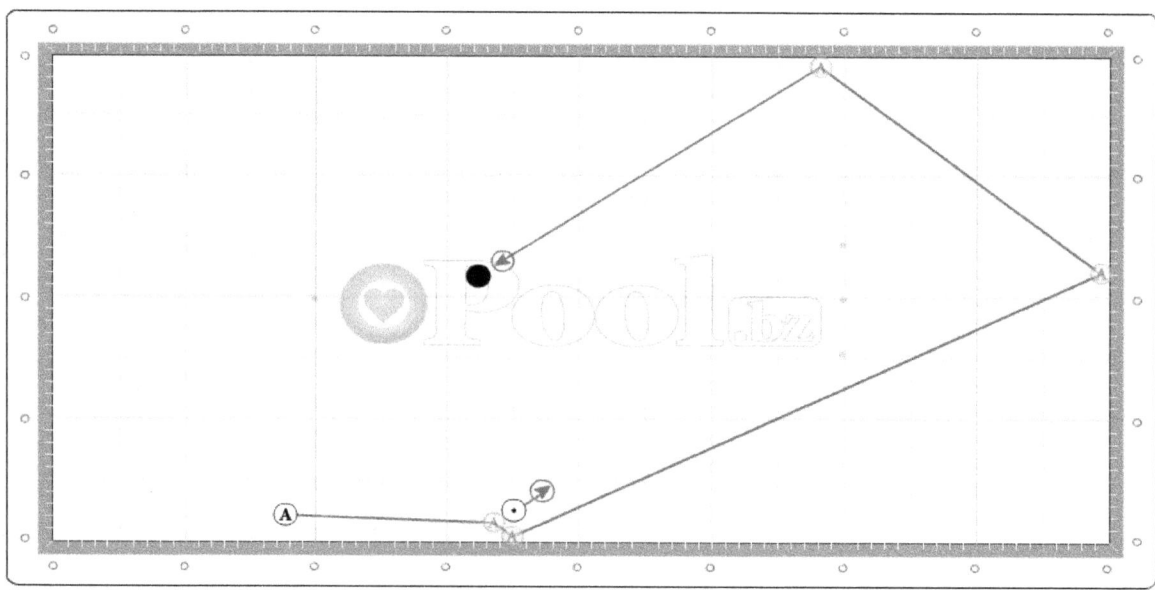

A: Groupe 3

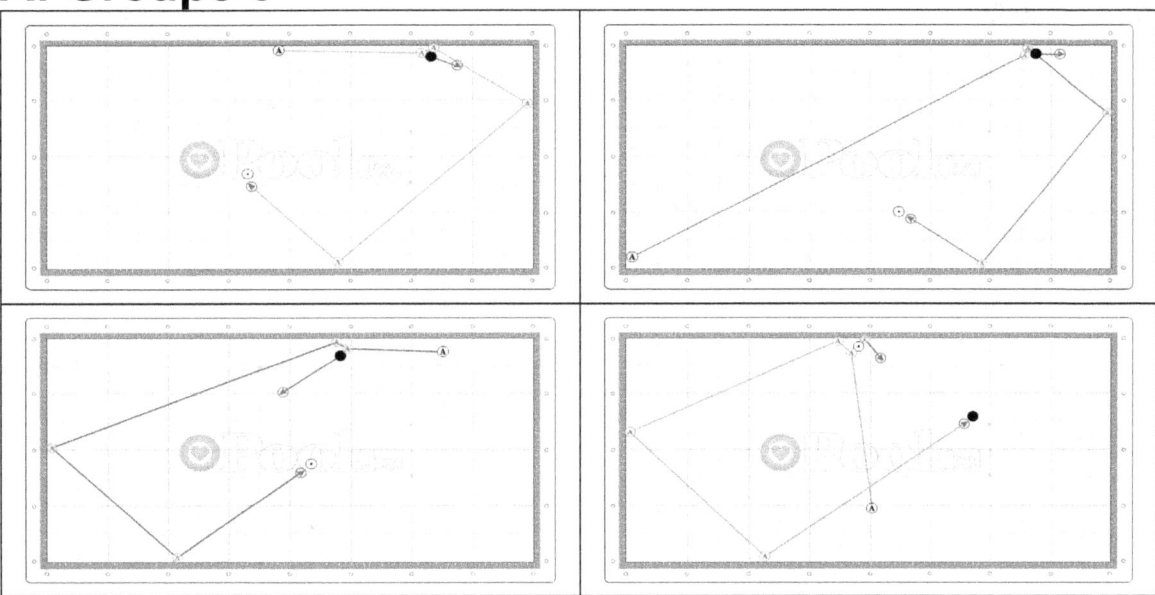

Une analyse:

A:3a. _____

A:3b. _____

A:3c. _____

A:3d. _____

A:3a – Installer

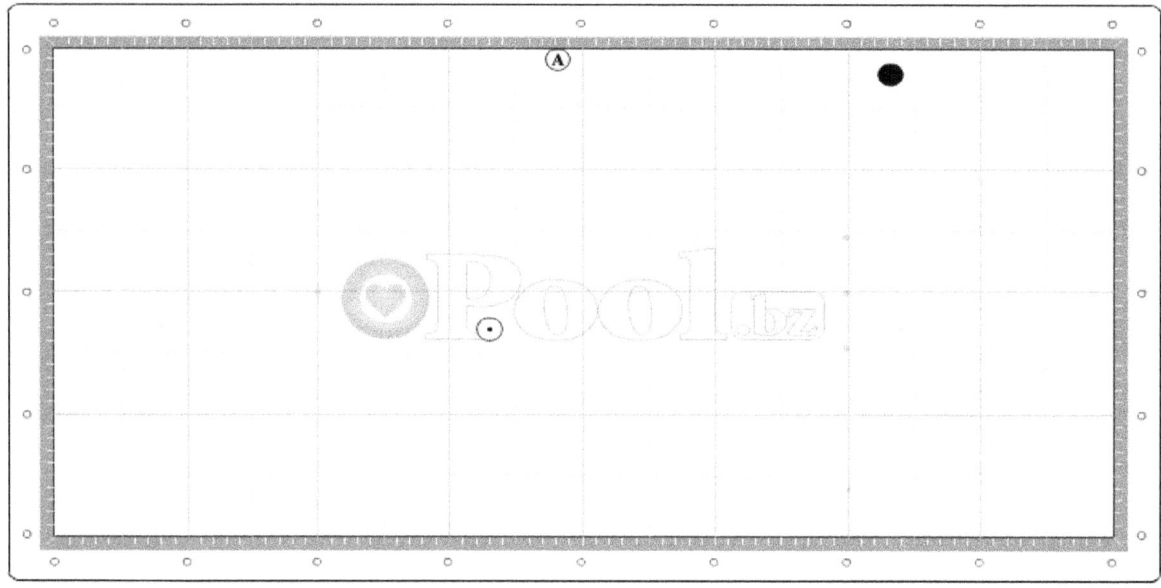

Notes et idées:

Modèle de balle

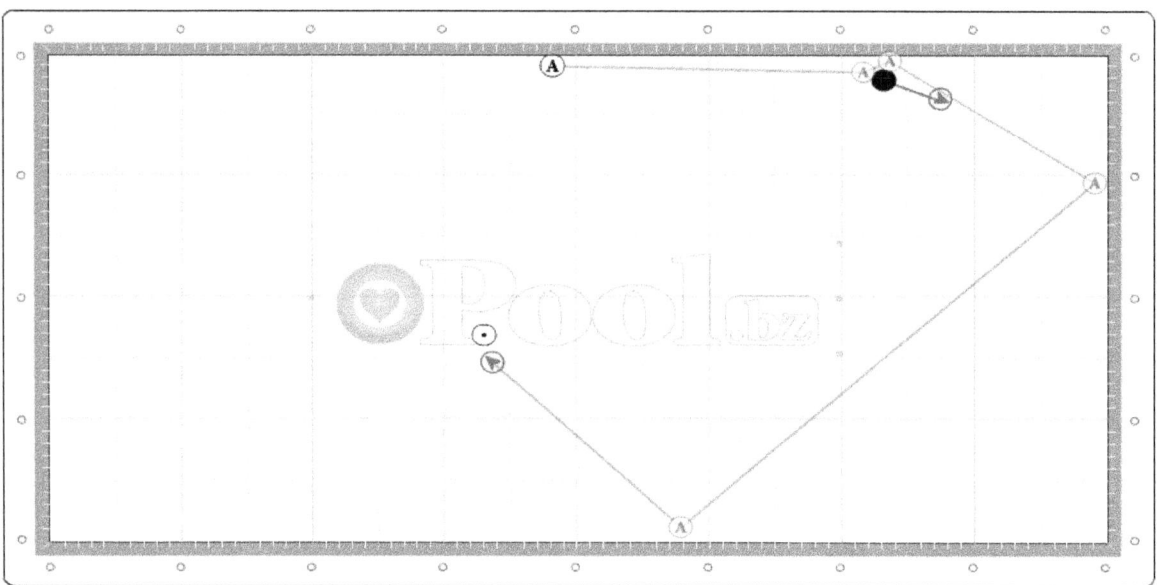

A:3b – Installer

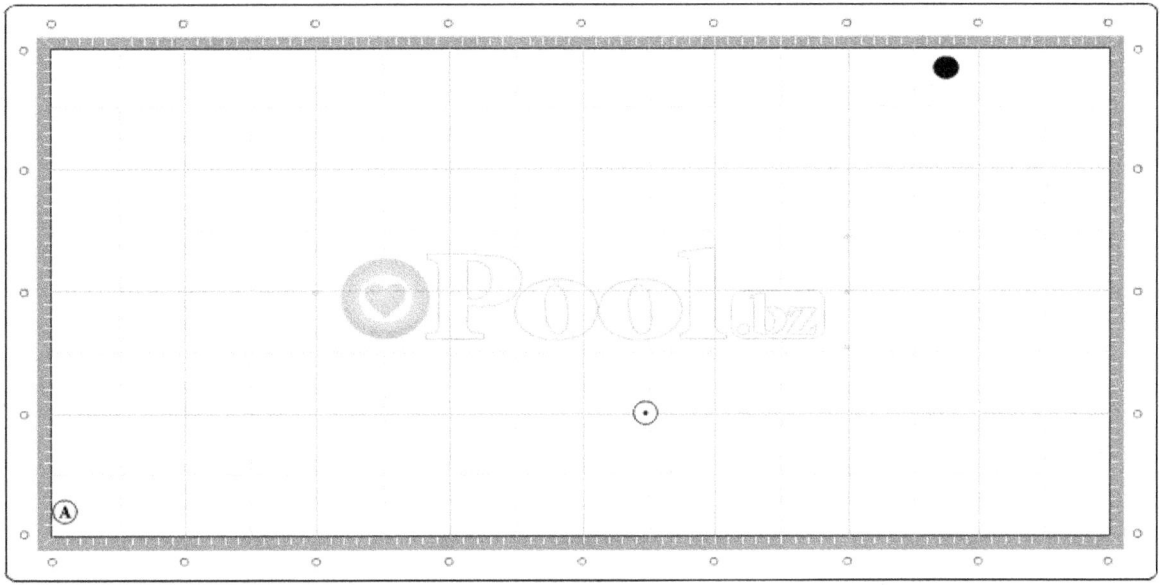

Notes et idées:

Modèle de balle

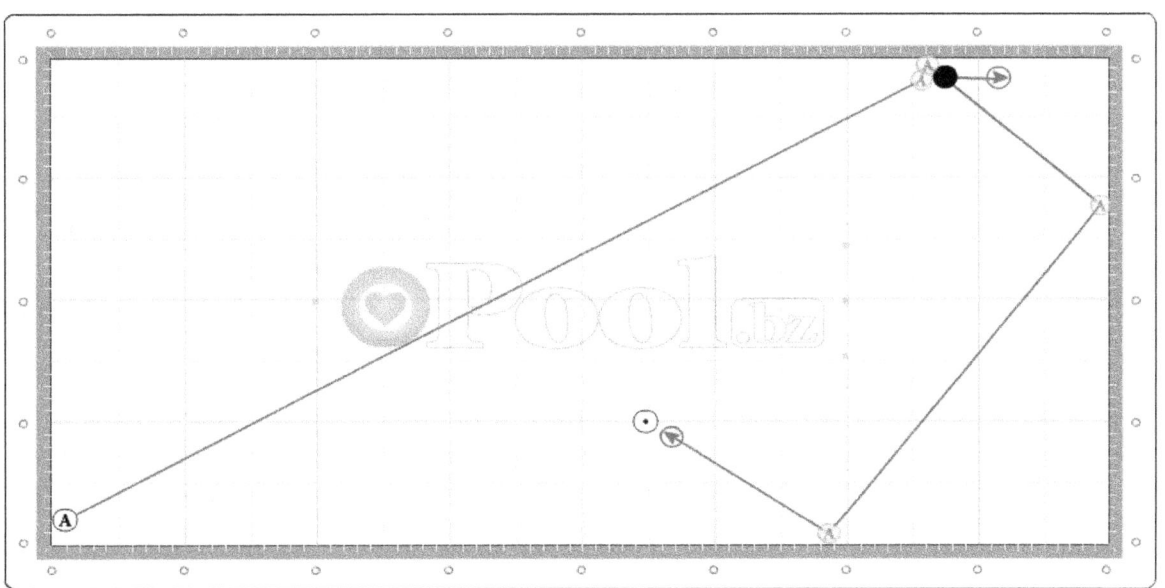

A:3c – Installer

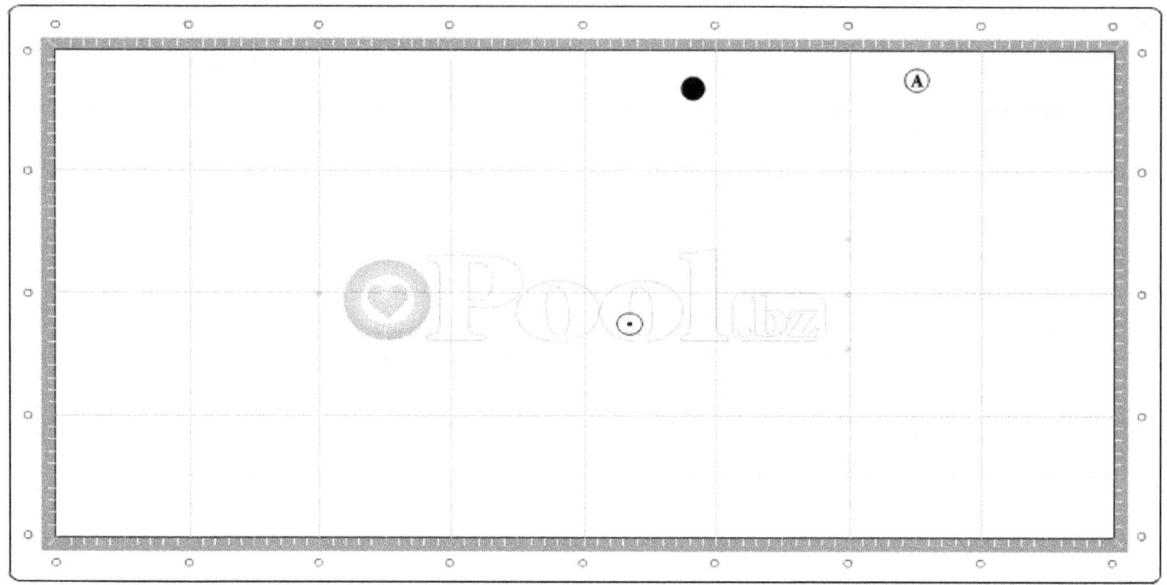

Notes et idées:

Modèle de balle

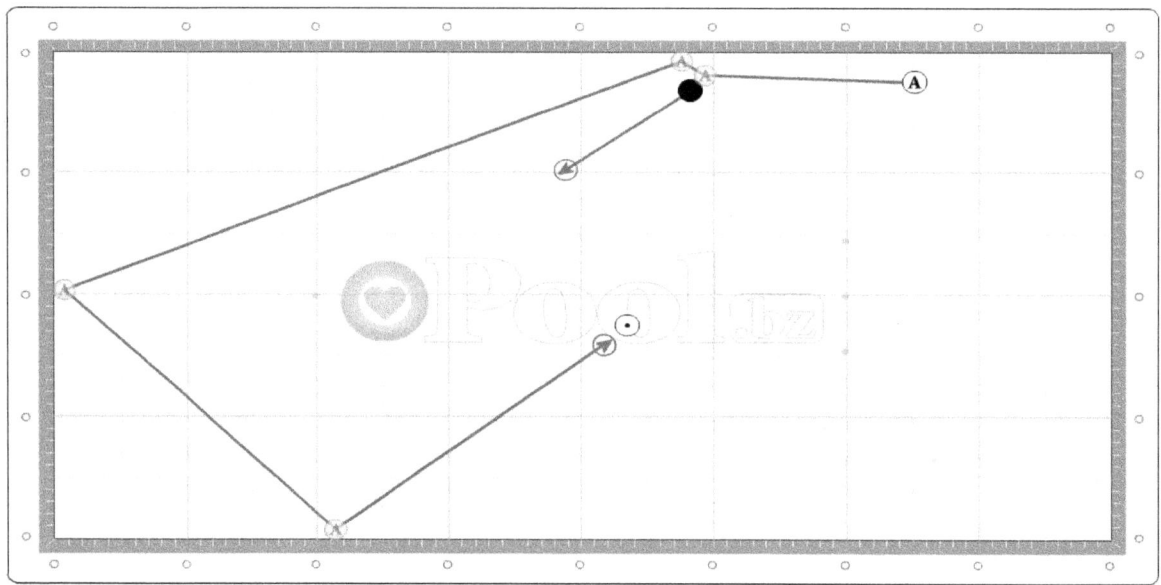

A:3d – Installer

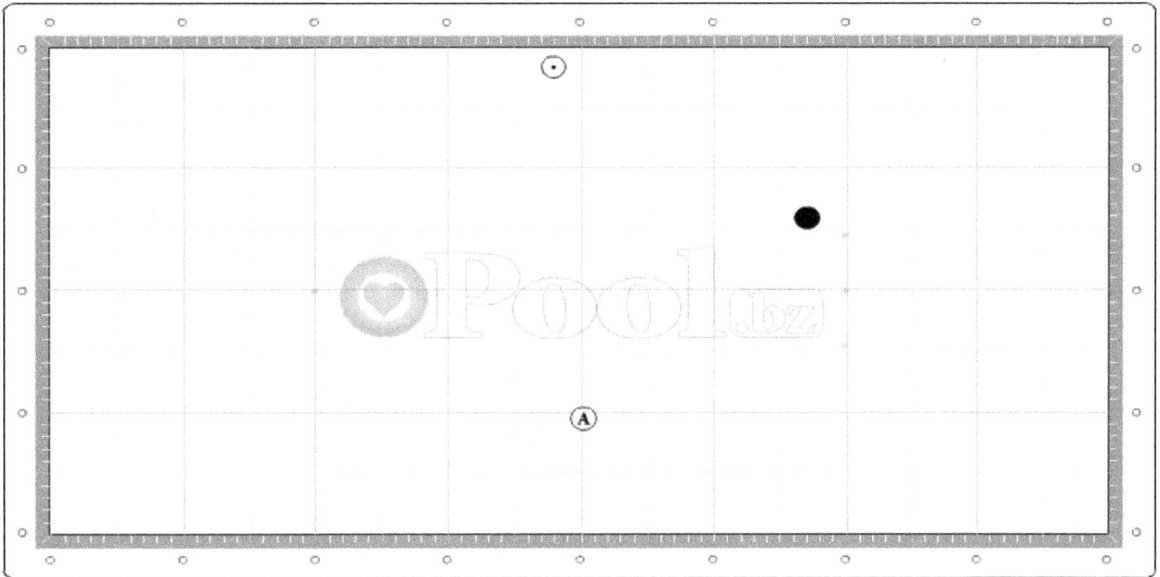

Notes et idées:

Modèle de balle

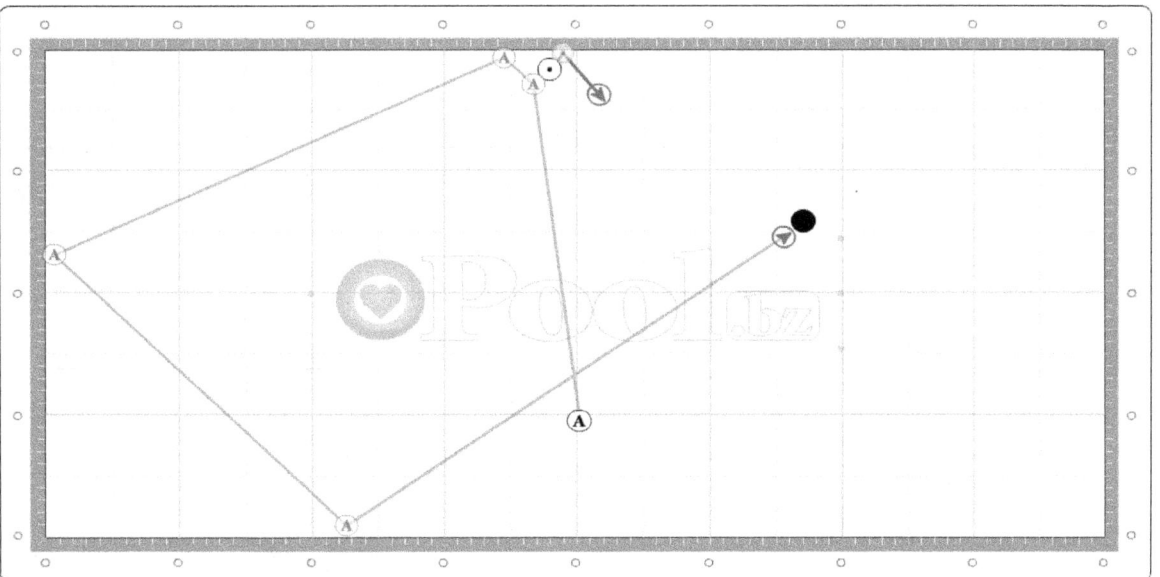

A: Groupe 4

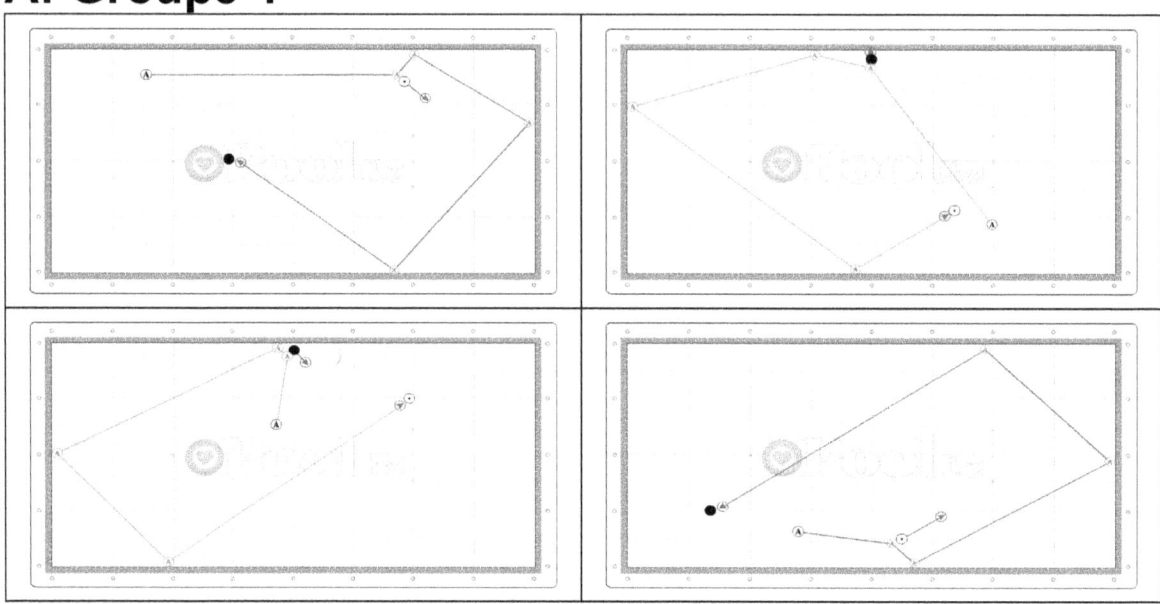

Une analyse:

A:4a. _____

A:4b. _____

A:4c. _____

A:4d. _____

A:4a – Installer

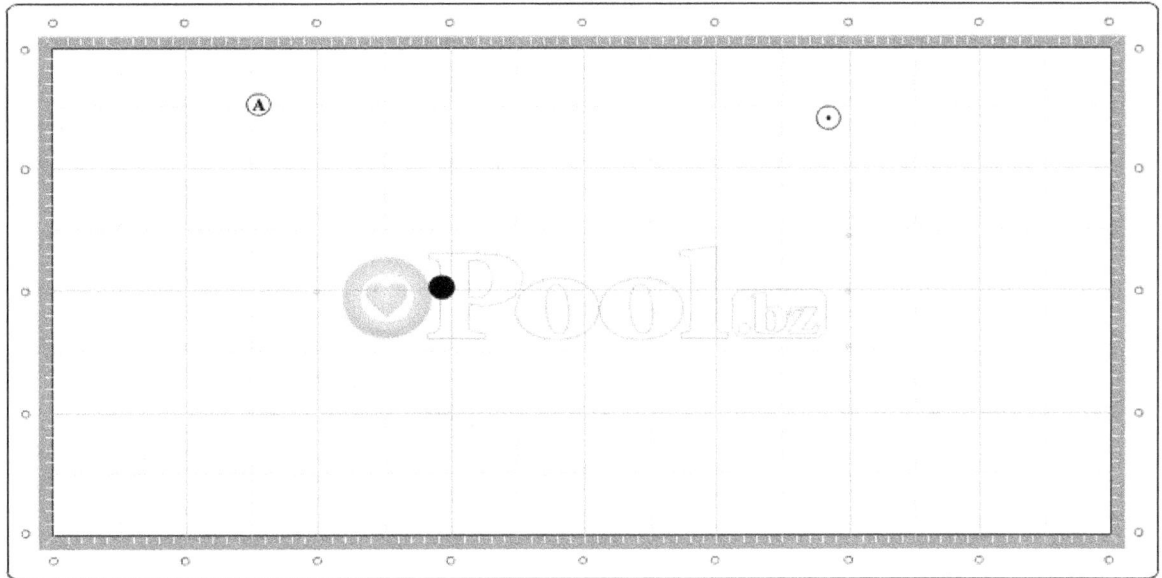

Notes et idées:

Modèle de balle

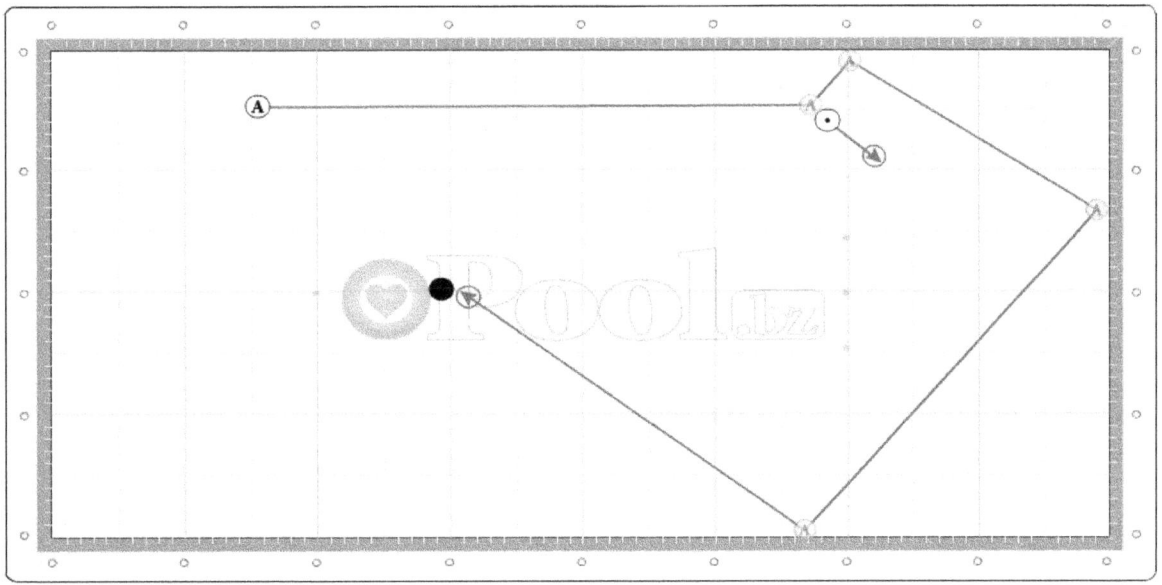

A:4b – Installer

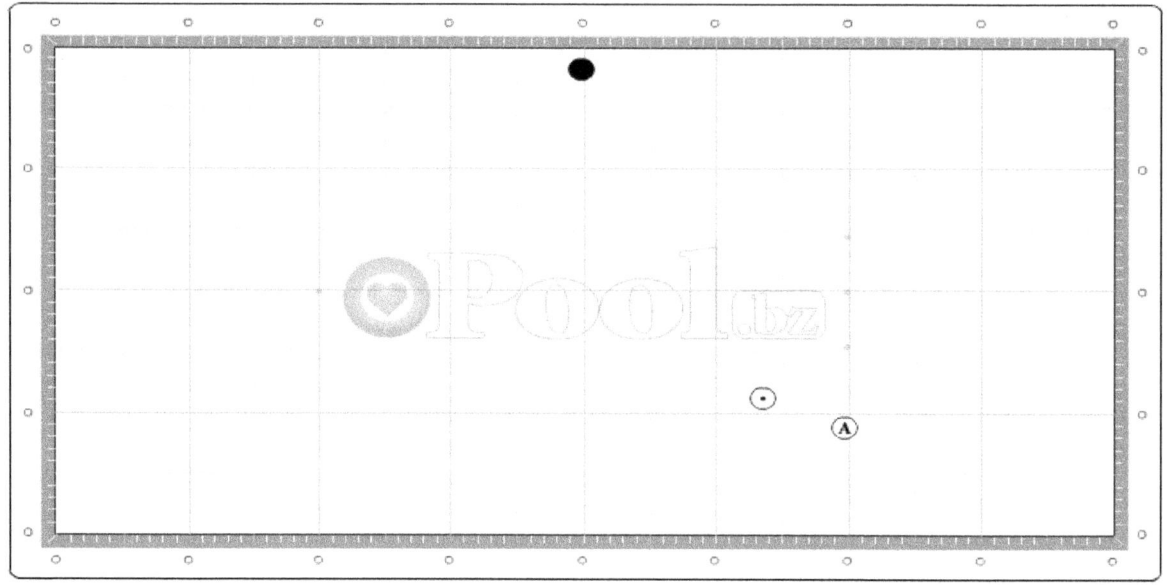

Notes et idées:

Modèle de balle

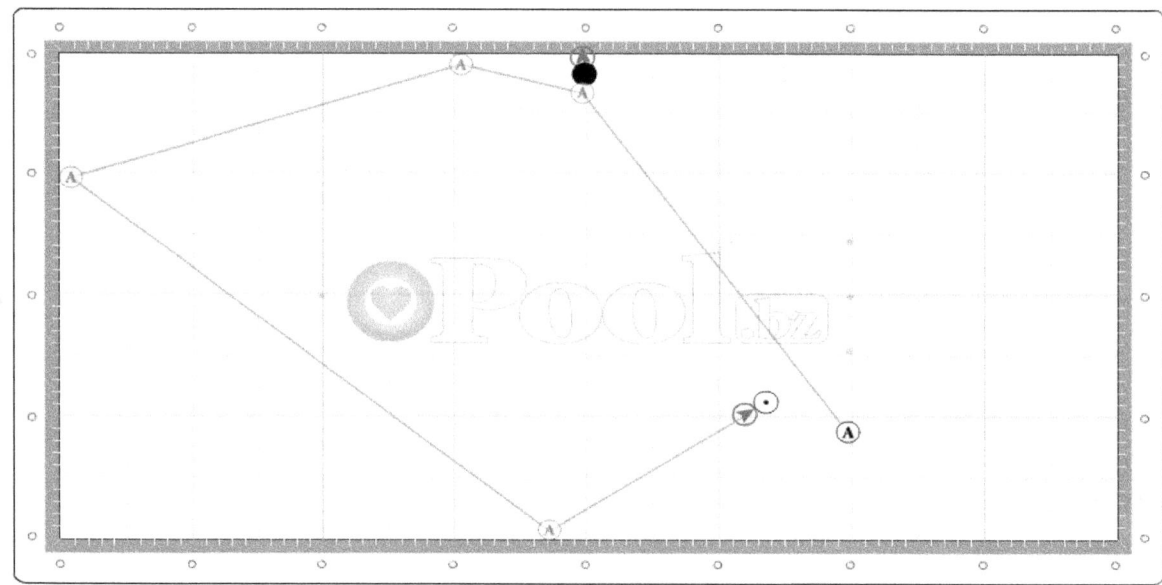

A:4c – Installer

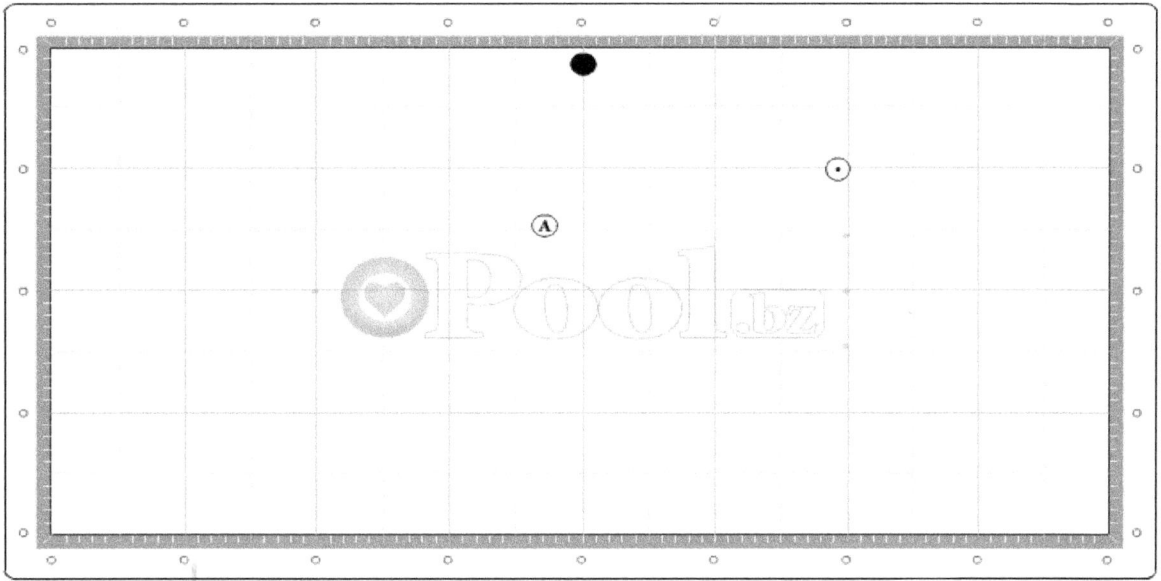

Notes et idées:

Modèle de balle

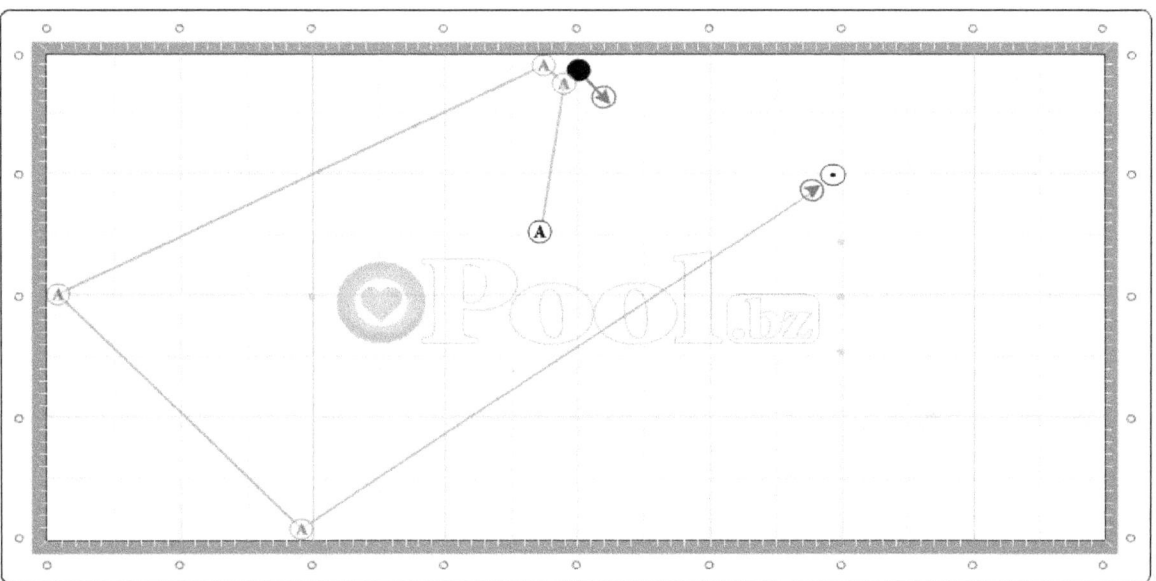

A:4d – Installer

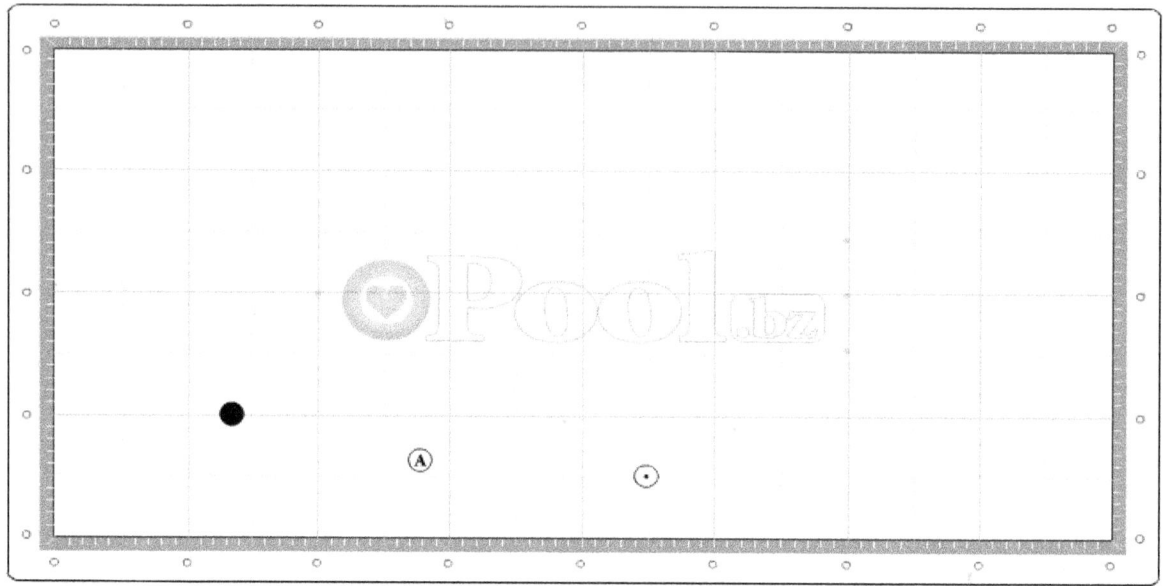

Notes et idées:

Modèle de balle

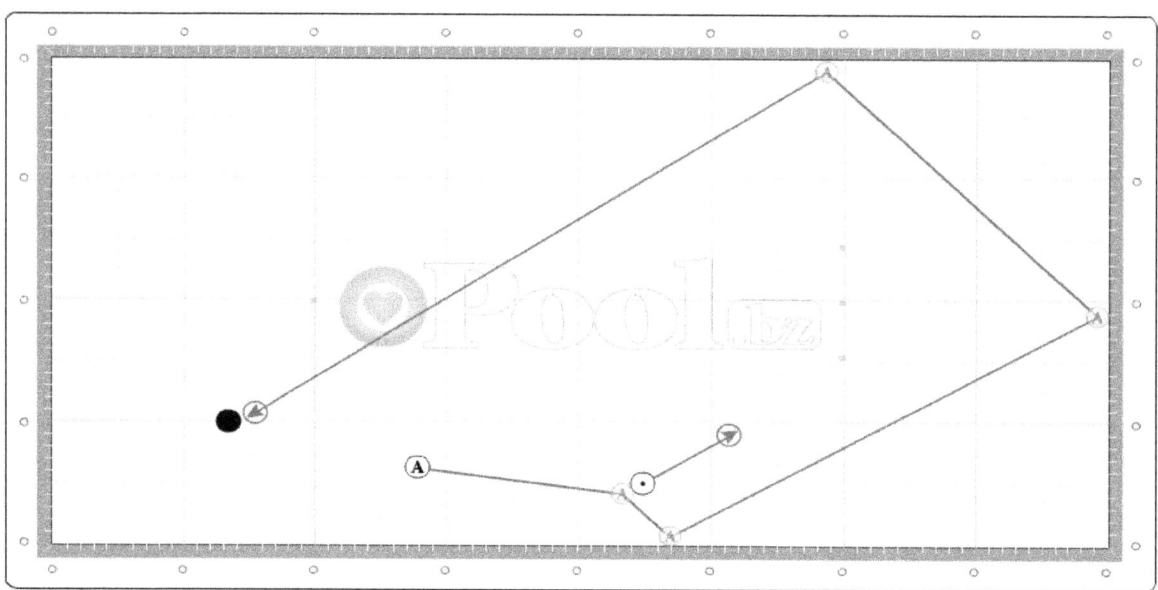

A: Groupe 5

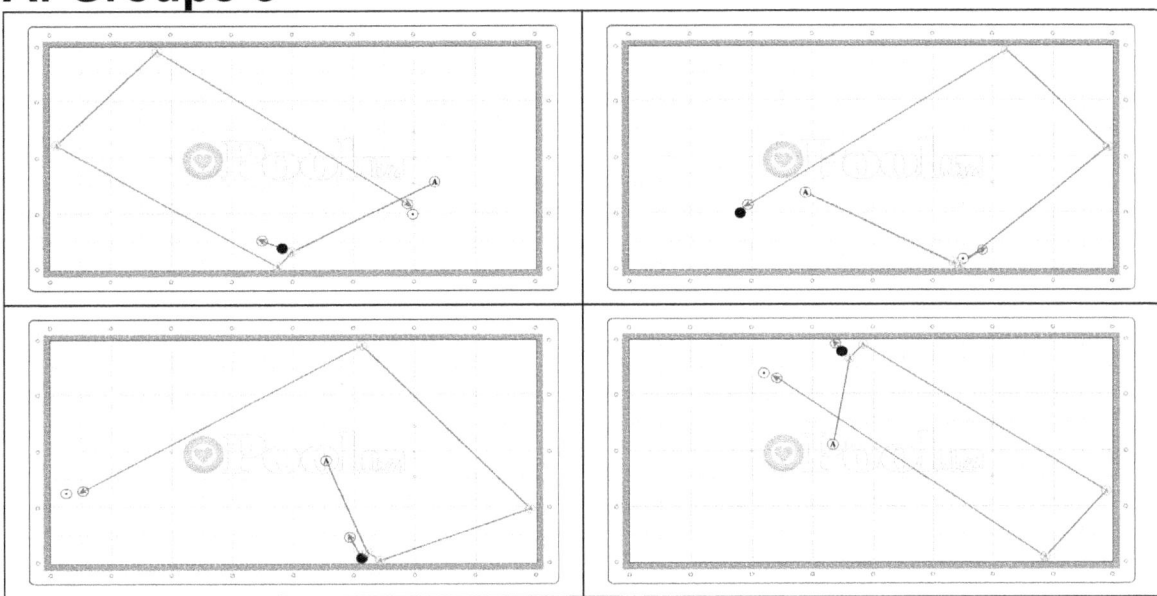

Une analyse:

A:5a. _____

A:5b. _____

A:5c. _____

A:5d. _____

A:5a – Installer

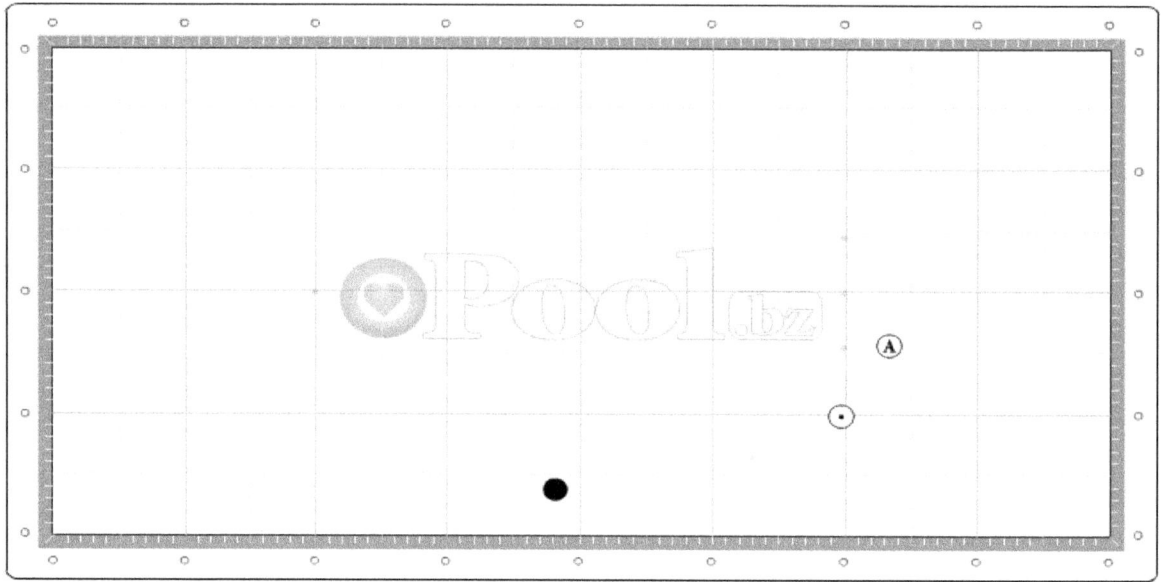

Notes et idées:

Modèle de balle

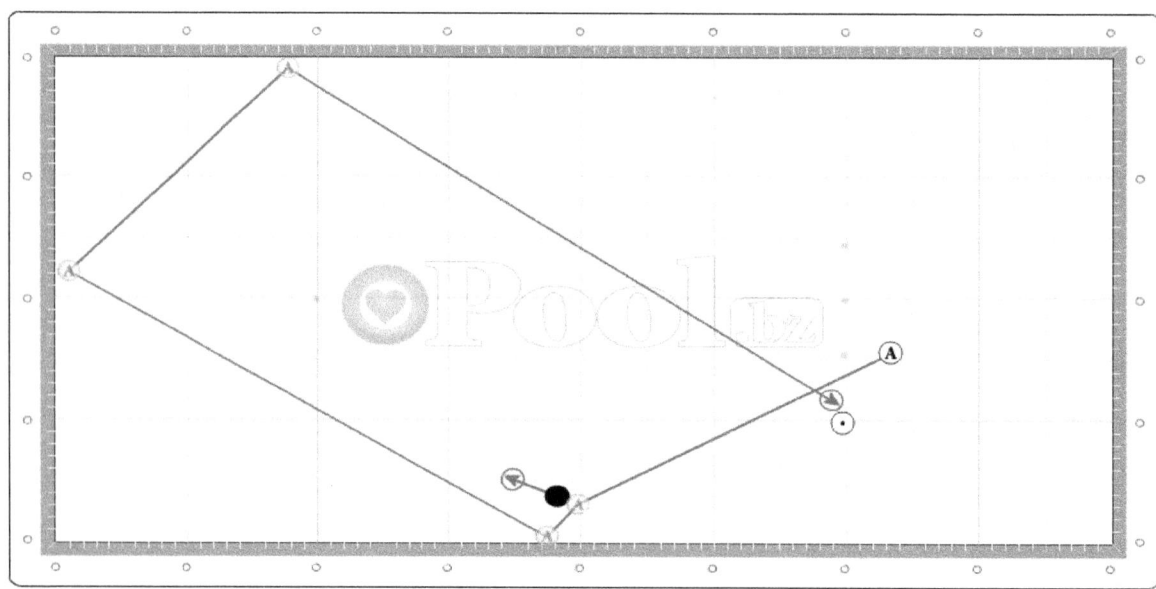

A:5b – Installer

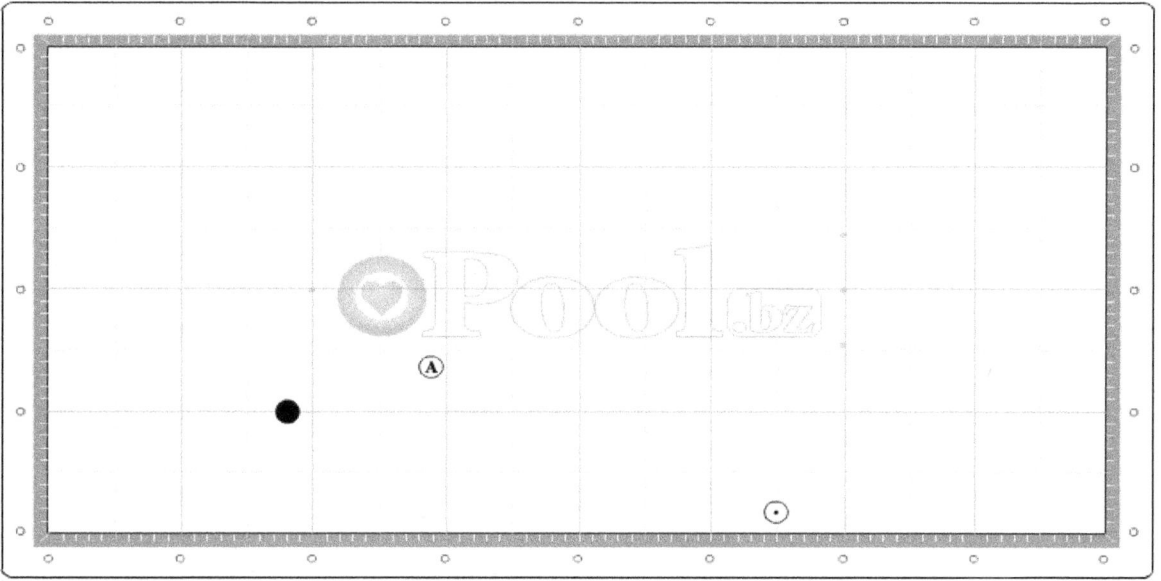

Notes et idées:

Modèle de balle

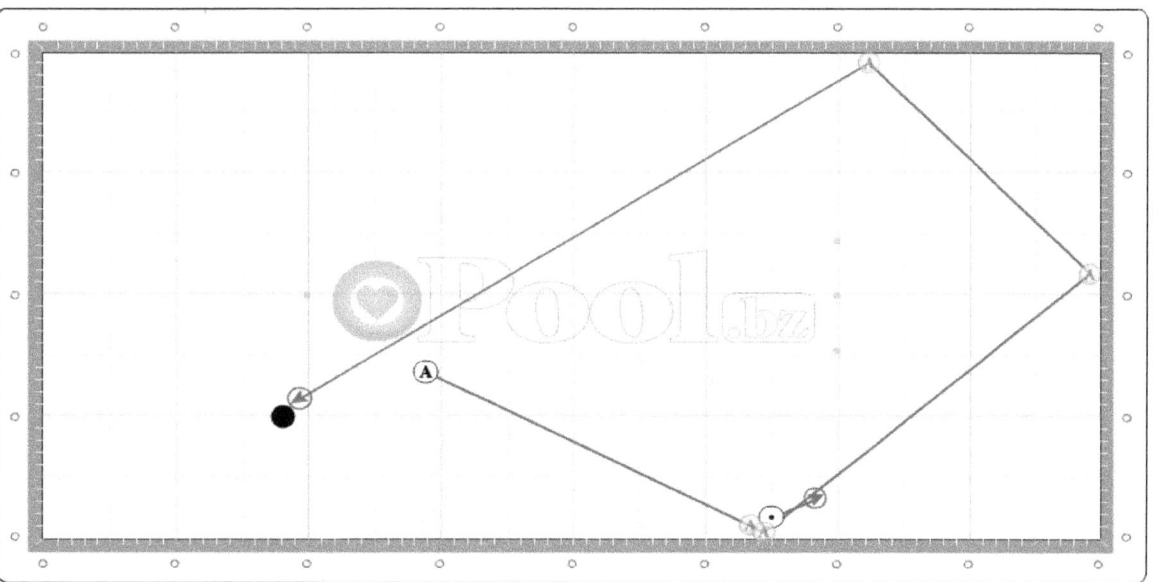

A:5c – Installer

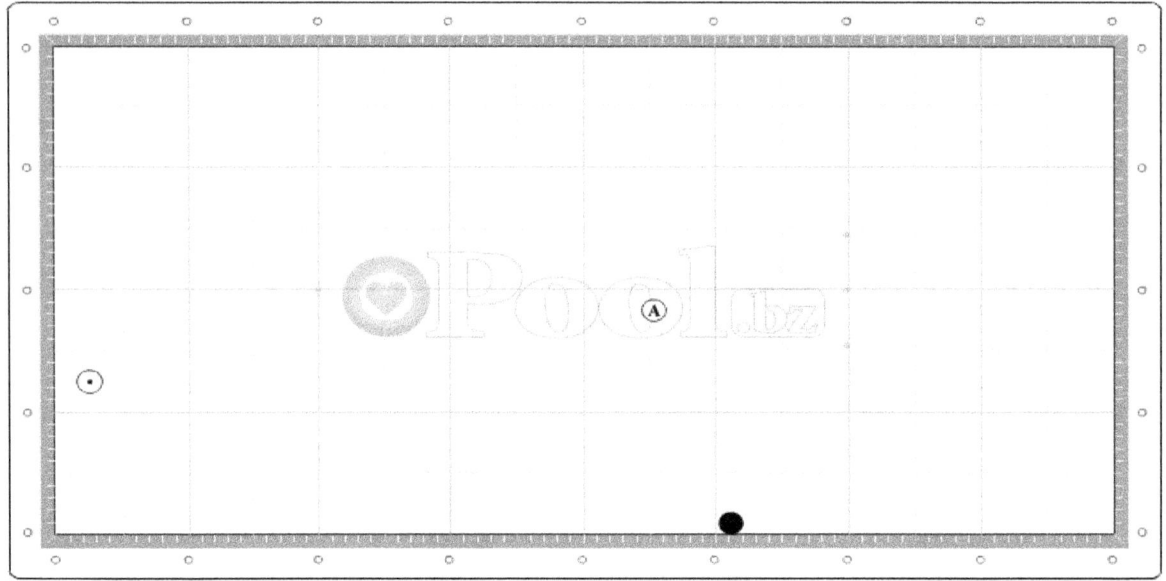

Notes et idées:

Modèle de balle

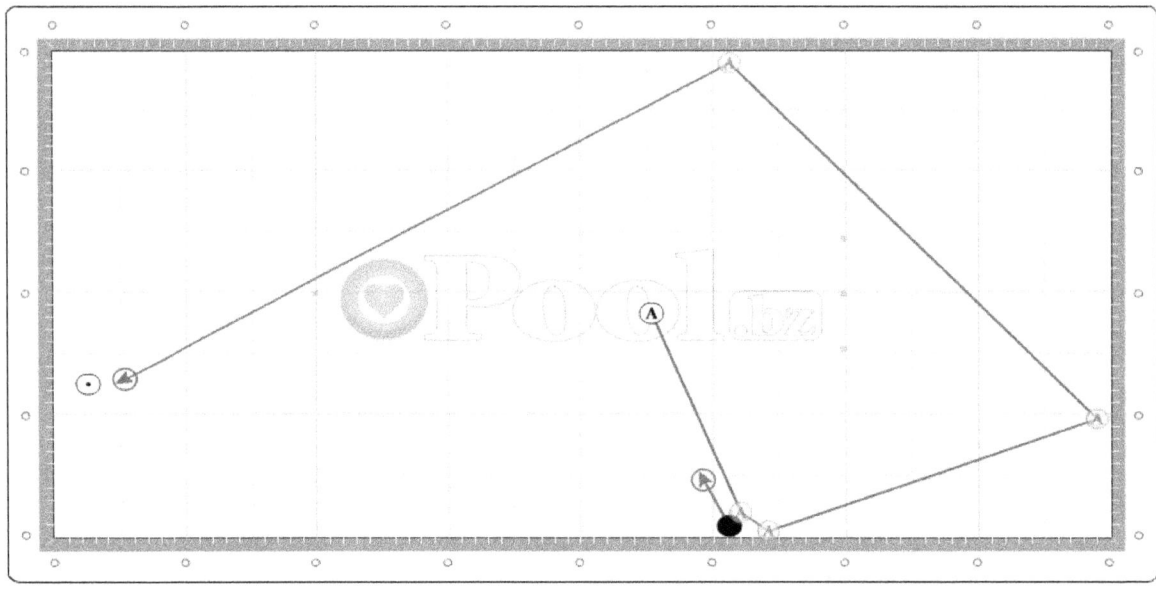

A:5d – Installer

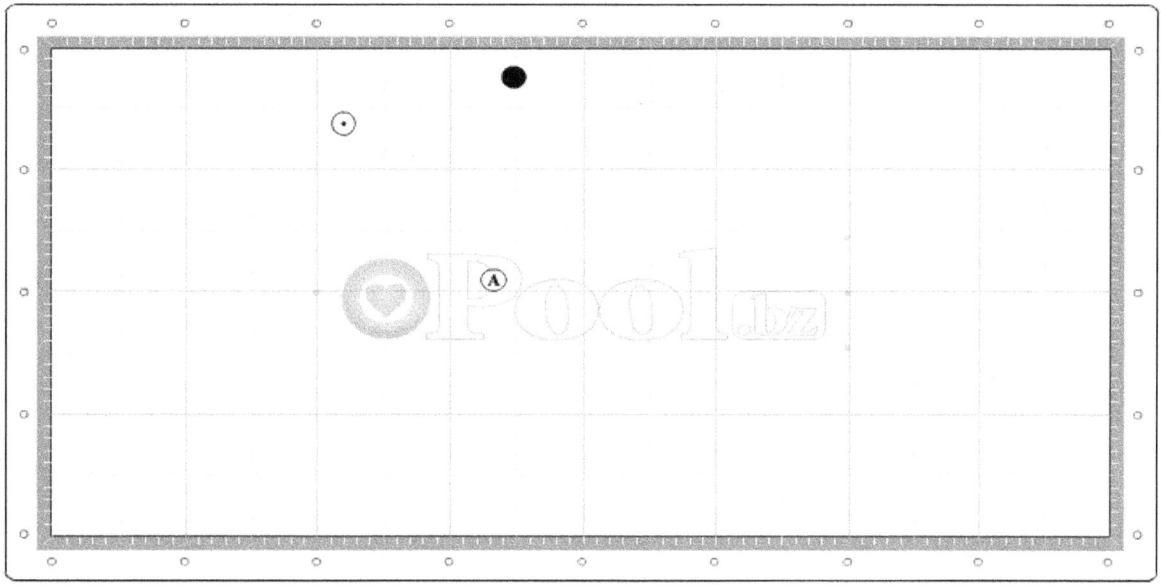

Notes et idées:

Modèle de balle

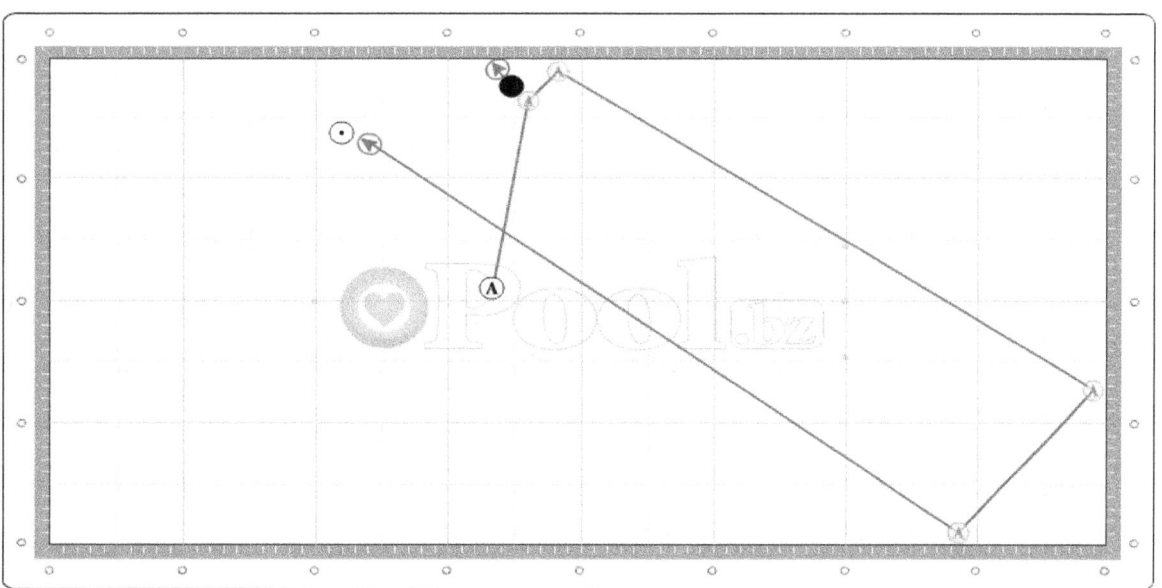

A: Groupe 6

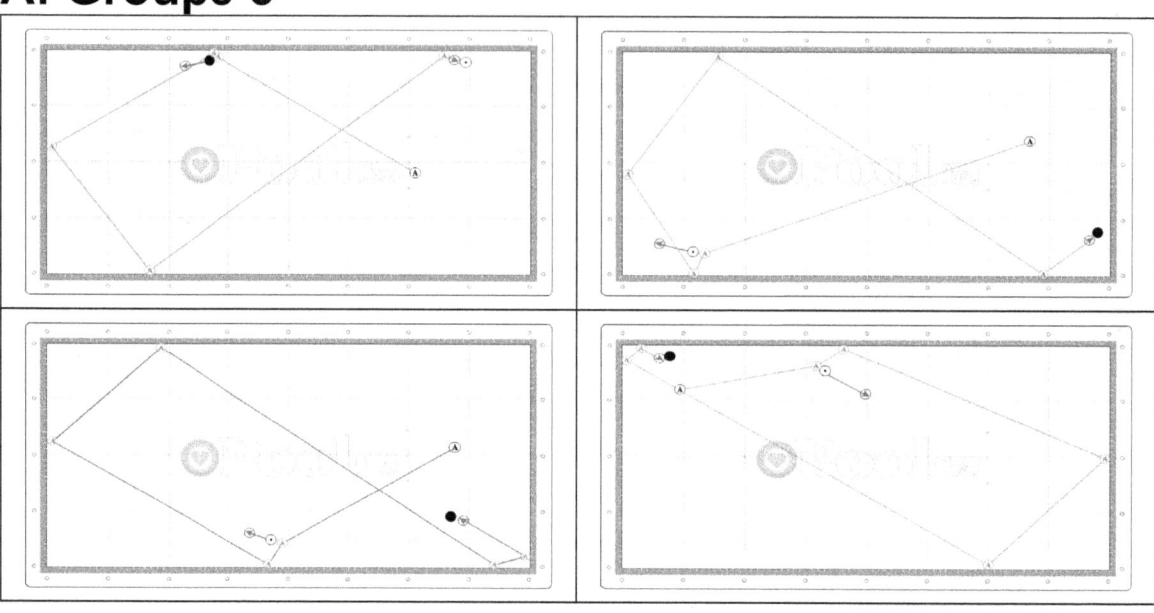

Une analyse:

A:6a. _____

A:6b. _____

A:6c. _____

A:6d. _____

A:6a – Installer

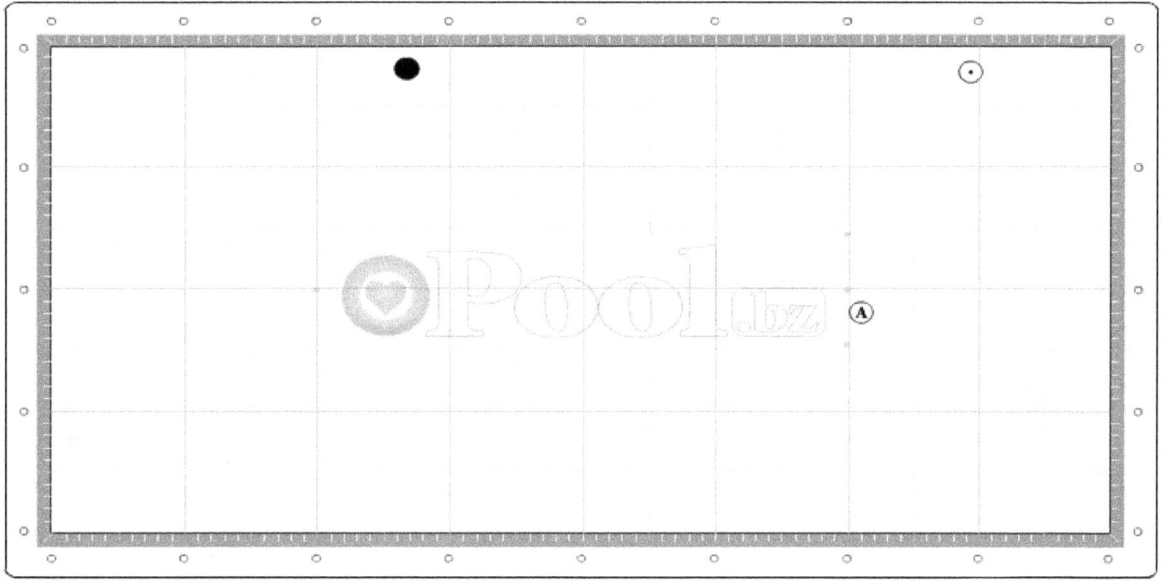

Notes et idées:

Modèle de balle

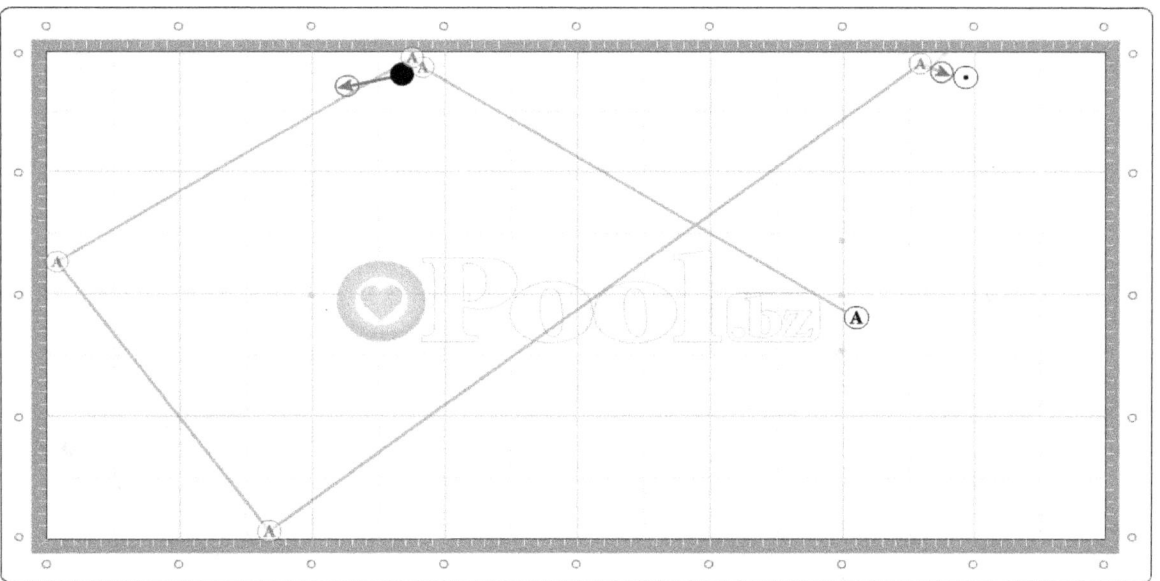

A:6b – Installer

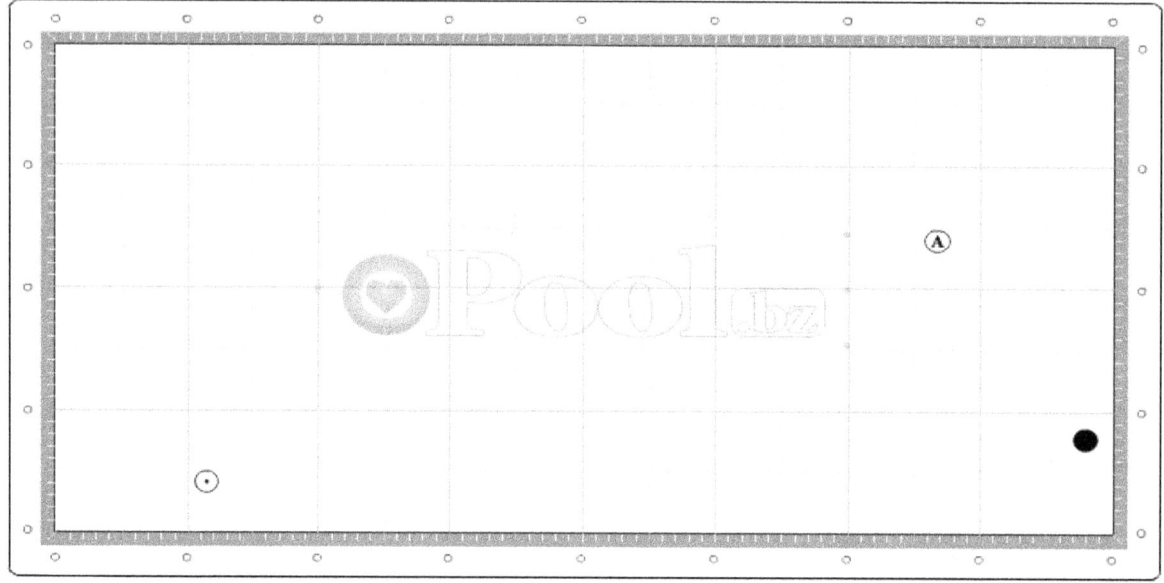

Notes et idées:

Modèle de balle

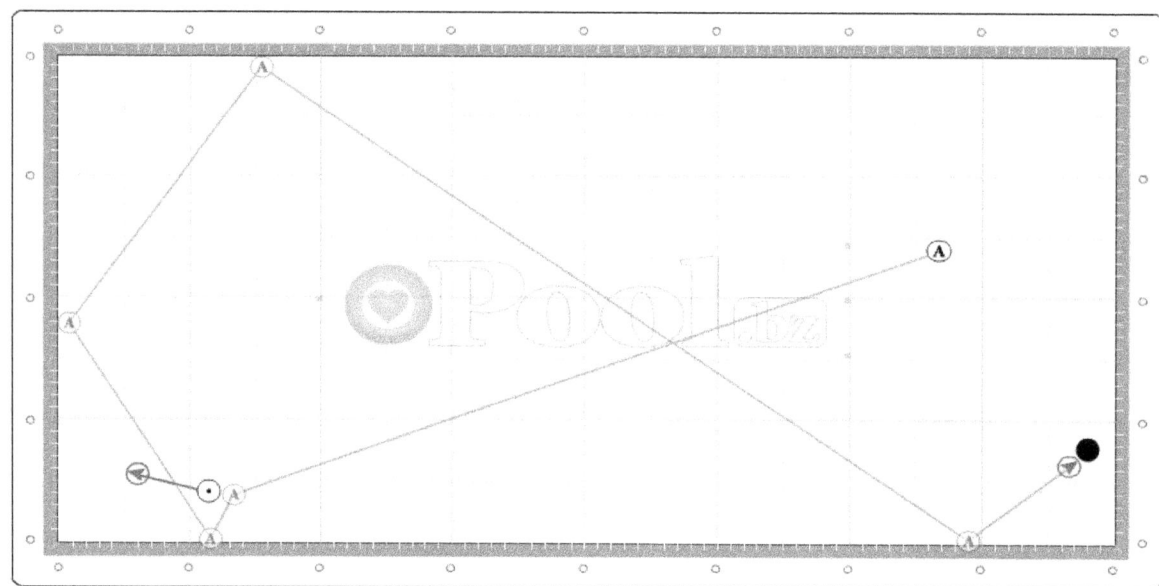

A:6c – Installer

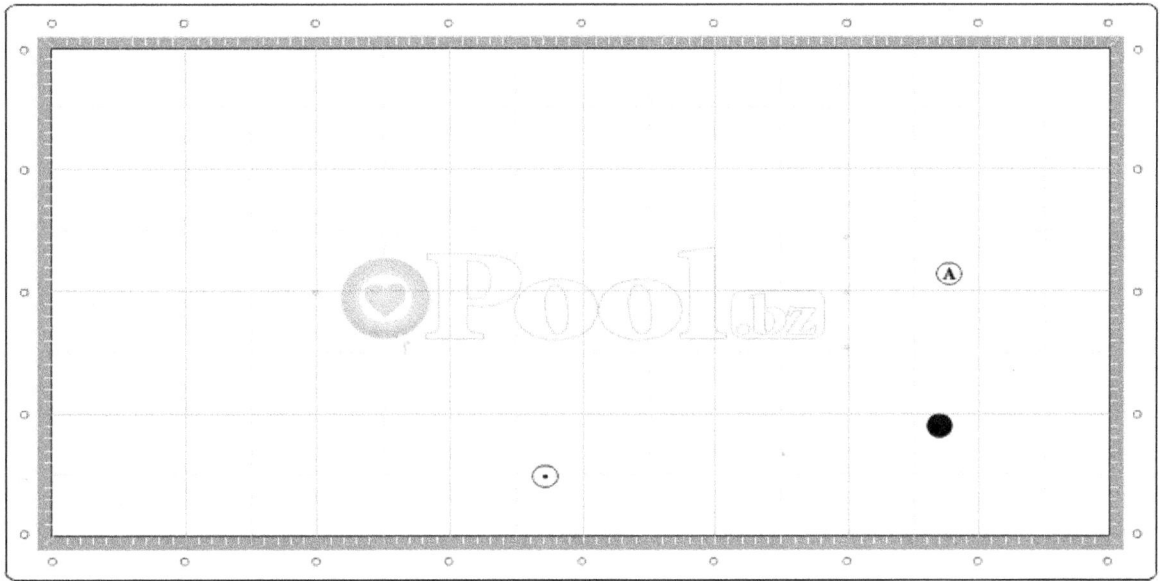

Notes et idées:

Modèle de balle

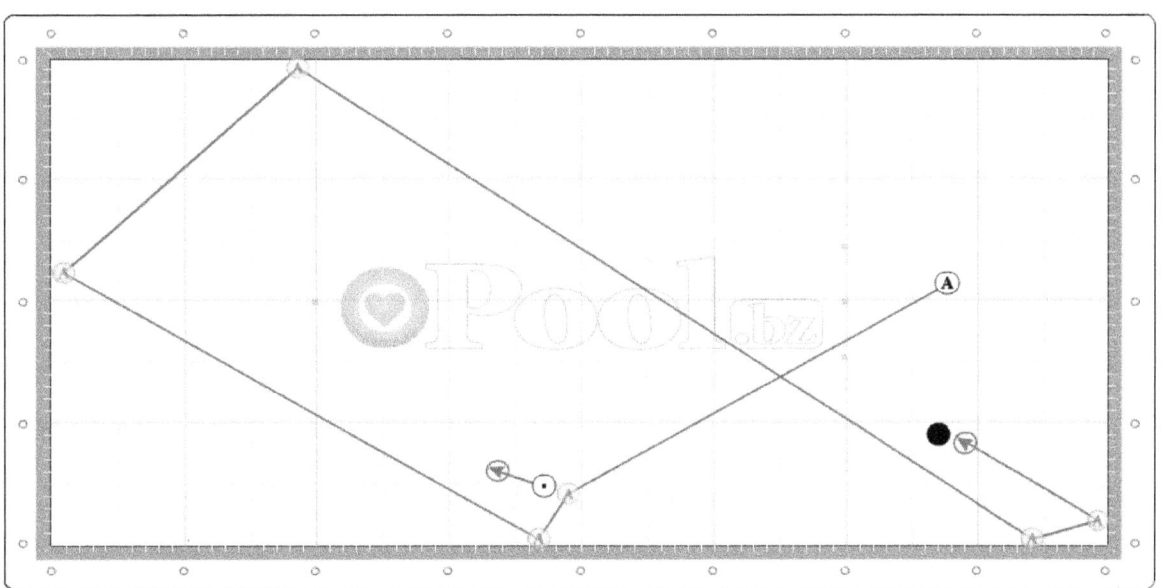

A:6d – Installer

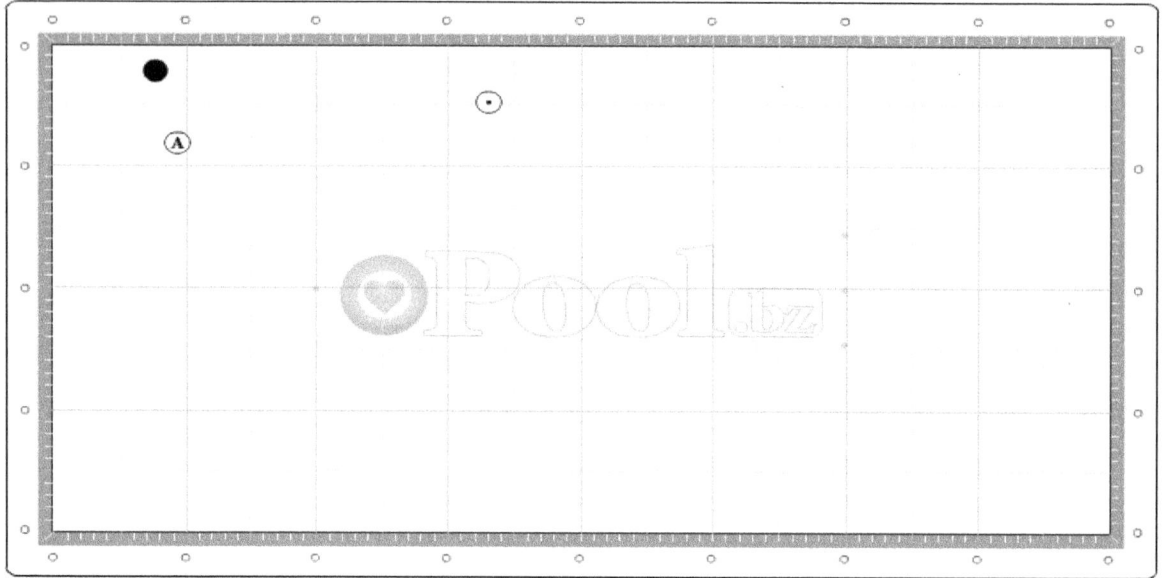

Notes et idées:

Modèle de balle

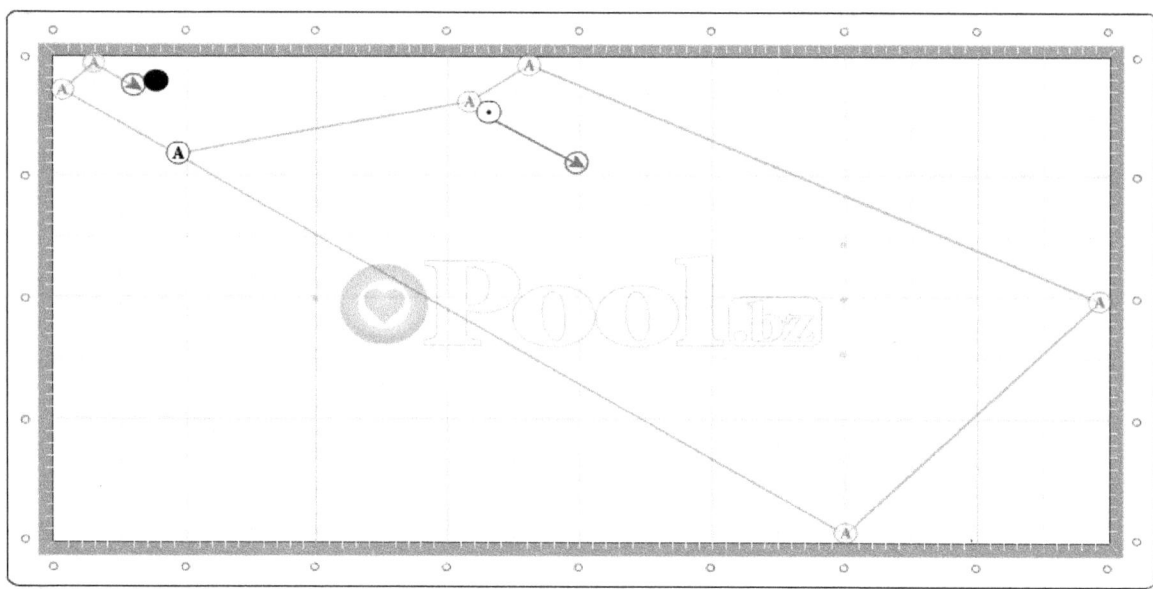

A: Groupe 7

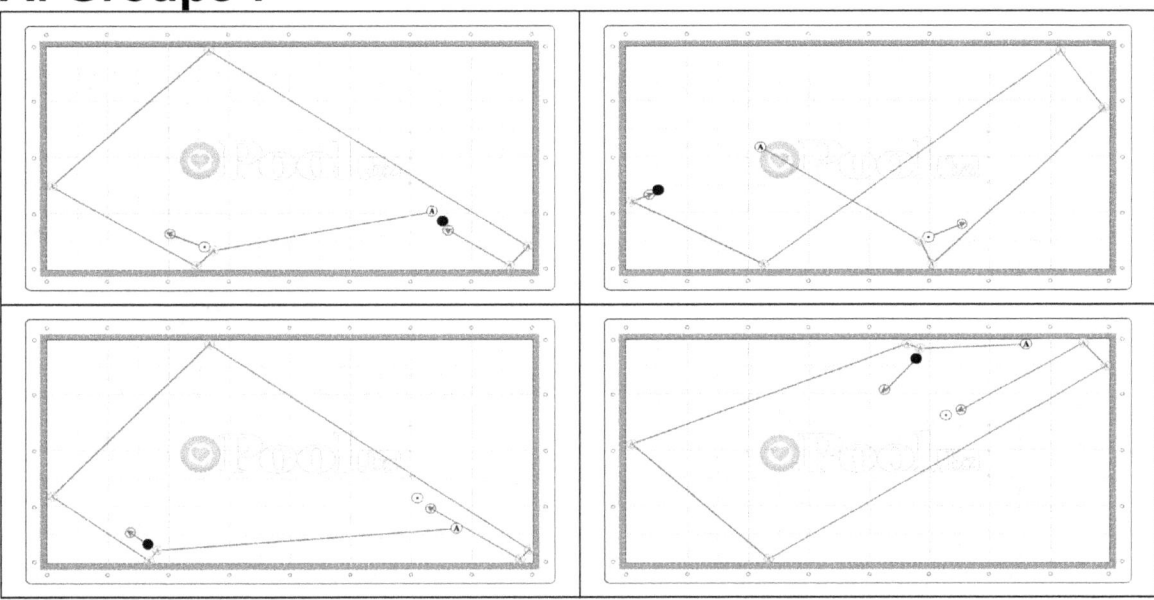

Une analyse:

A:7a. _____

A:7b. _____

A:7c. _____

A:7d. _____

A:7a – Installer

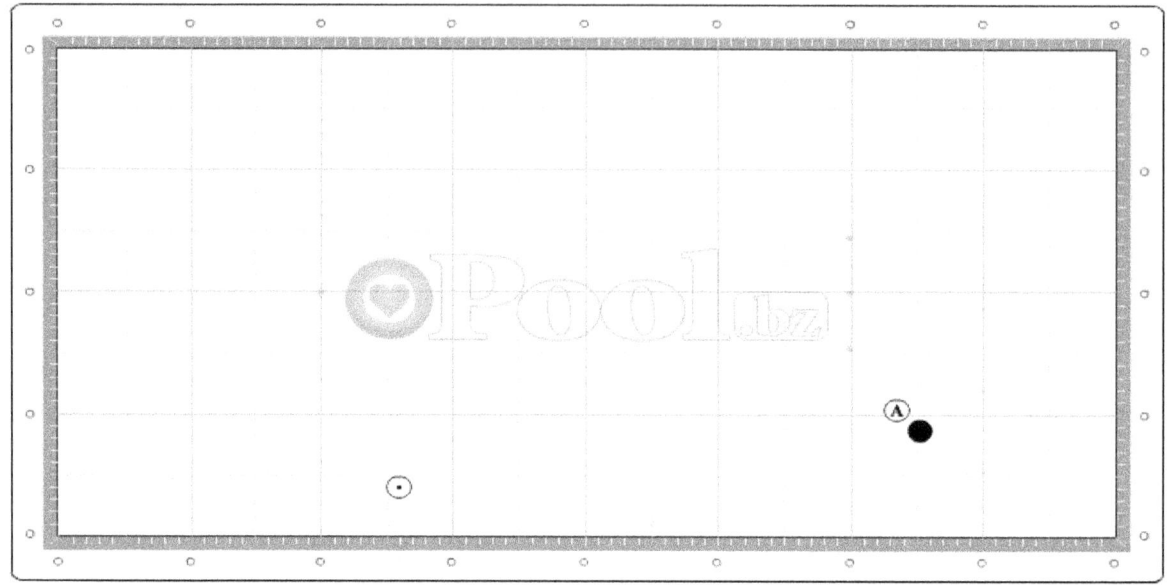

Notes et idées:

Modèle de balle

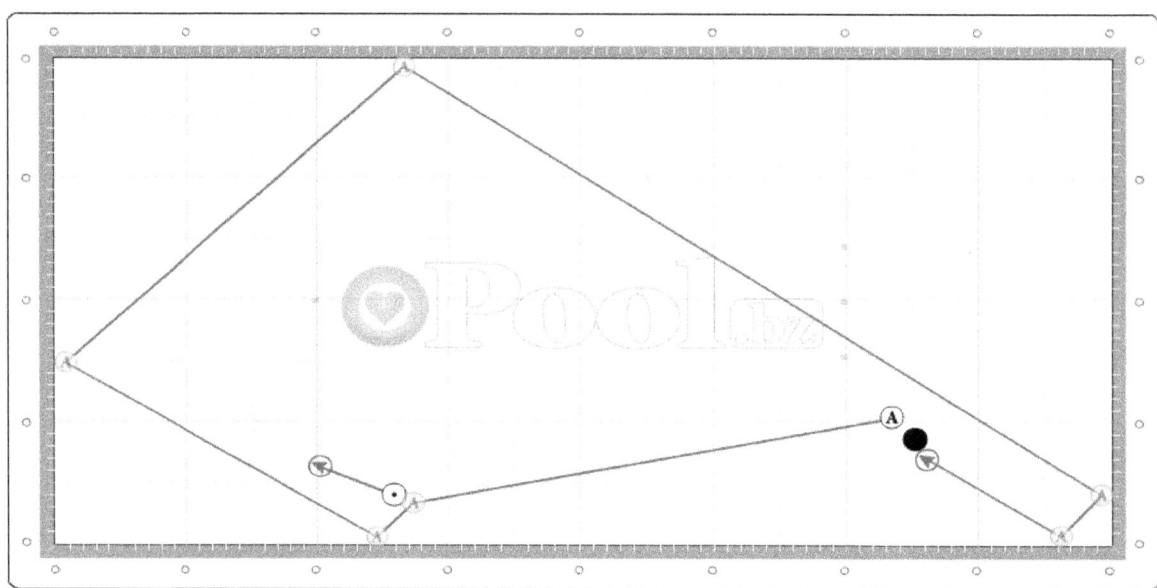

A:7b – Installer

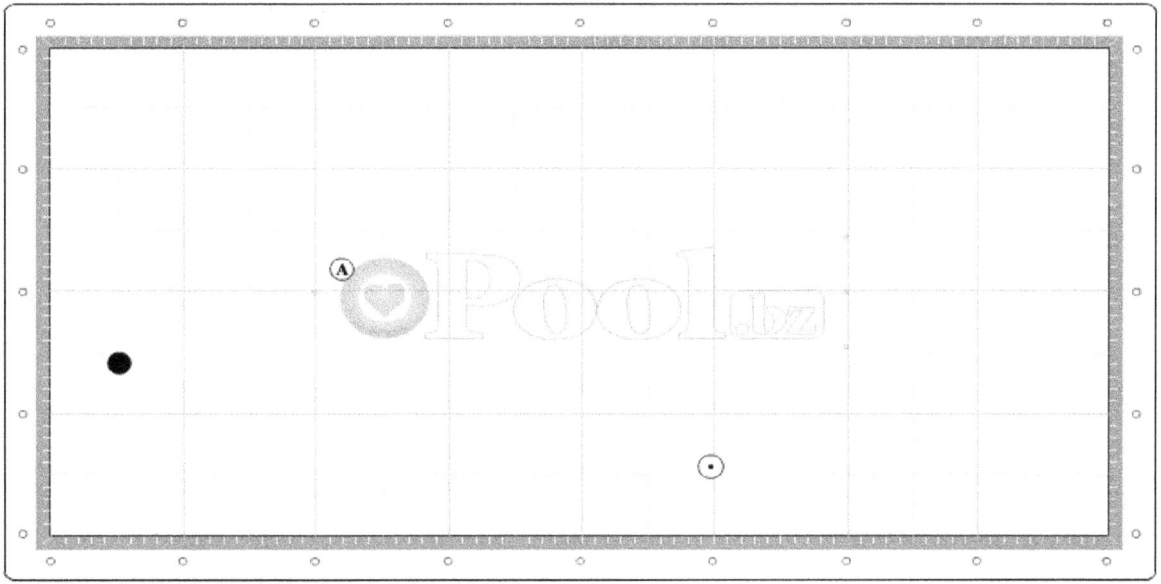

Notes et idées:

Modèle de balle

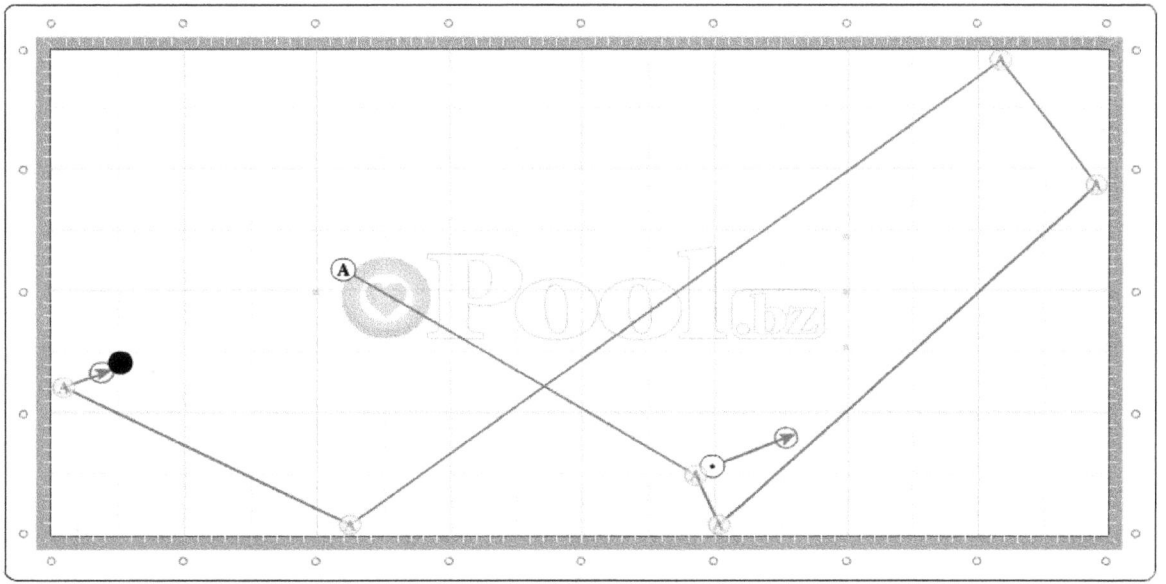

A:7c – Installer

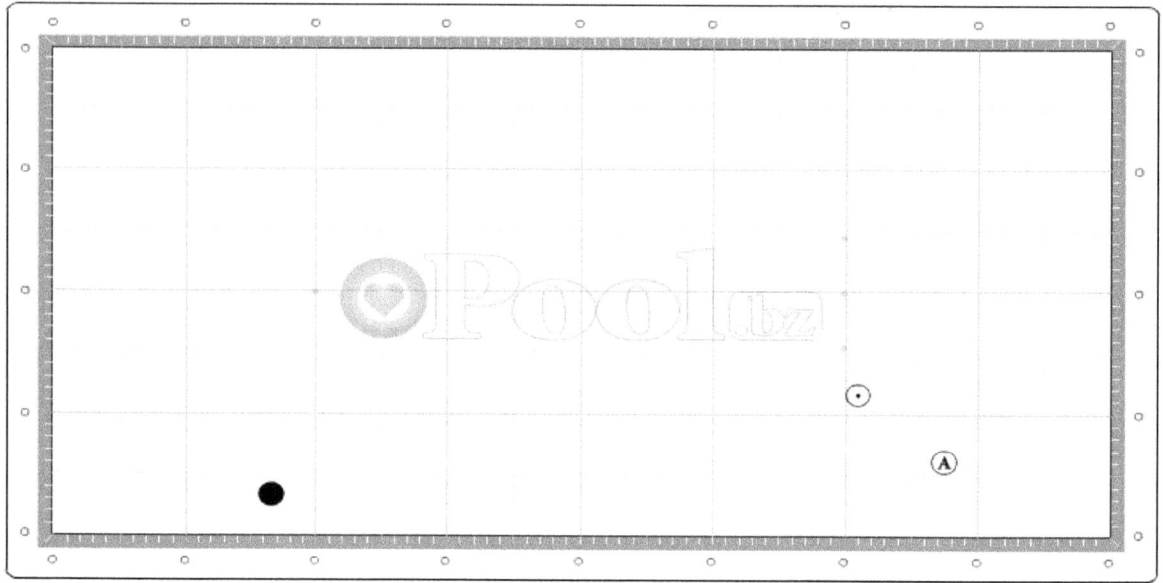

Notes et idées:

Modèle de balle

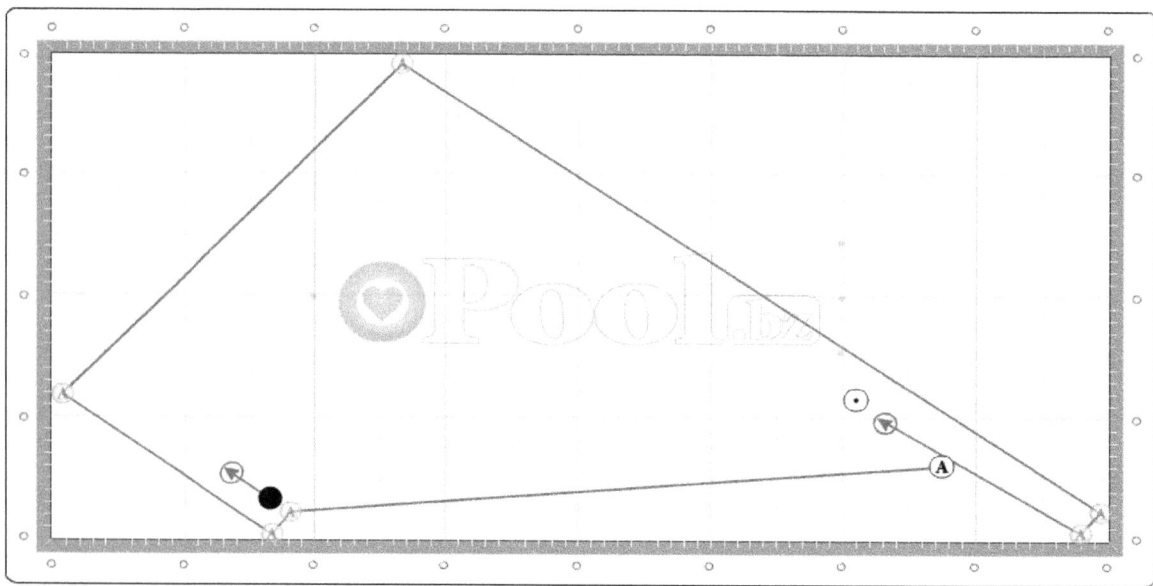

A:7d – Installer

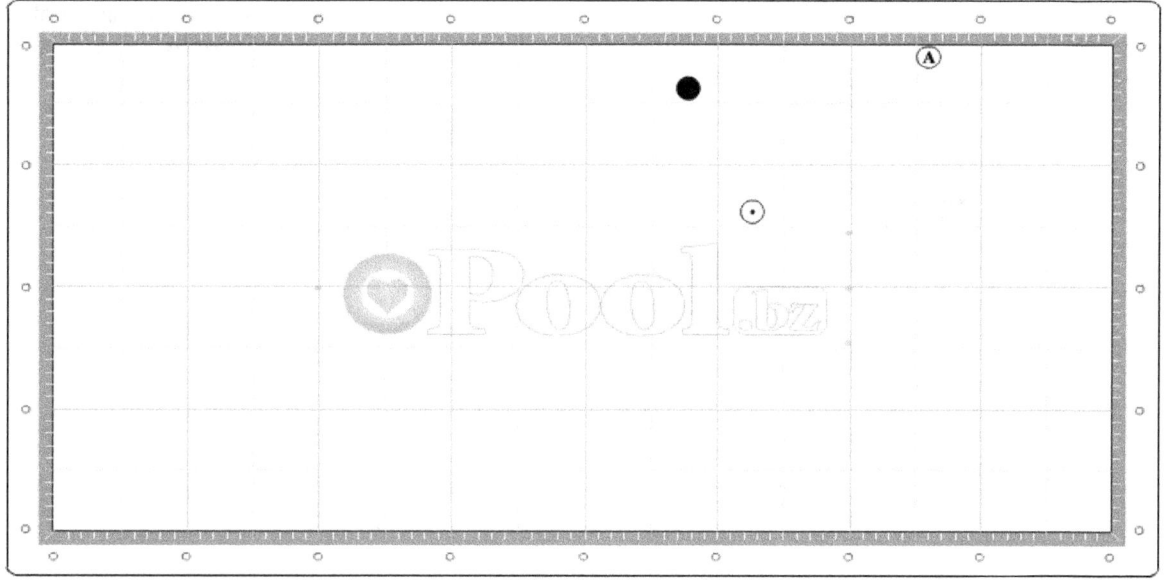

Notes et idées:

Modèle de balle

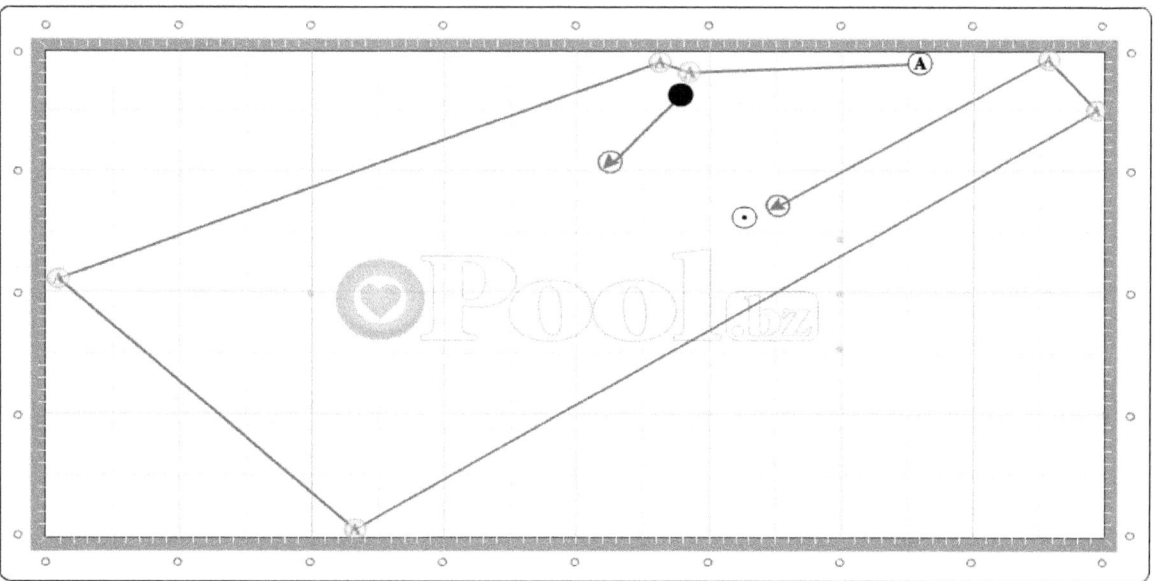

B: Inverser les motifs

Sur cet ensemble de dispositions, le (CB) entre dans le premier (OB) avec un tirage appliqué et une rotation latérale. Cela renvoie le (CB) de la ligne tangente dans un motif inverse. Le (CB) suit la norme dans le monde entier vers le coin de la maison.

Ⓐ (CB) (votre balle) - ⊙ (OB) (balle de l'adversaire) – ● (OB) Balle rouge

B: Groupe 1

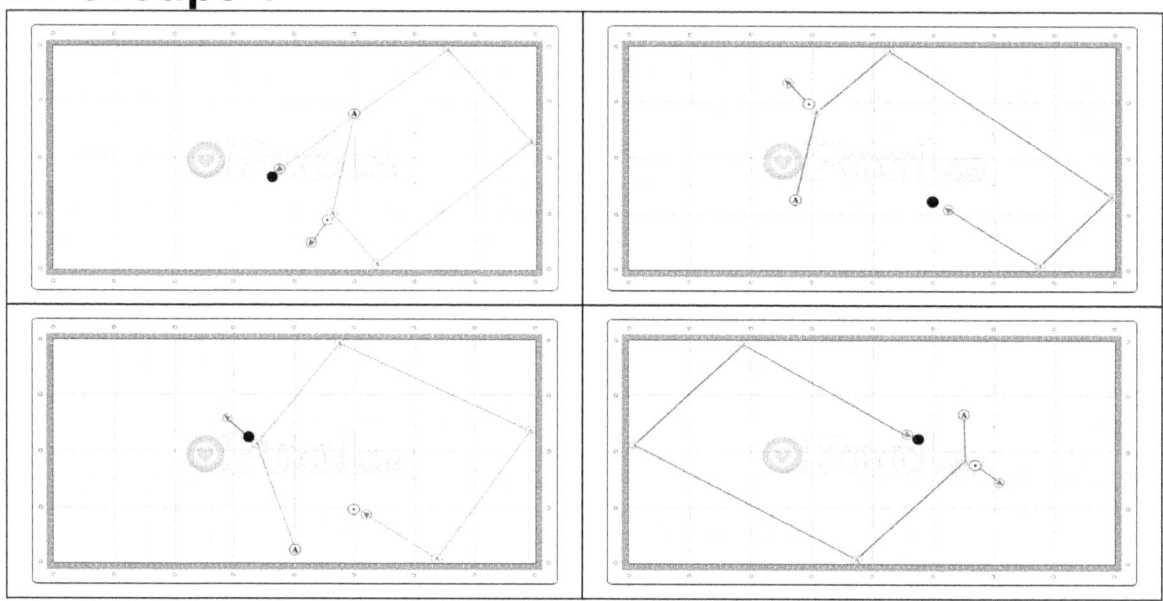

Une analyse:

B:1a. _____

B:1b. _____

B:1c. _____

B:1d. _____

B:1a – Installer

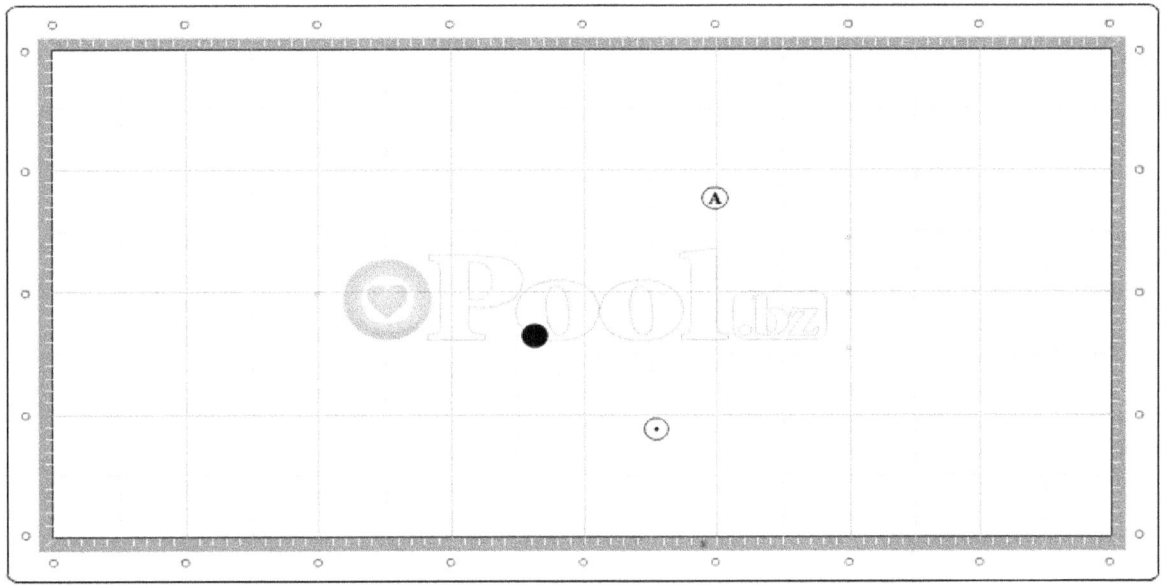

Notes et idées:

Modèle de balle

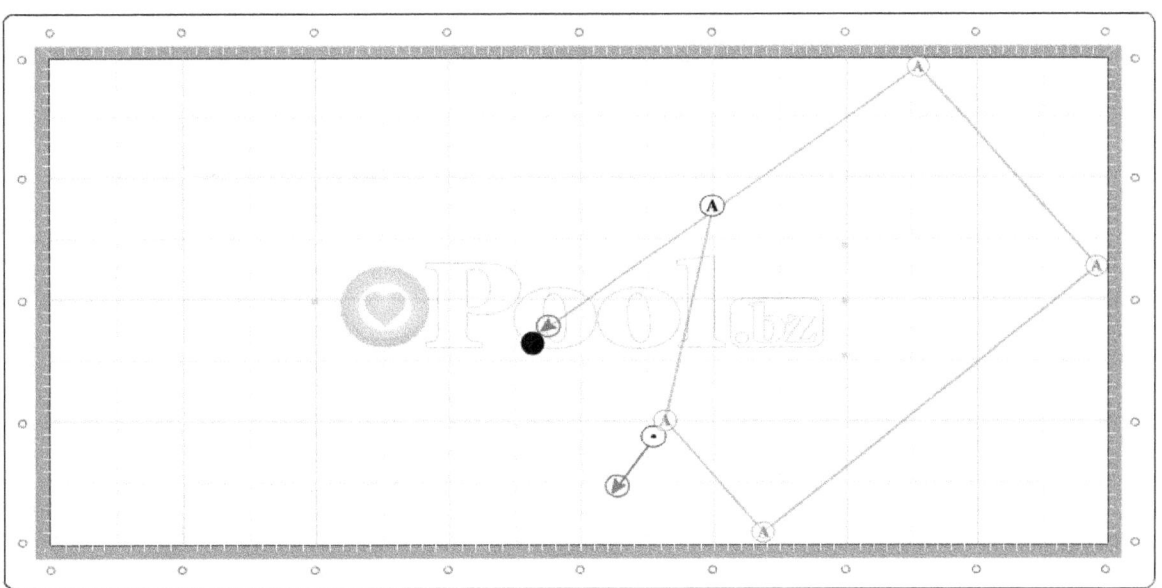

B:1b – Installer

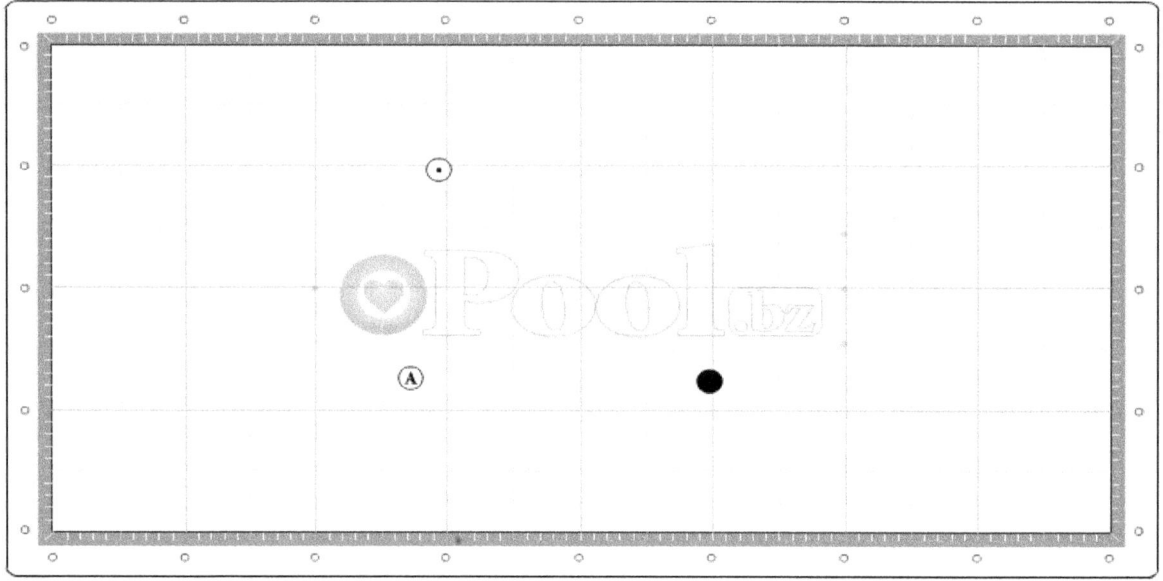

Notes et idées:

Modèle de balle

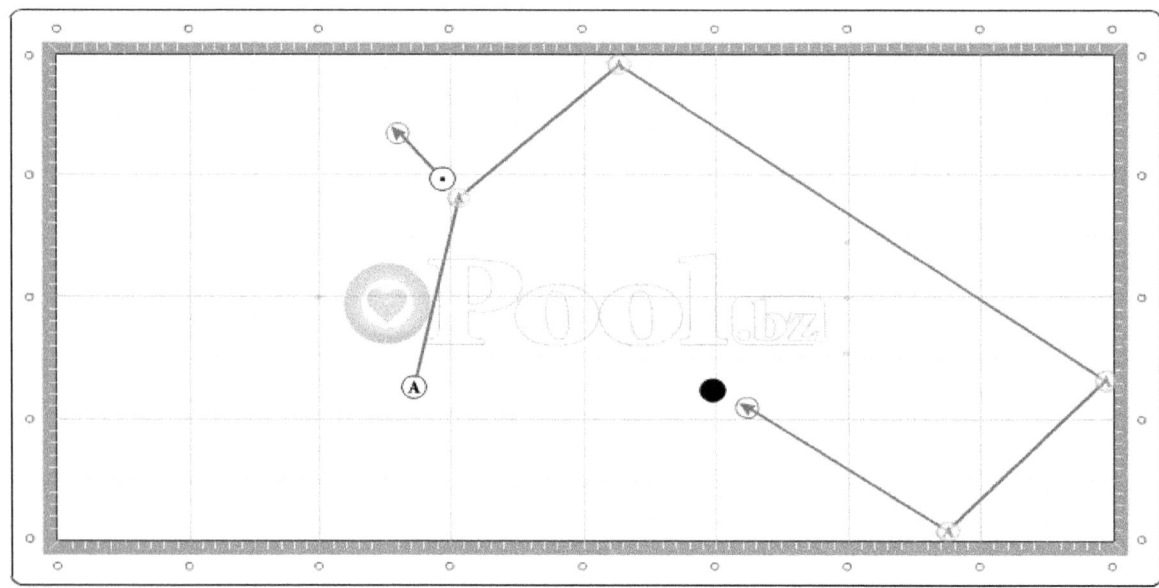

B:1c – Installer

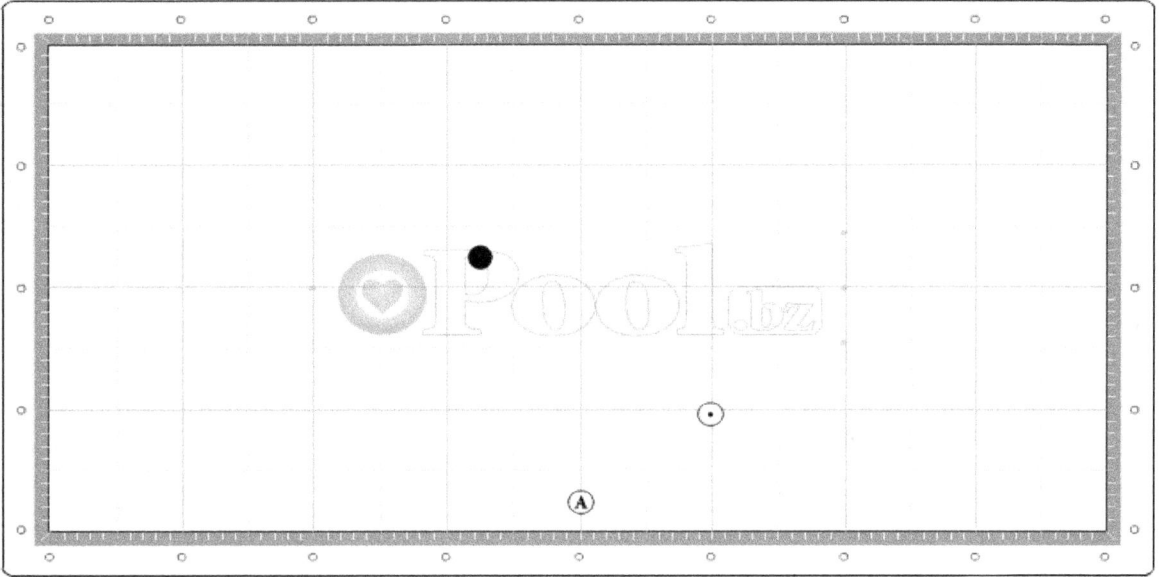

Notes et idées:

Modèle de balle

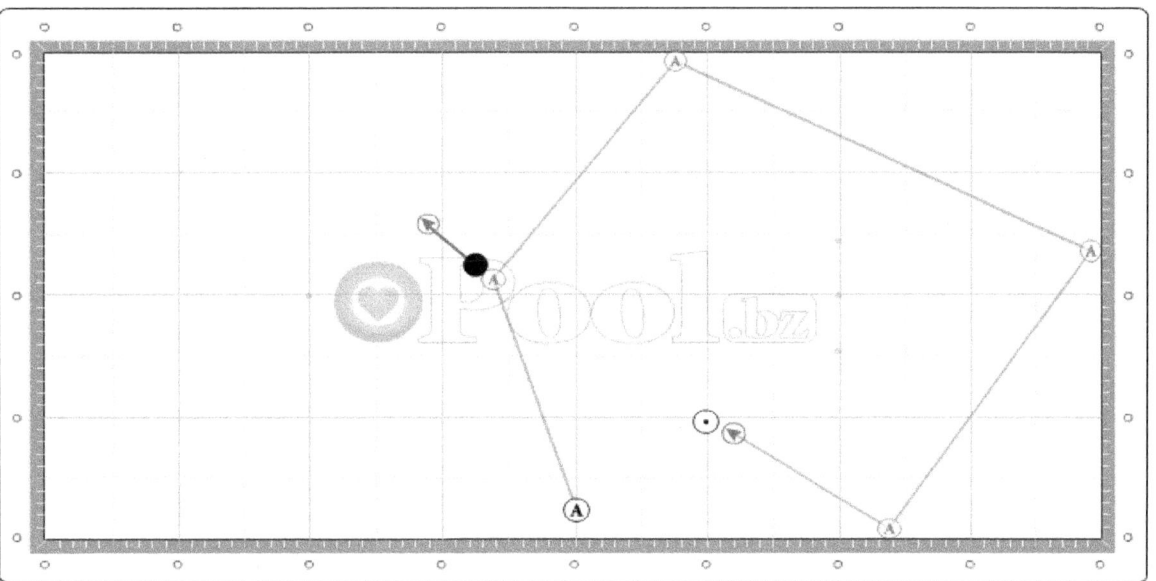

B:1d – Installer

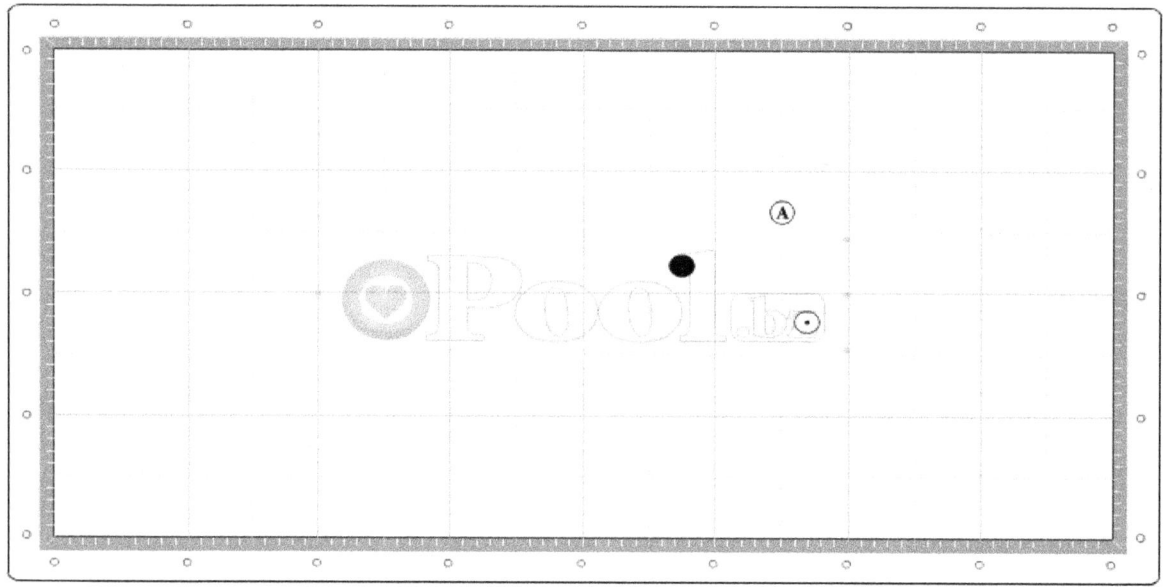

Notes et idées:

Modèle de balle

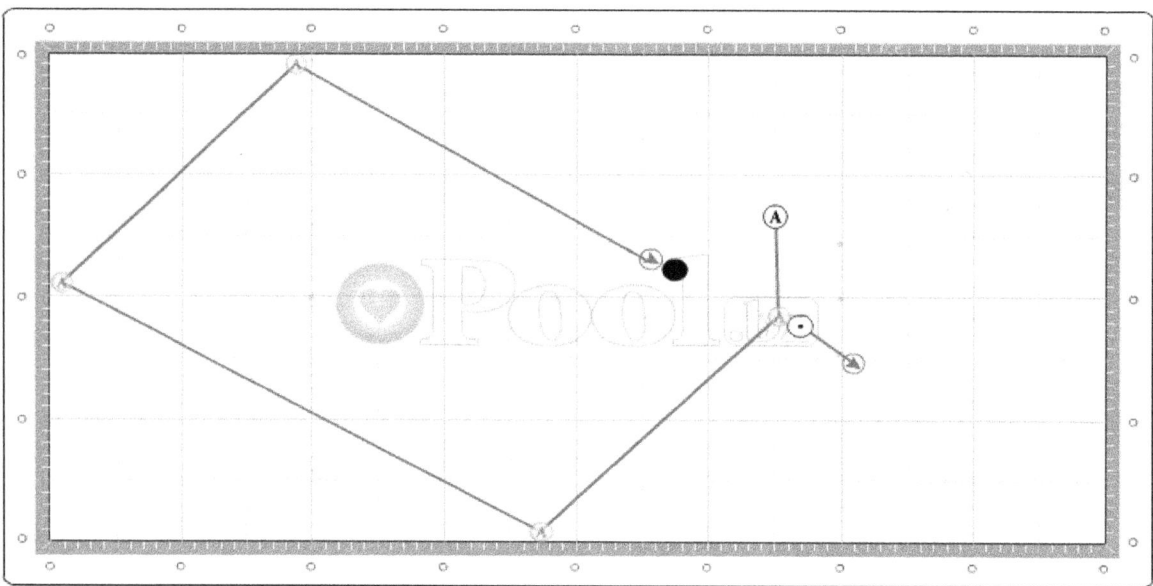

B: Groupe 2

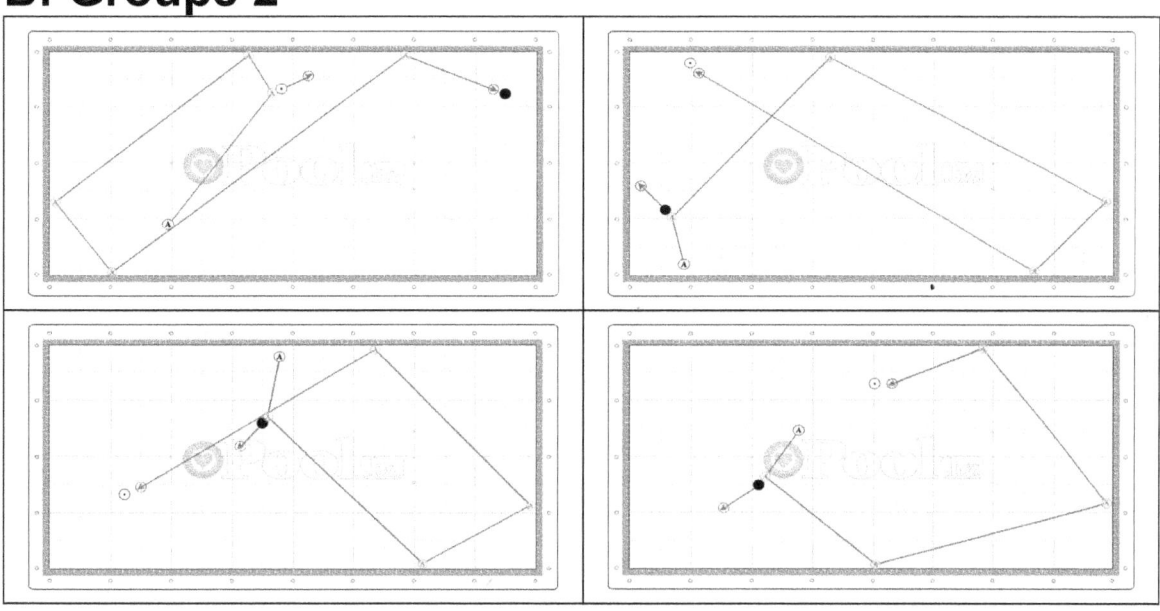

Une analyse:

B:2a. _____

B:2b. _____

B:2c. _____

B:2d. _____

B:2a – Installer

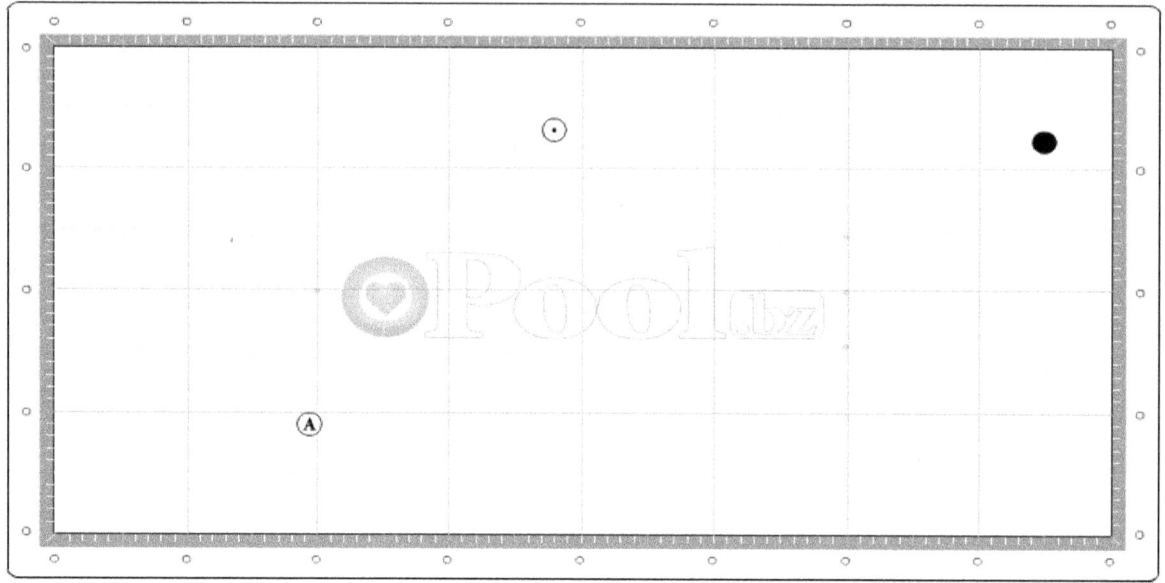

Notes et idées:

Modèle de balle

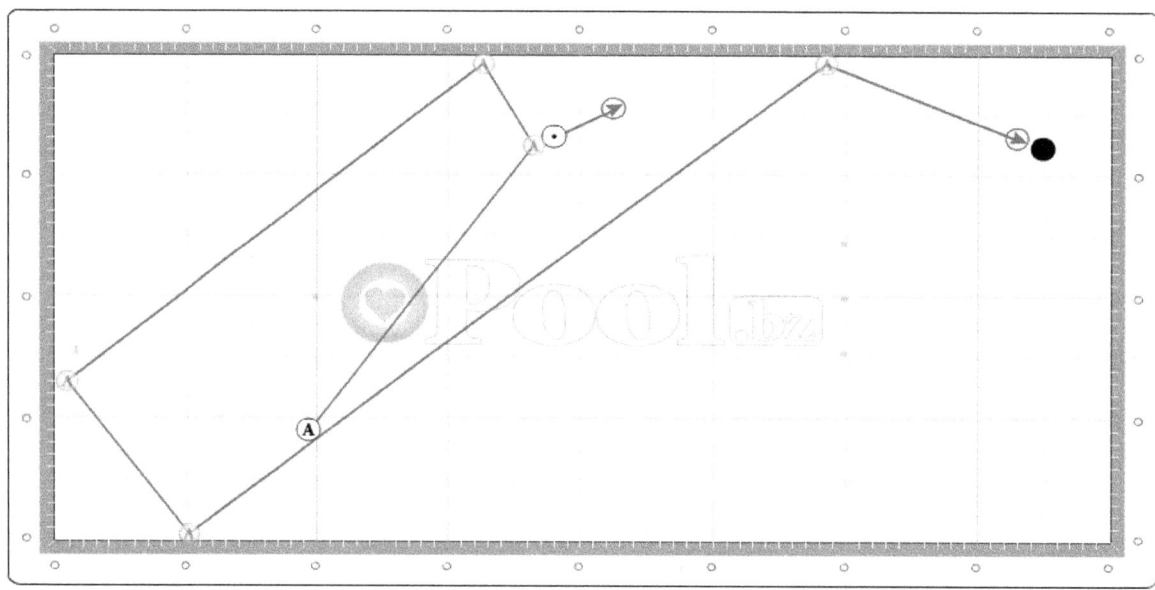

B:2b – Installer

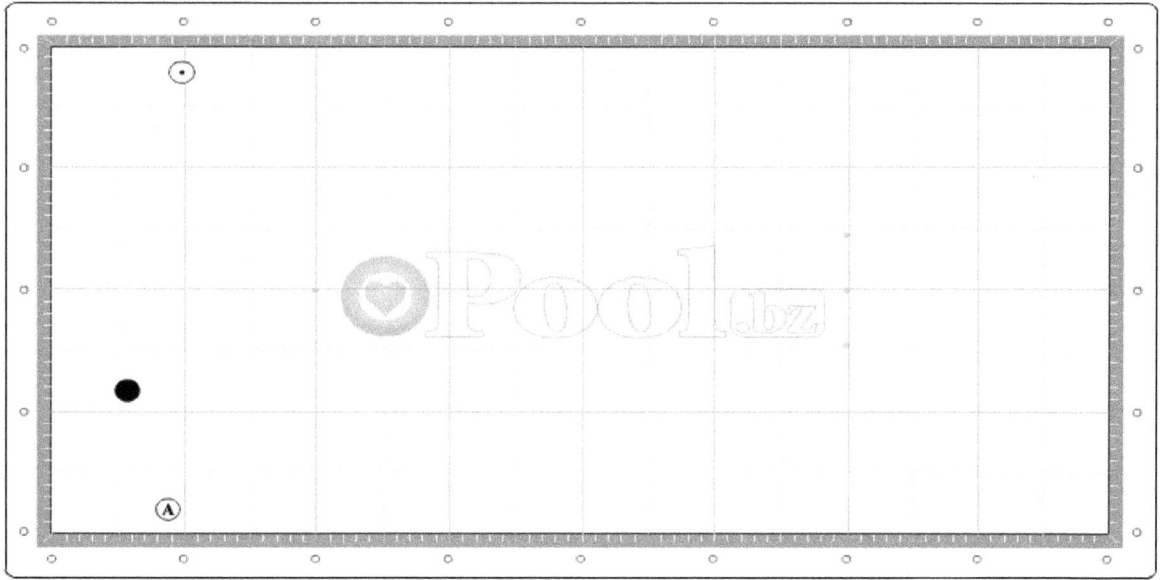

Notes et idées:

Modèle de balle

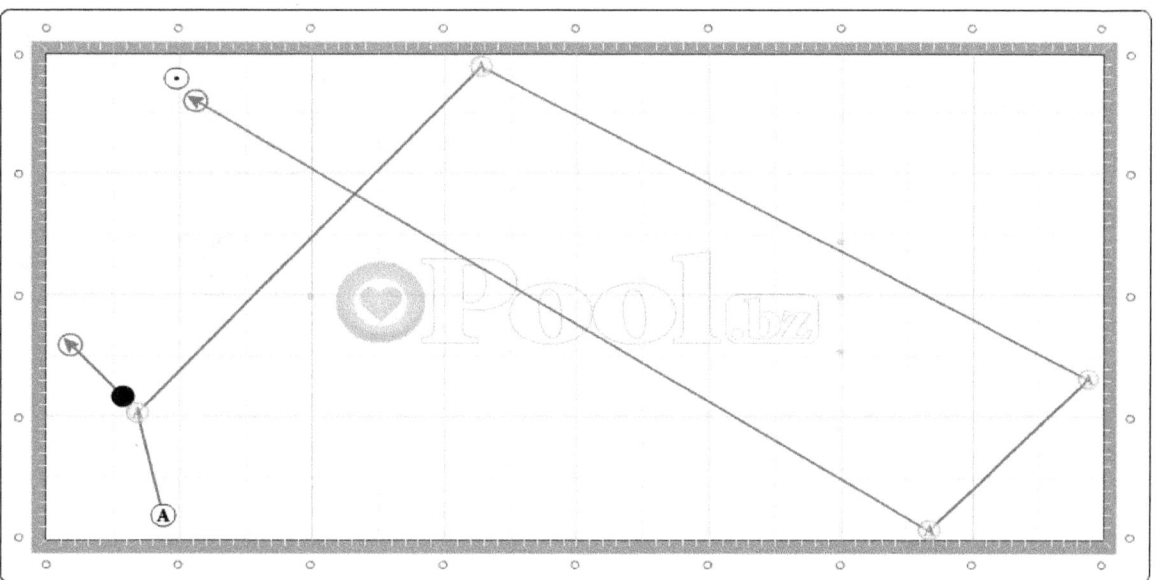

B:2c – Installer

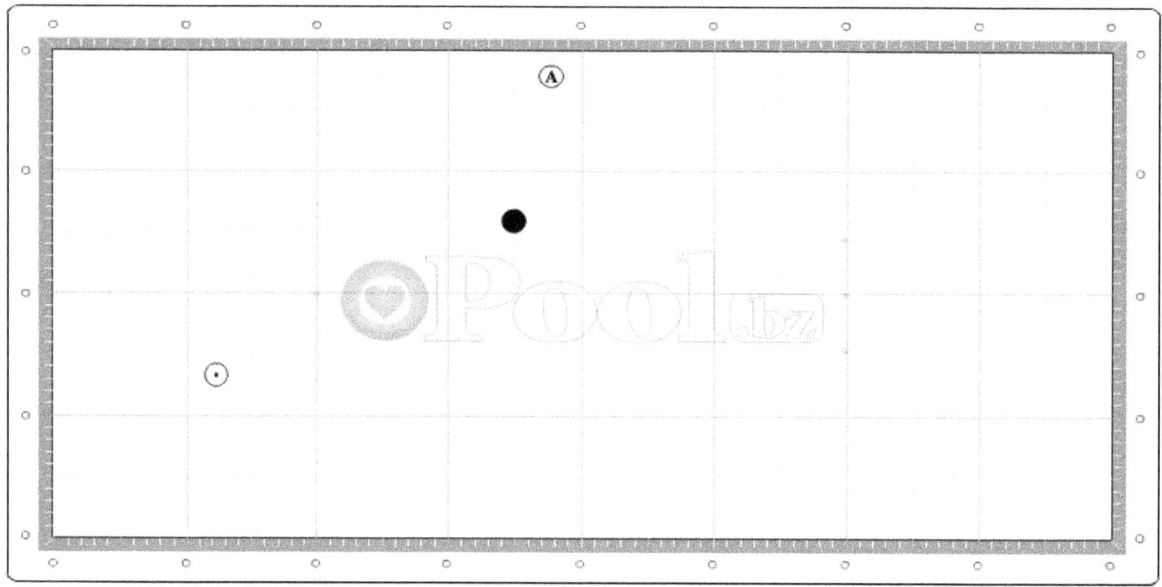

Notes et idées:

Modèle de balle

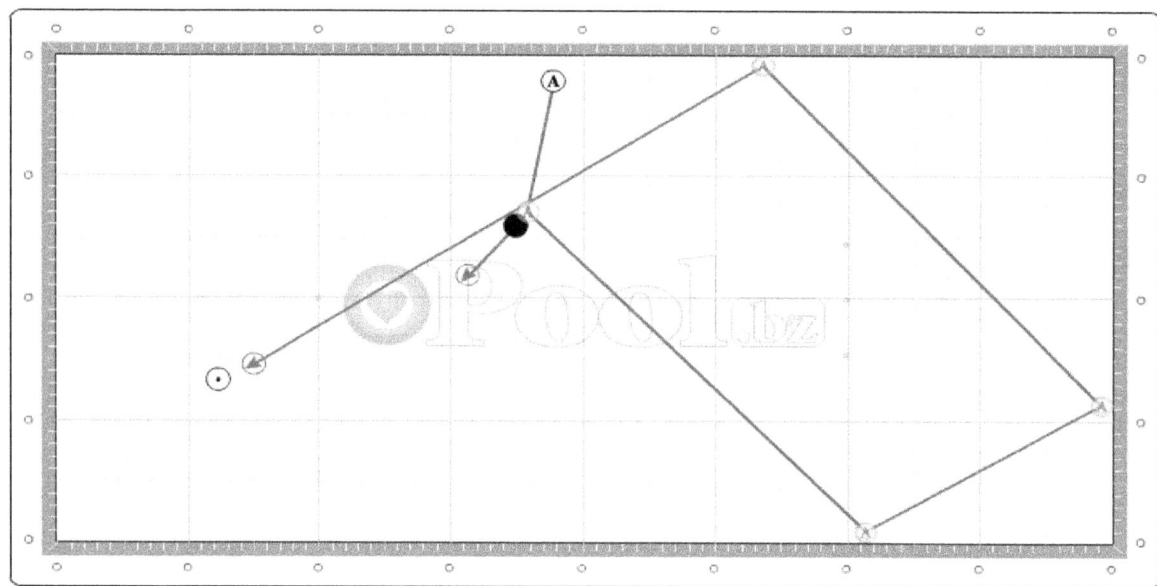

B:2d – Installer

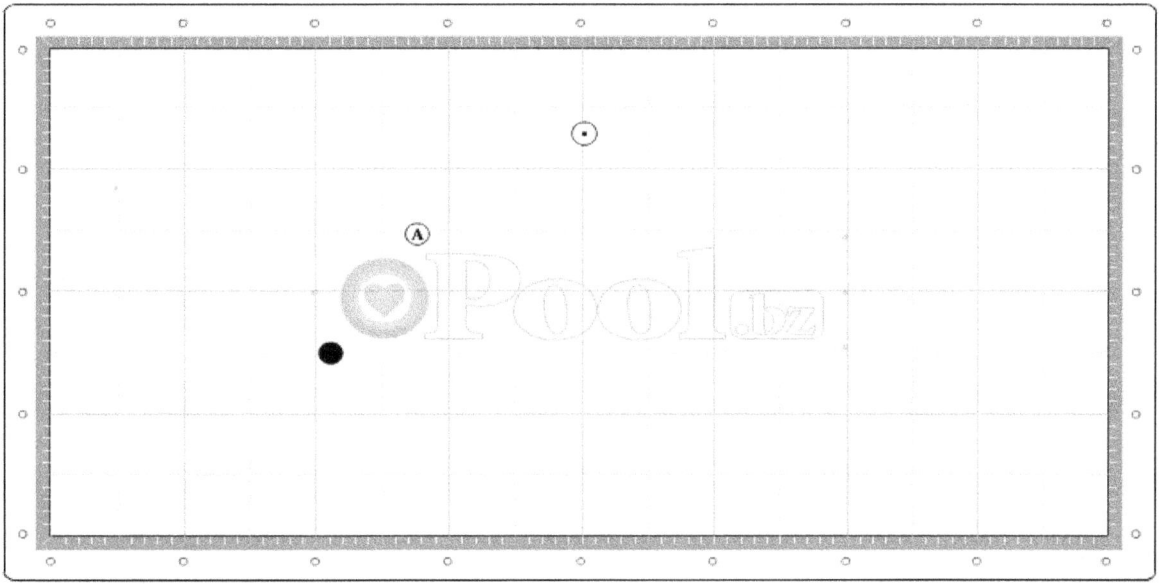

Notes et idées:

Modèle de balle

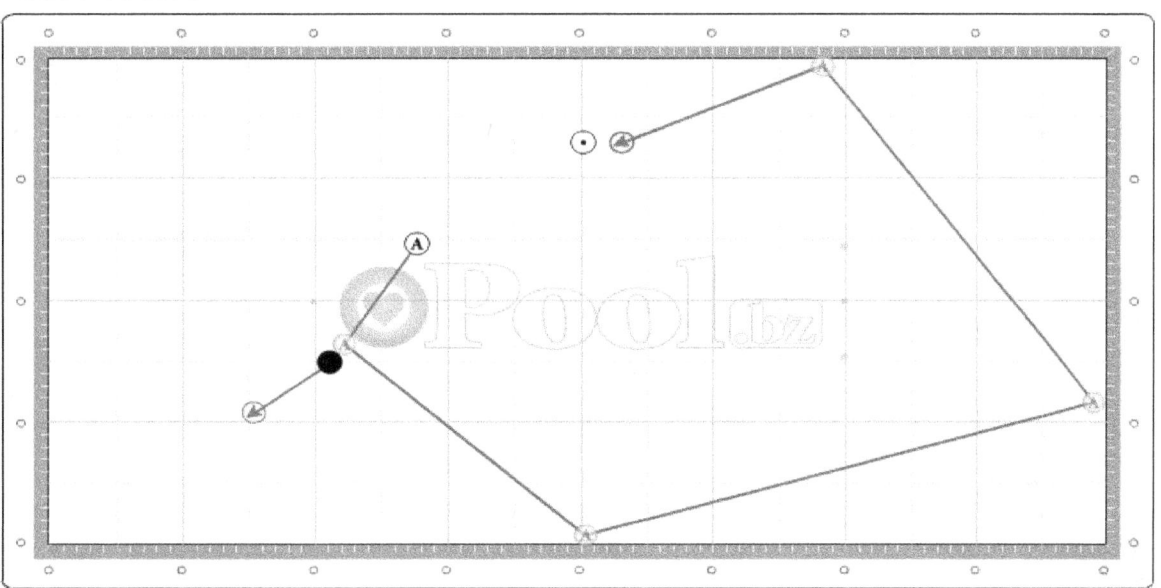

B: Groupe 3

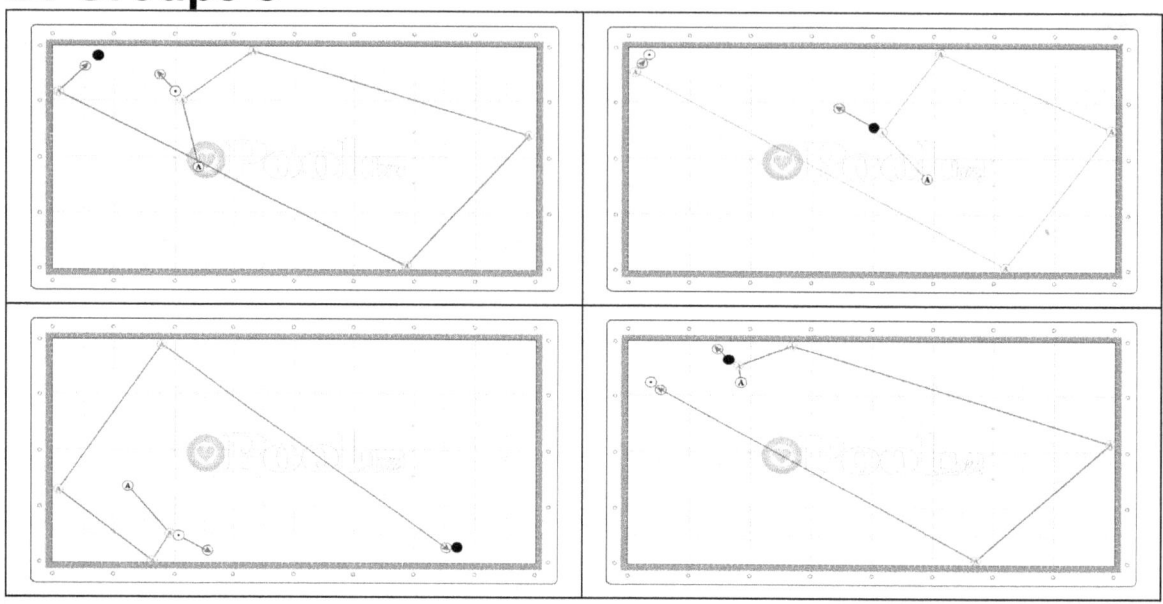

Une analyse:

B:3a. _____

B:3b. _____

B:3c. _____

B:3d. _____

B:3a – Installer

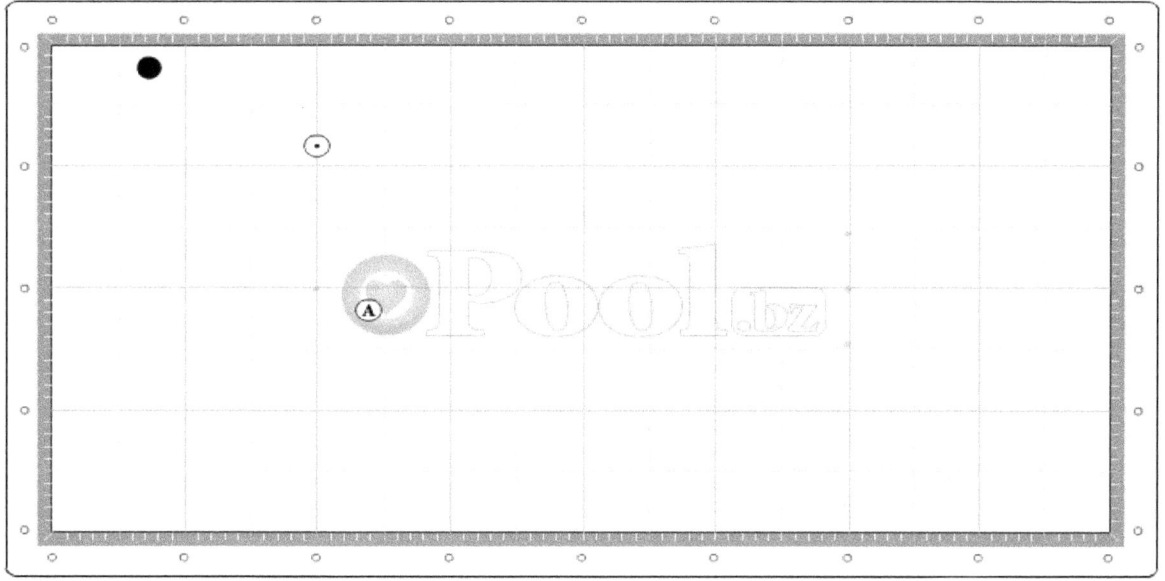

Notes et idées:

Modèle de balle

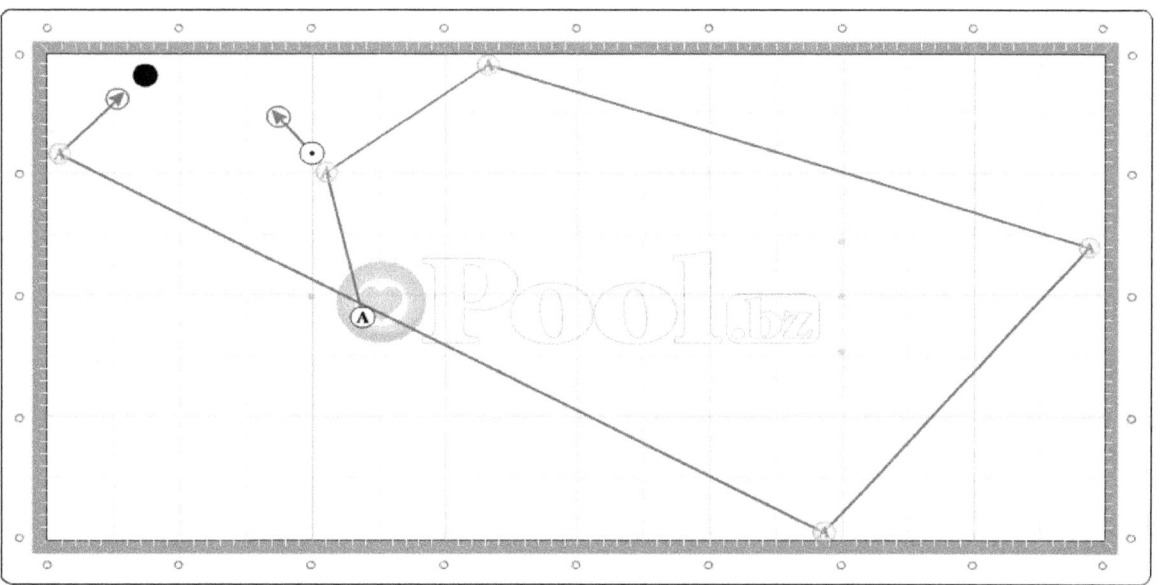

B:3b – Installer

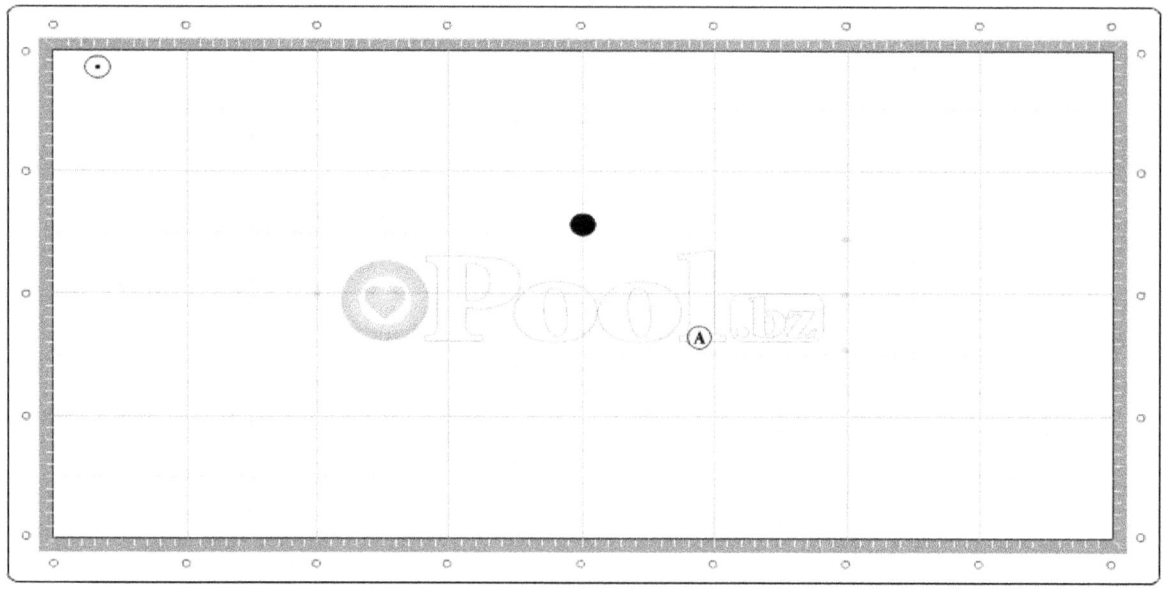

Notes et idées:

Modèle de balle

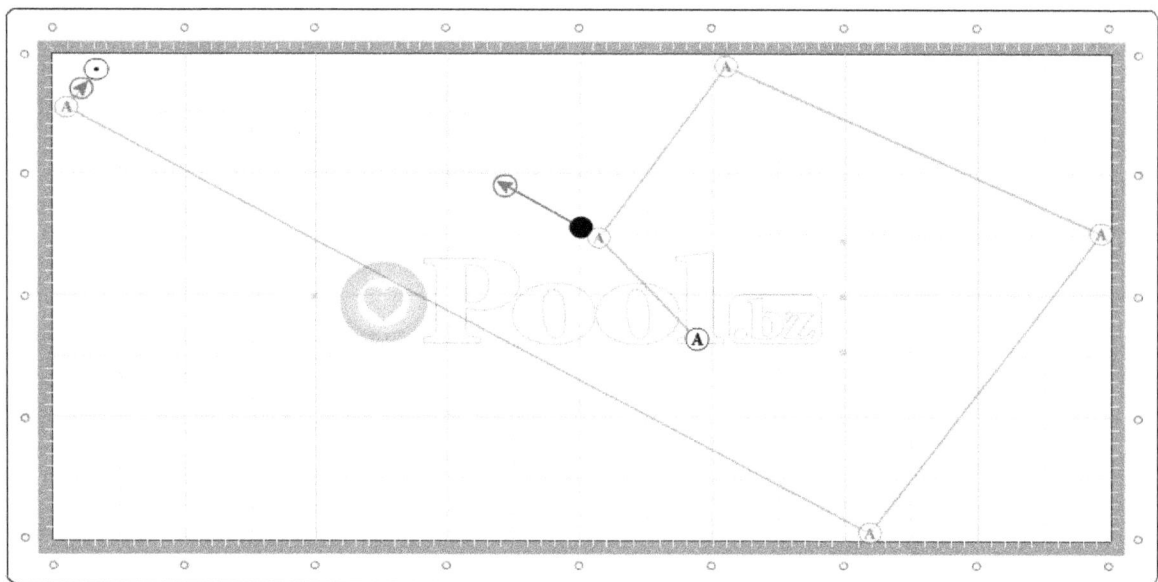

B:3c – Installer

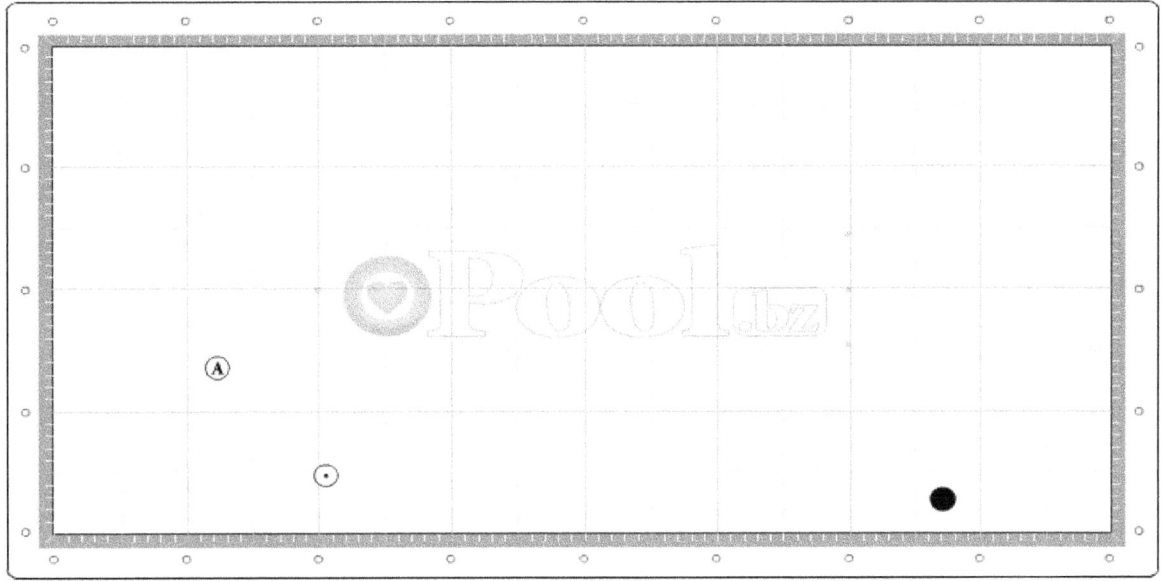

Notes et idées:

Modèle de balle

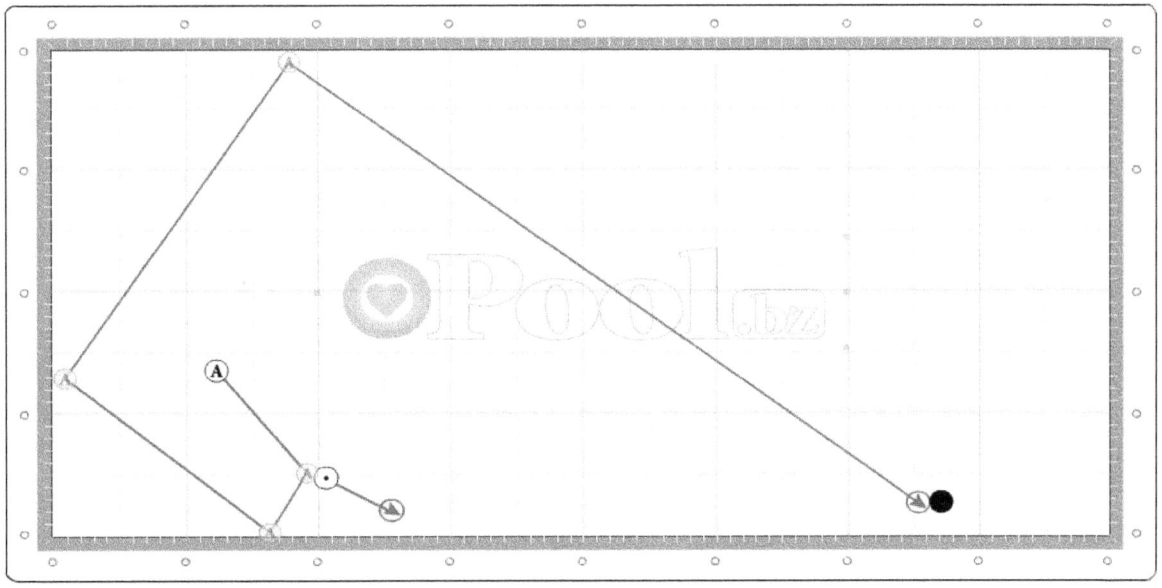

B:3d – Installer

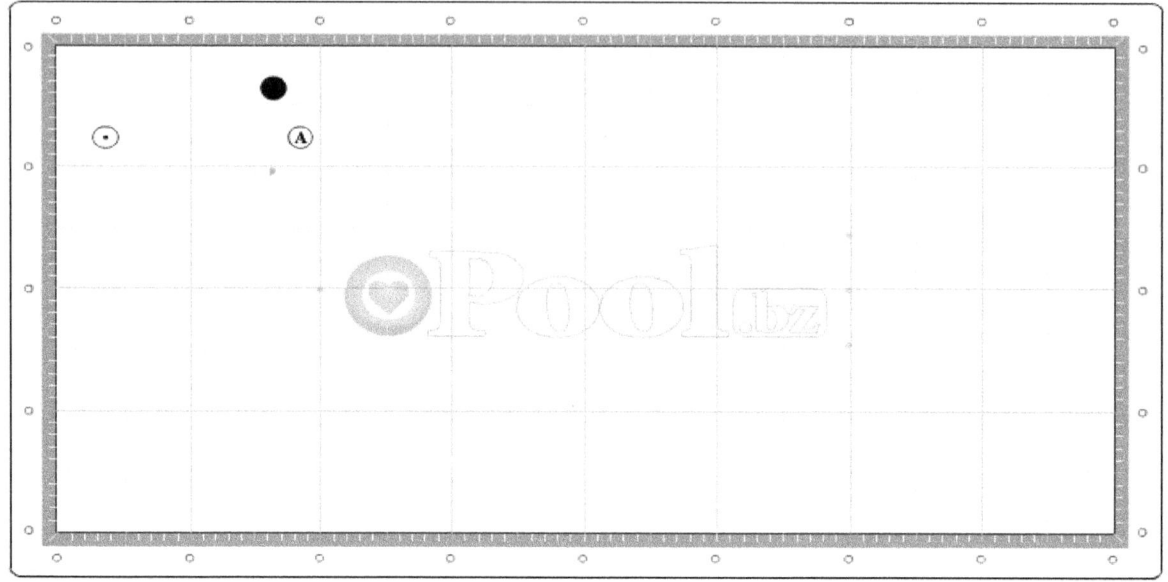

Notes et idées:

Modèle de balle

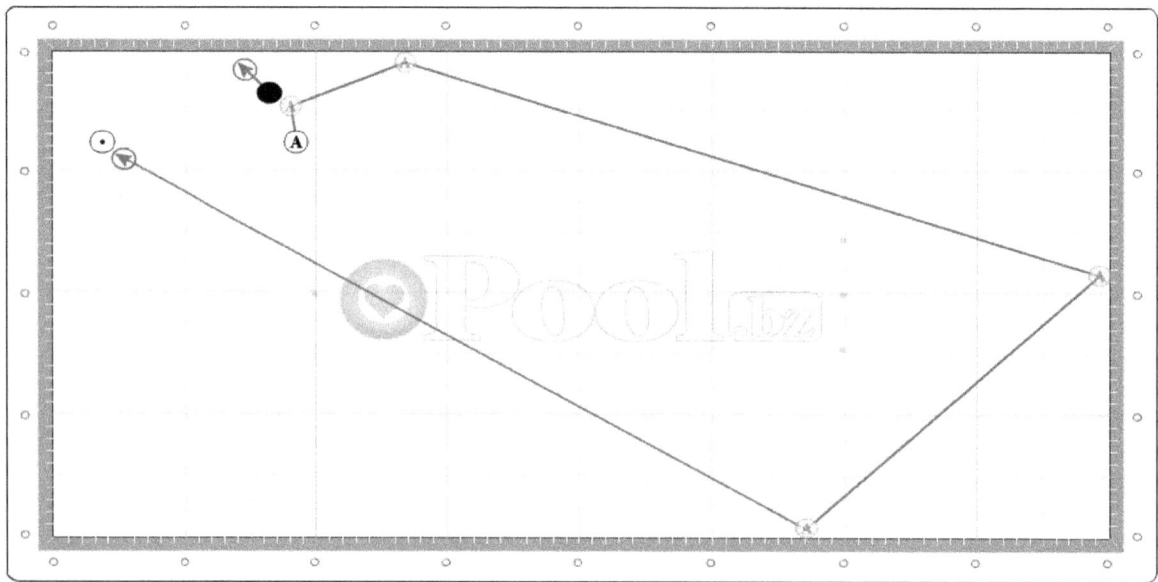

B: Groupe 4

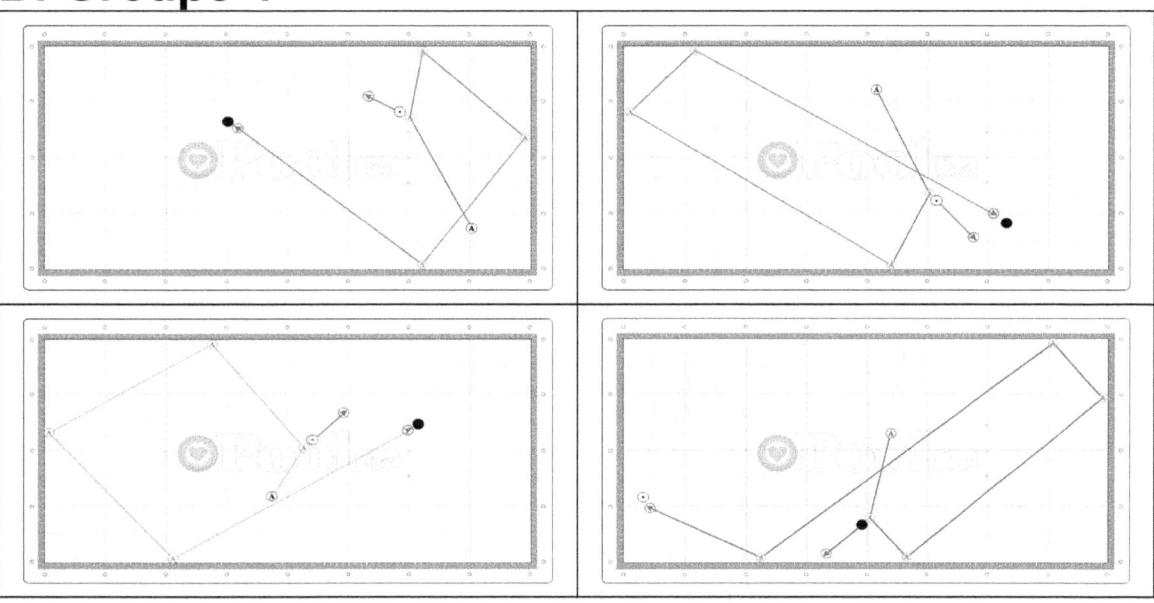

Une analyse:

B:4a. _____

B:4b. _____

B:4c. _____

B:4d. _____

B:4a – Installer

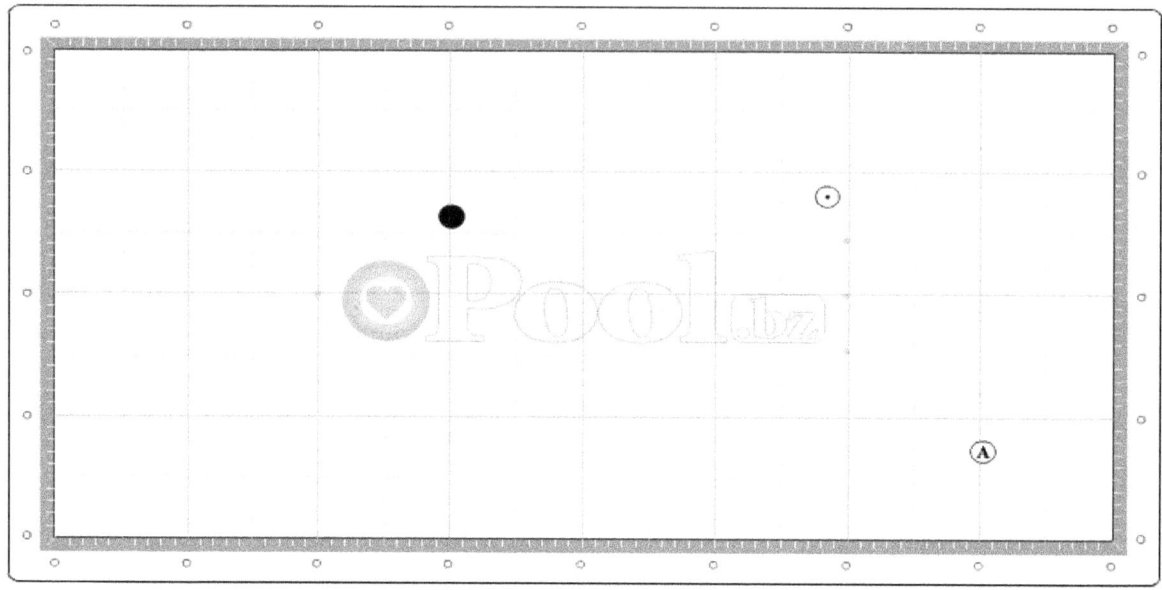

Notes et idées:

Modèle de balle

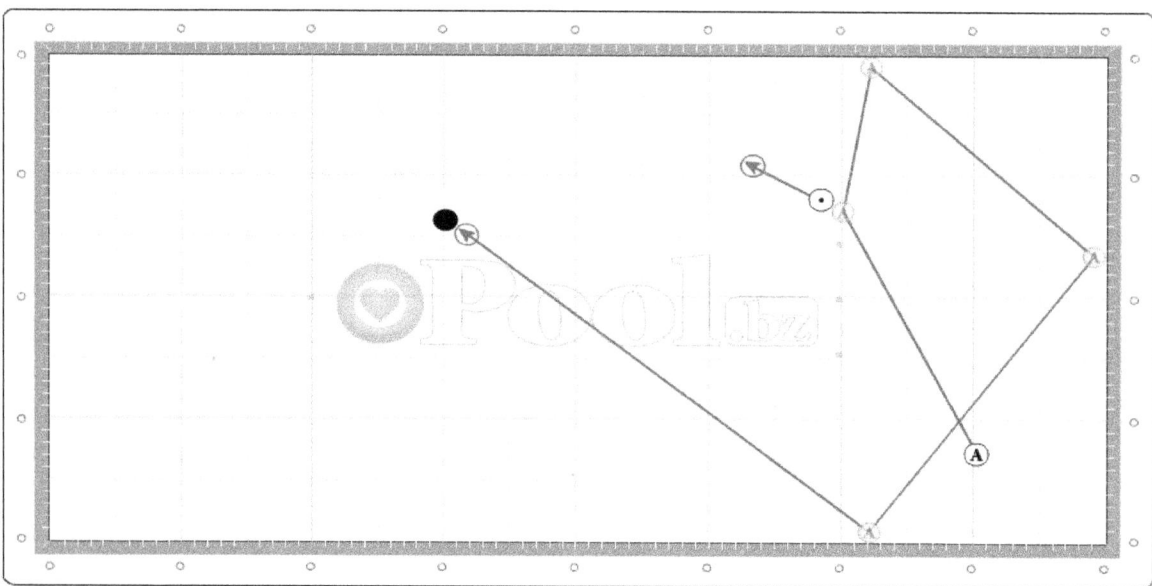

B:4b – Installer

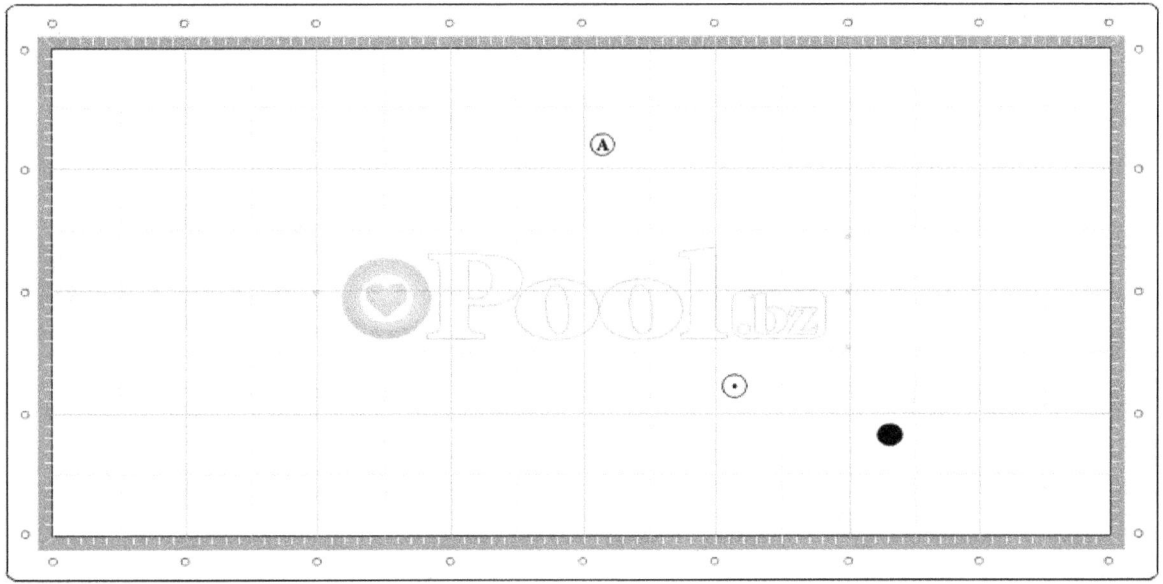

Notes et idées:

Modèle de balle

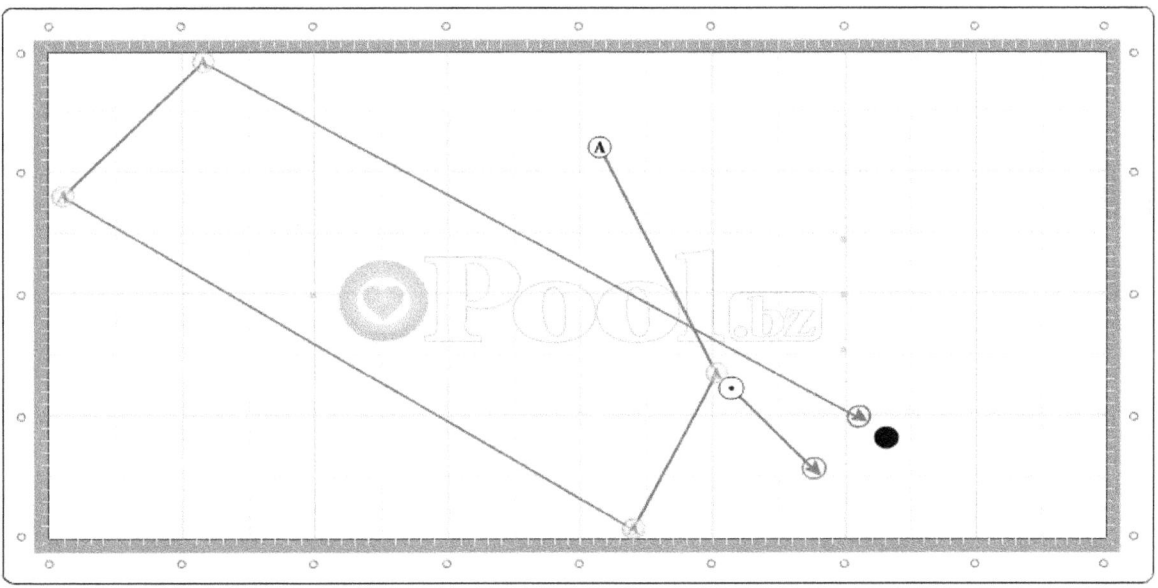

B:4c – Installer

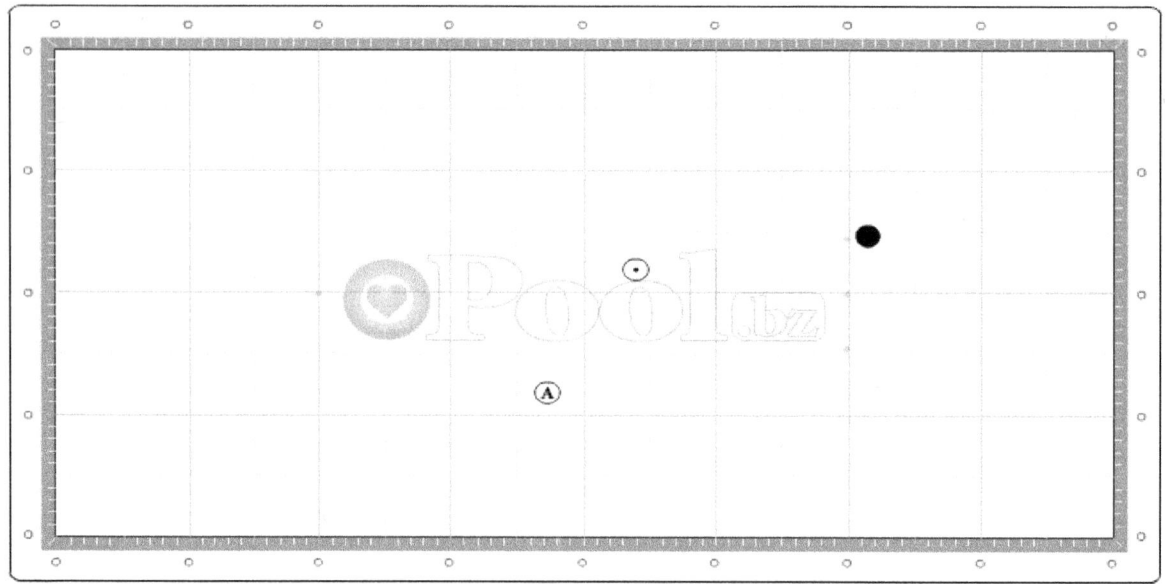

Notes et idées:

Modèle de balle

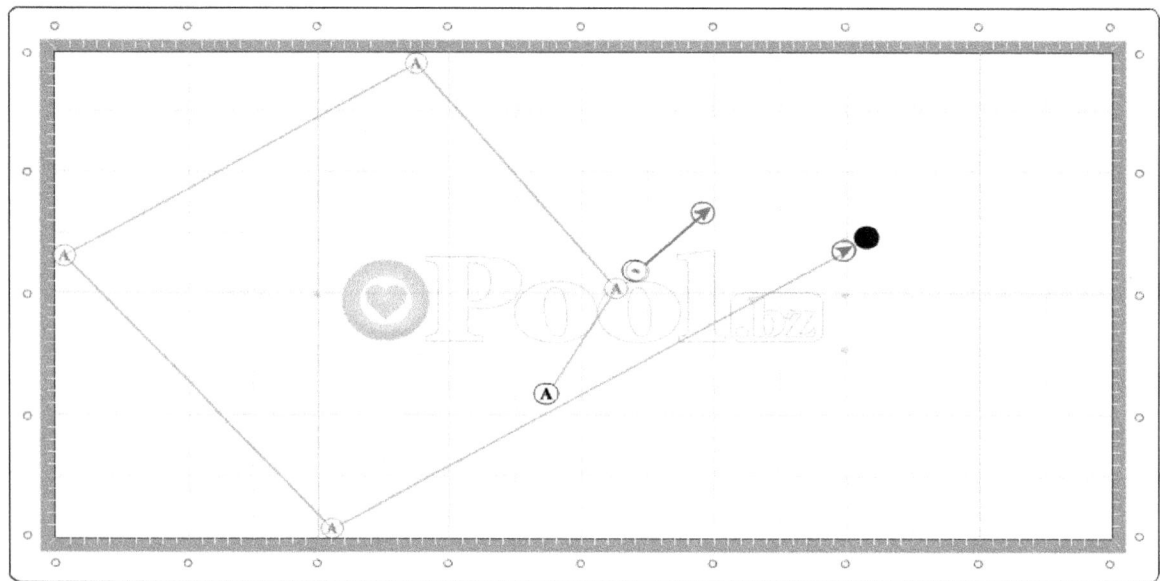

B:4d – Installer

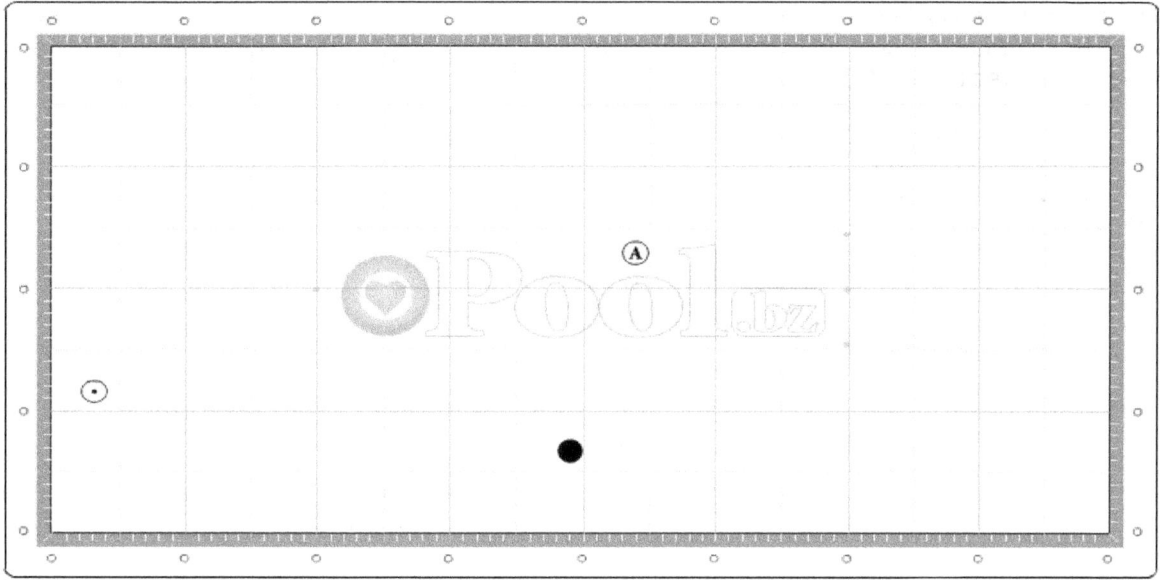

Notes et idées:

Modèle de balle

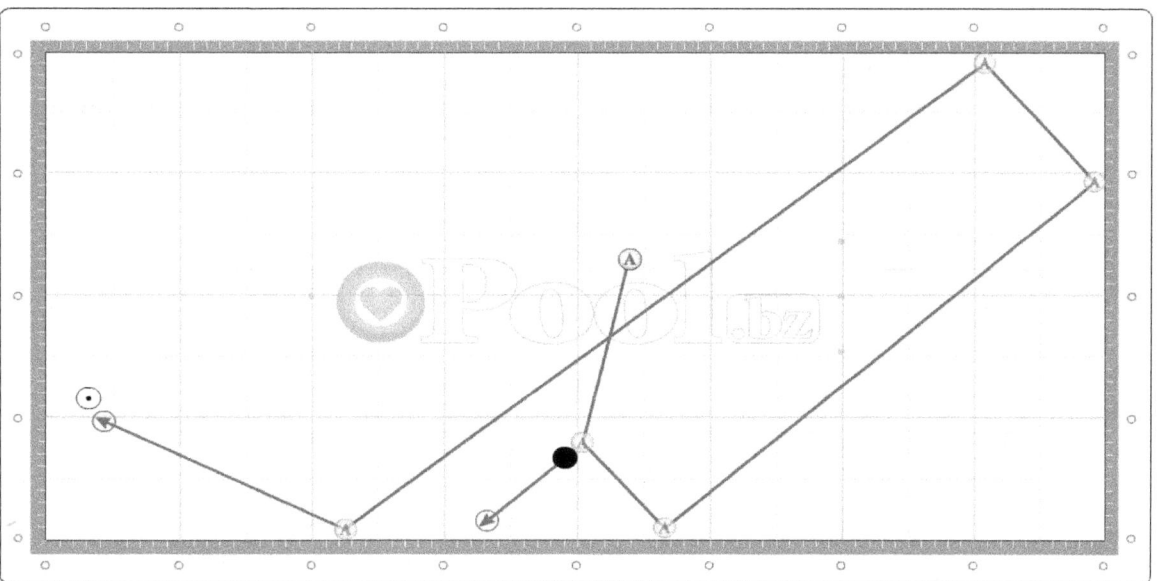

C: Jambe étendue

Dans ces situations, le (CB) contacte le premier (OB) et lance le standard dans le monde entier. Le (CB) entre dans le coin de la maison. Ensuite, il sort deux bandas du coin de départ et entre en contact avec l'autre (OB).

Ⓐ (CB) (votre balle) - ⊙ (OB) (balle de l'adversaire) – ● (OB) Balle rouge

C: Groupe 1

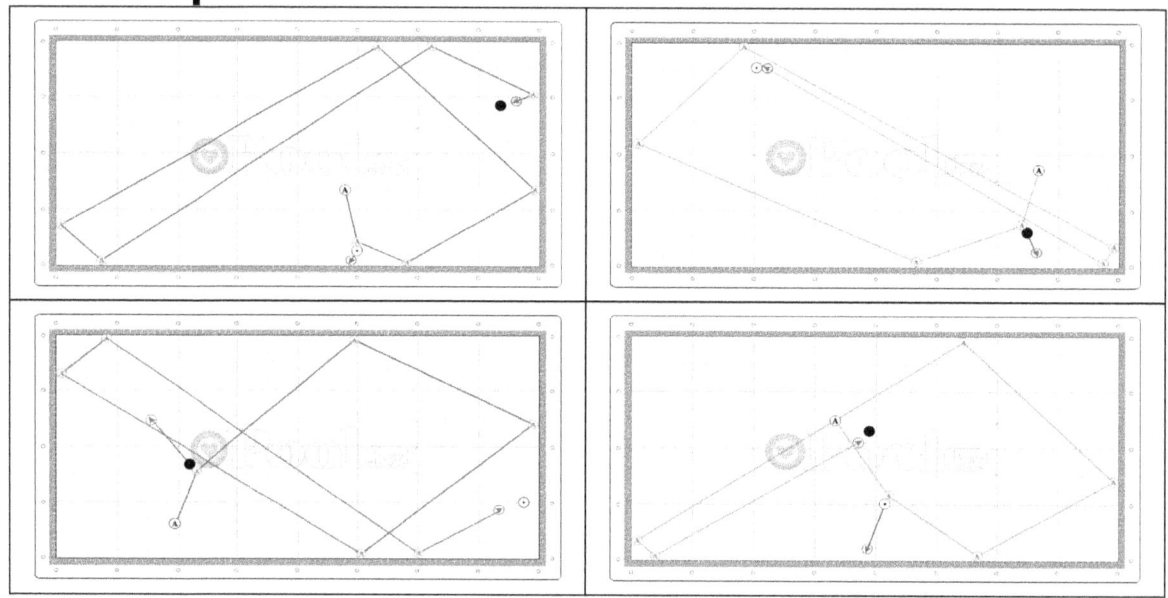

Une analyse:

C:1a. _____

C:1b. _____

C:1c. _____

C:1d. _____

C:1a – Installer

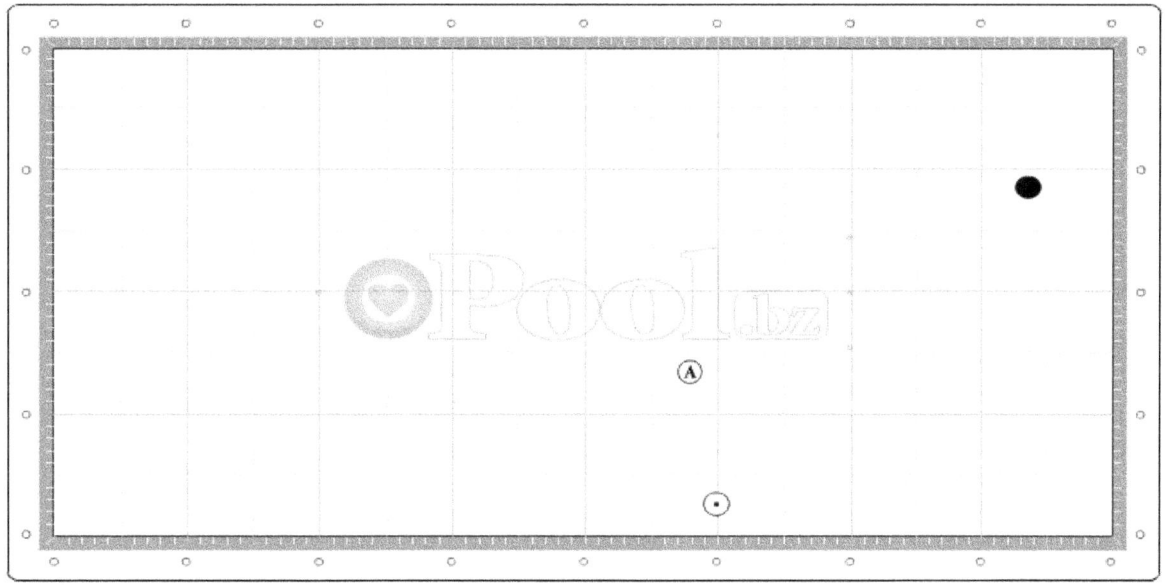

Notes et idées:

Modèle de balle

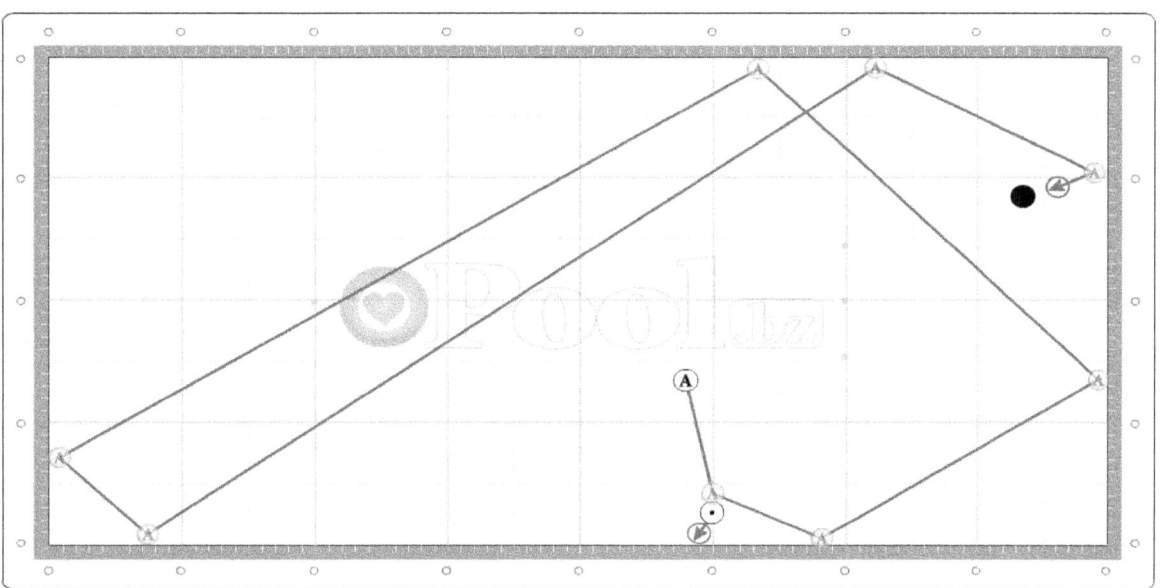

C:1b – Installer

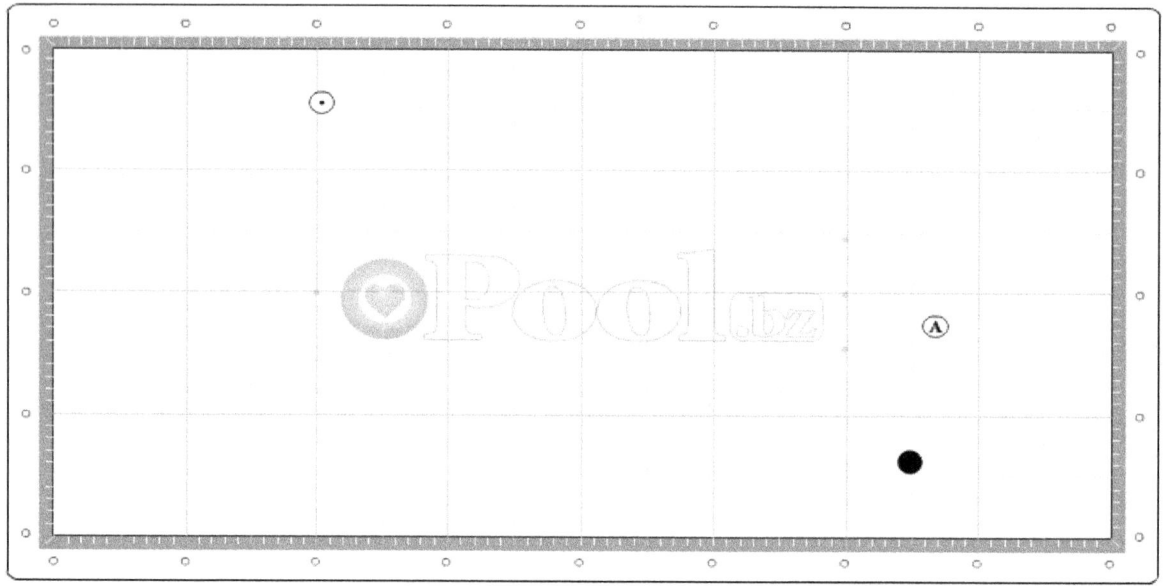

Notes et idées:

Modèle de balle

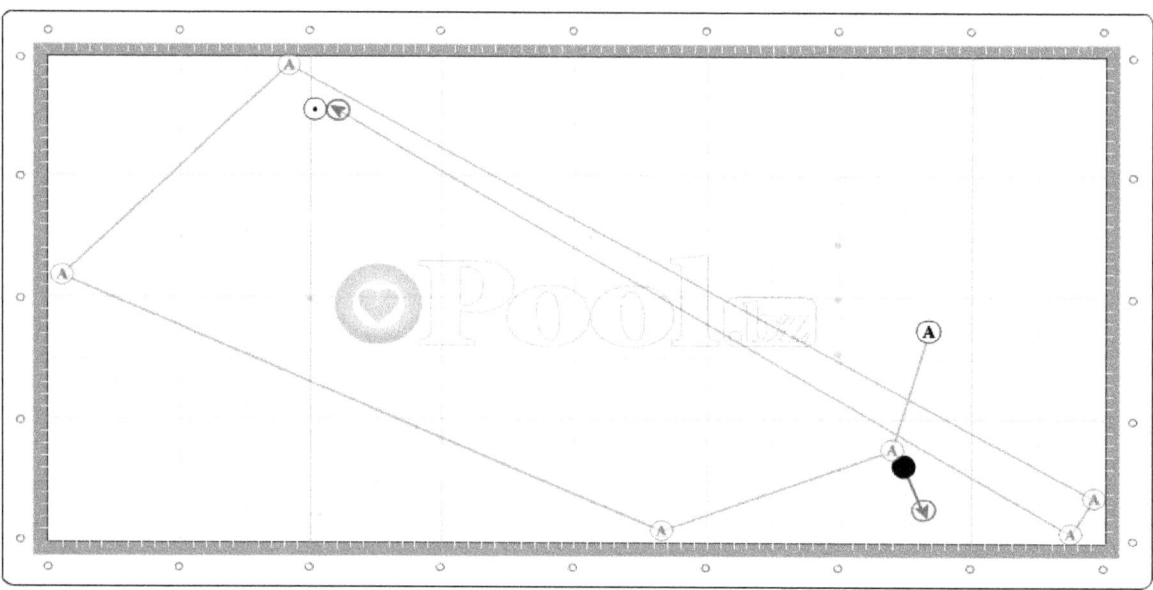

C:1c – Installer

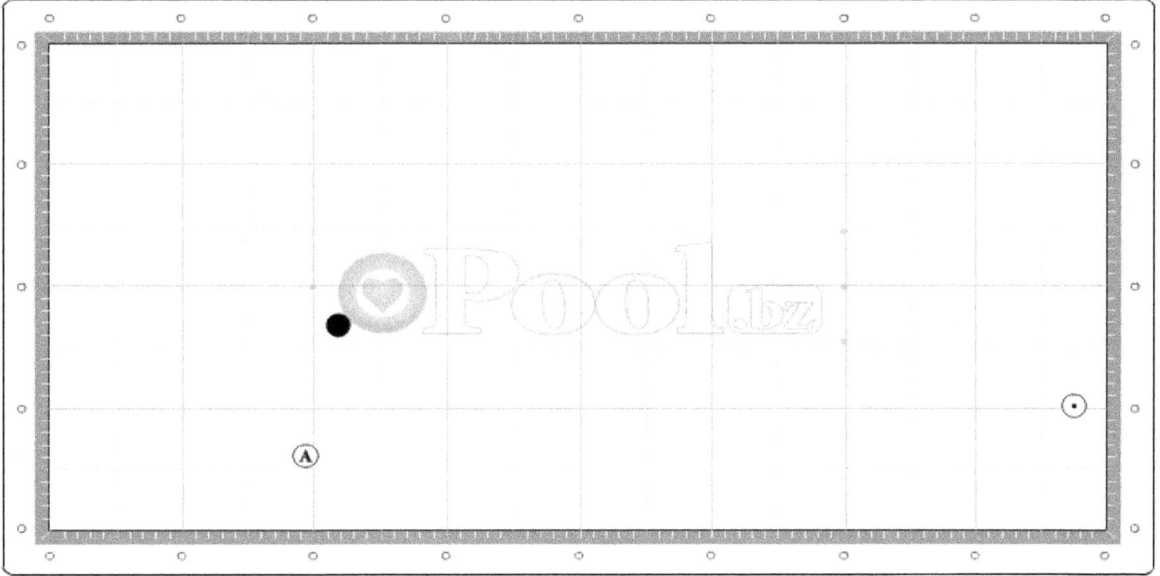

Notes et idées:

Modèle de balle

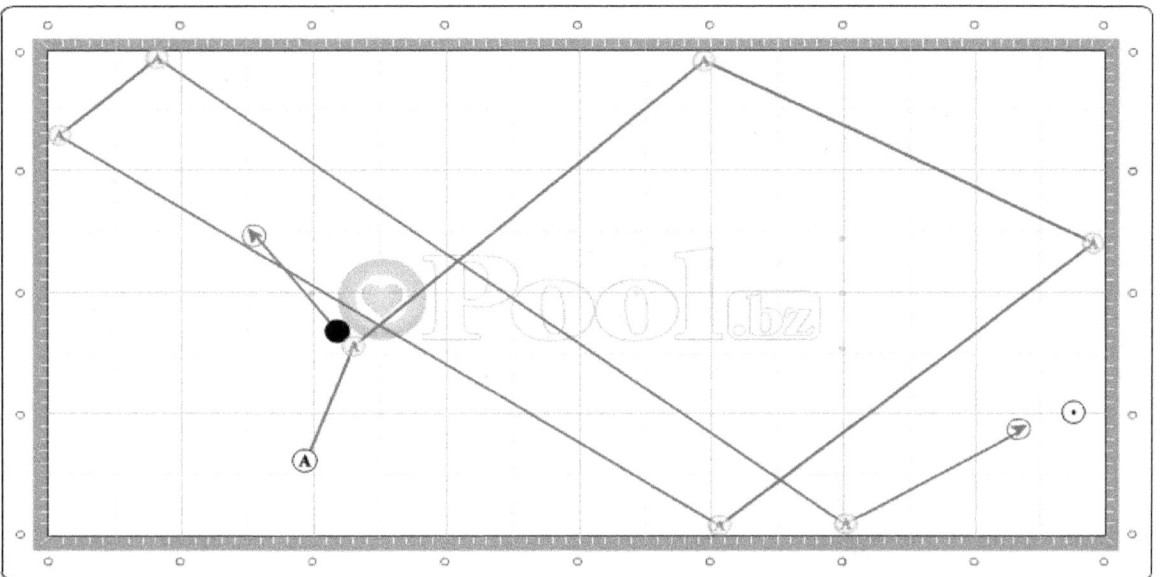

C:1d – Installer

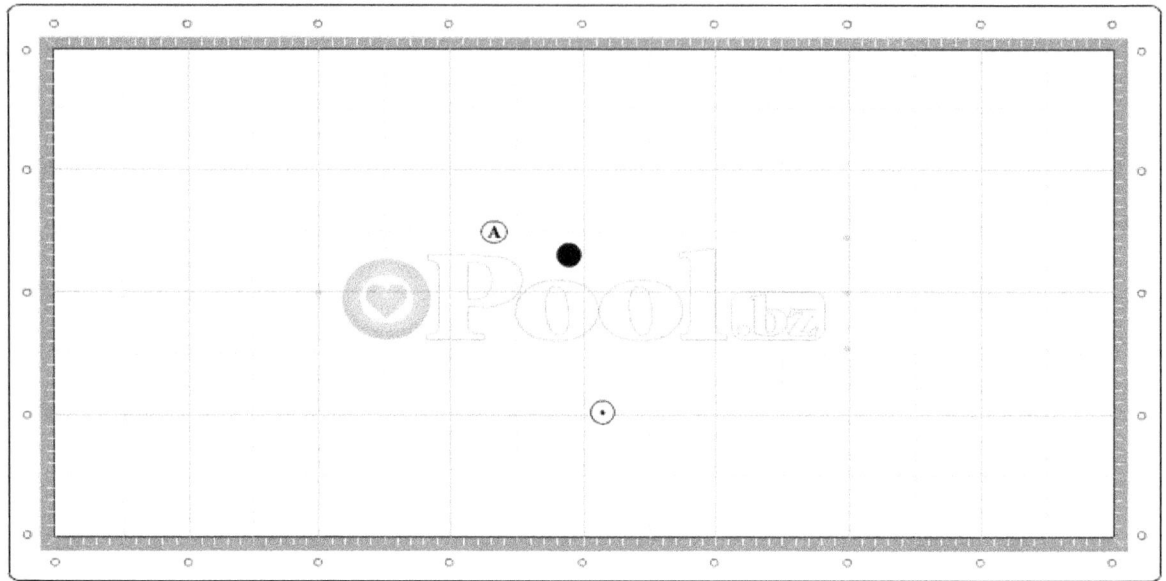

Notes et idées:

Modèle de balle

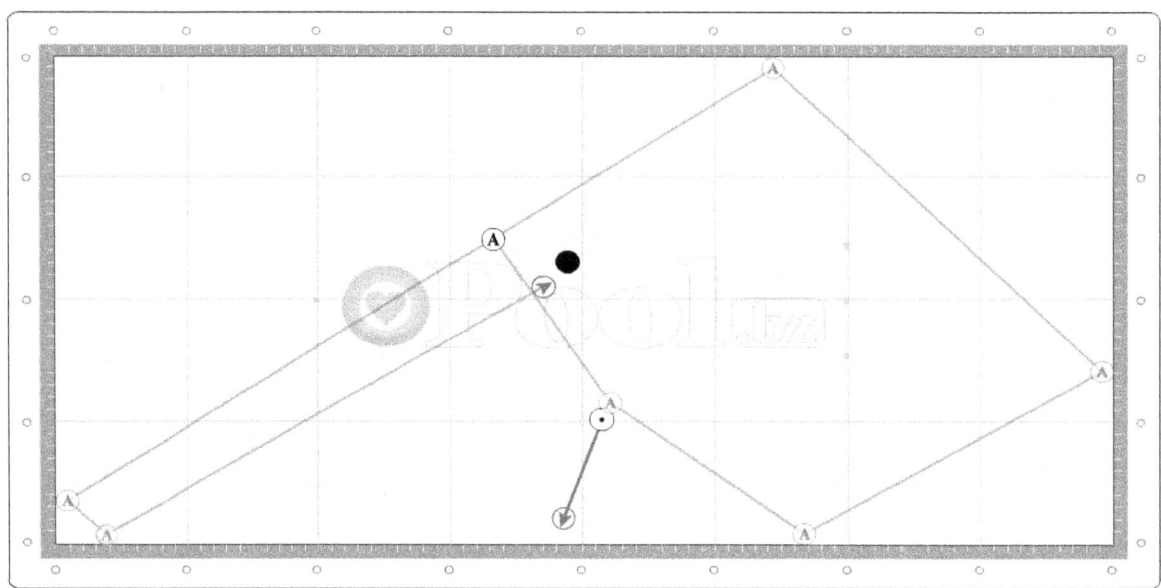

C: Groupe 2

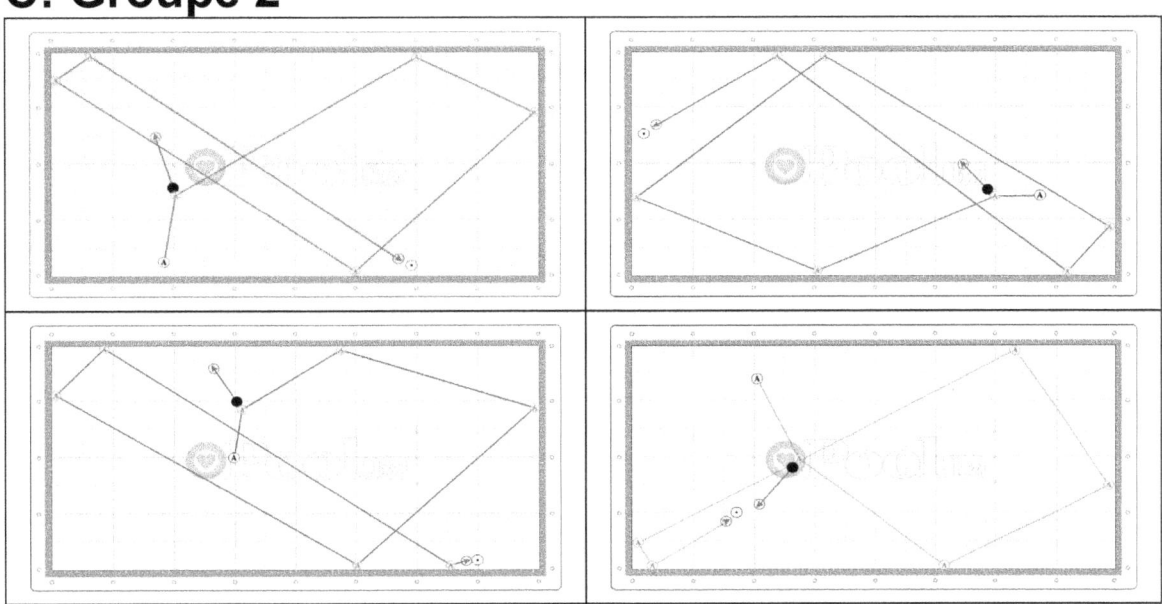

Une analyse:

C:2a. _____

C:2b. _____

C:2c. _____

C:2d. _____

C:2a – Installer

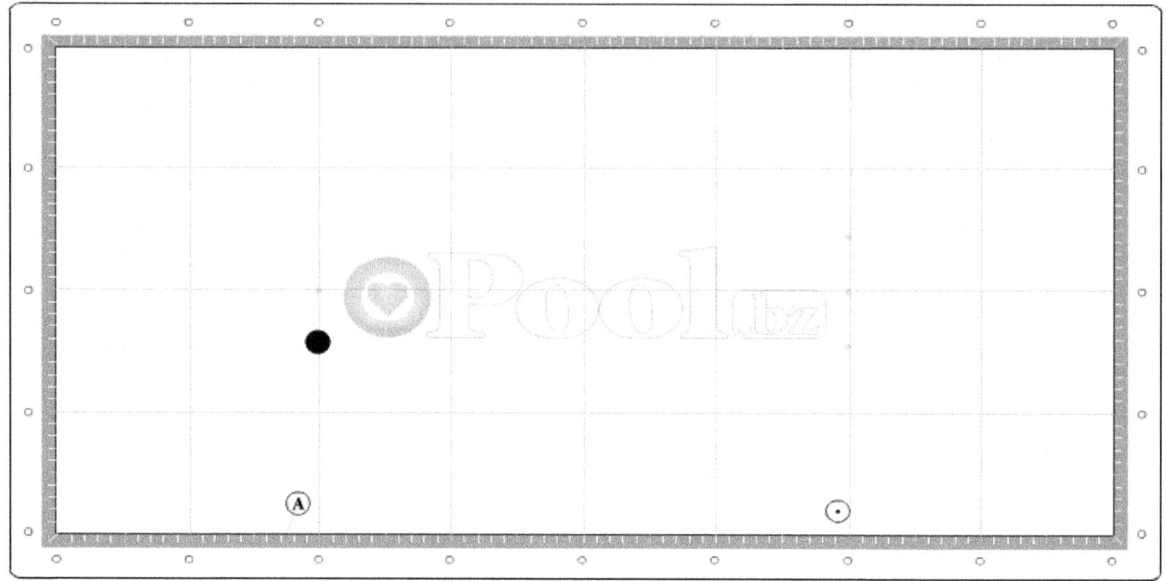

Notes et idées:

Modèle de balle

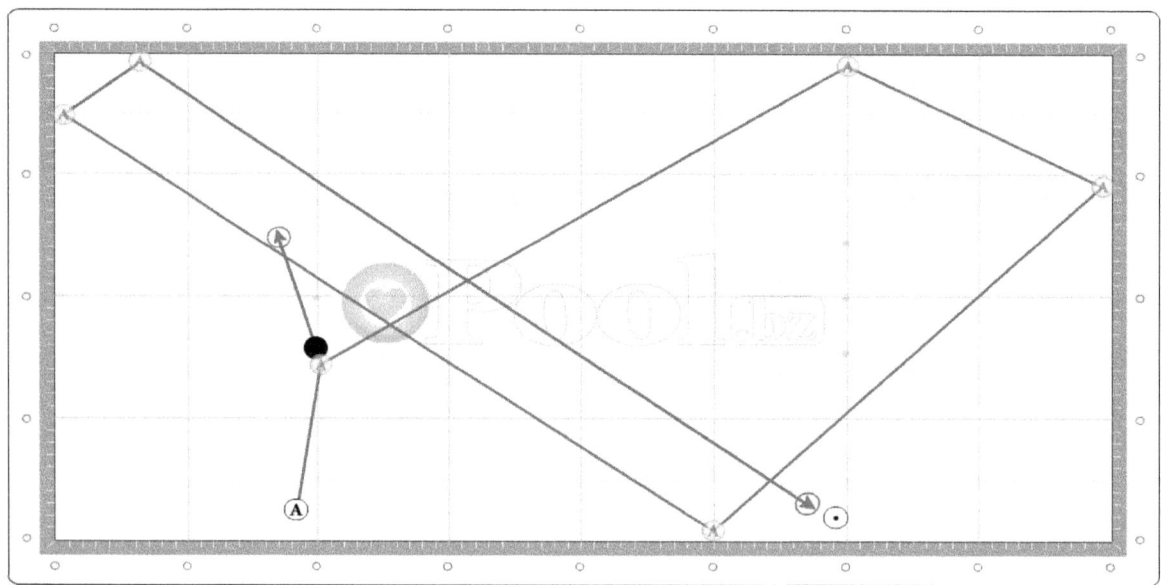

C:2b – Installer

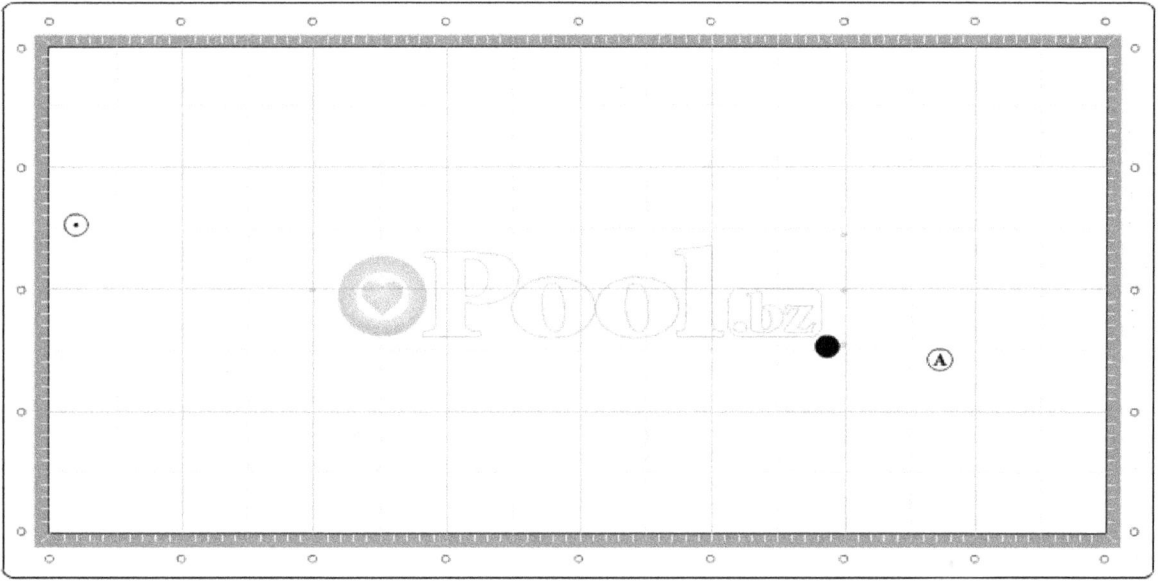

Notes et idées:

Modèle de balle

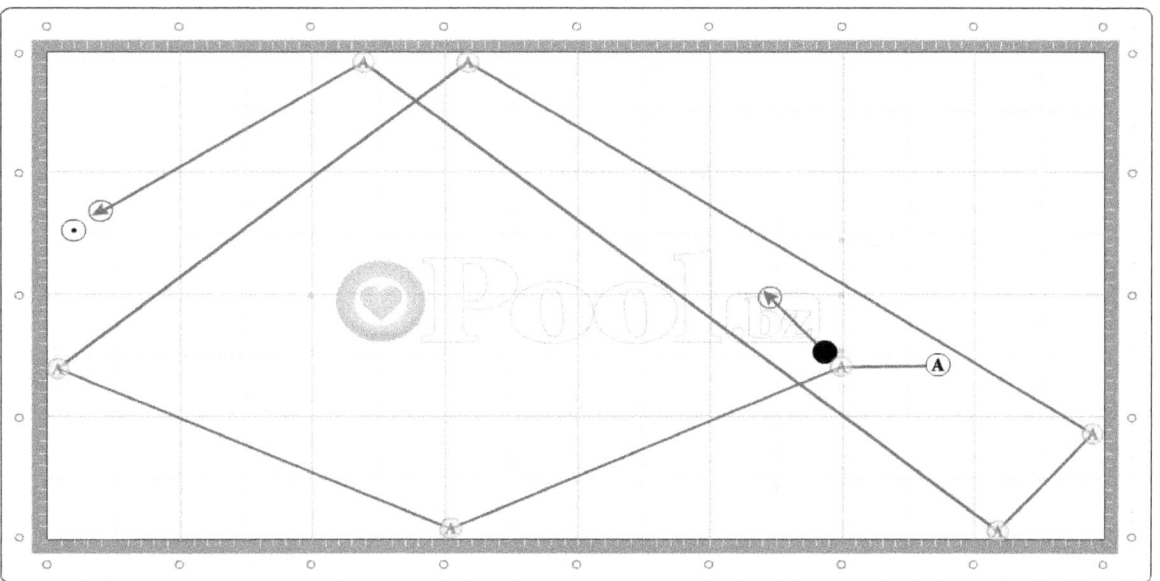

C:2c – Installer

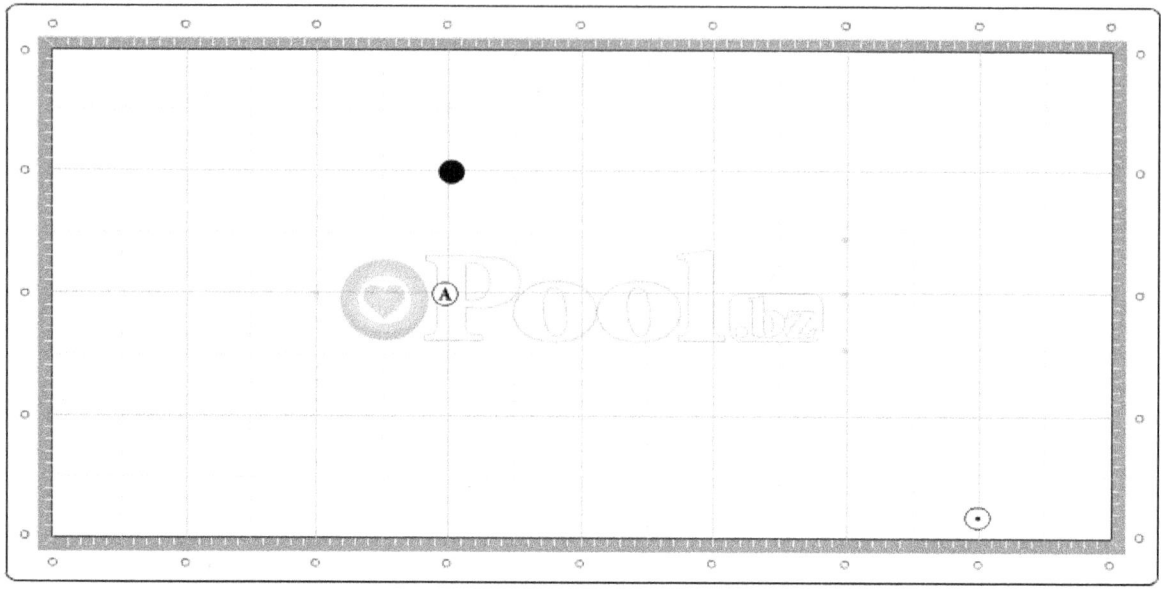

Notes et idées:

Modèle de balle

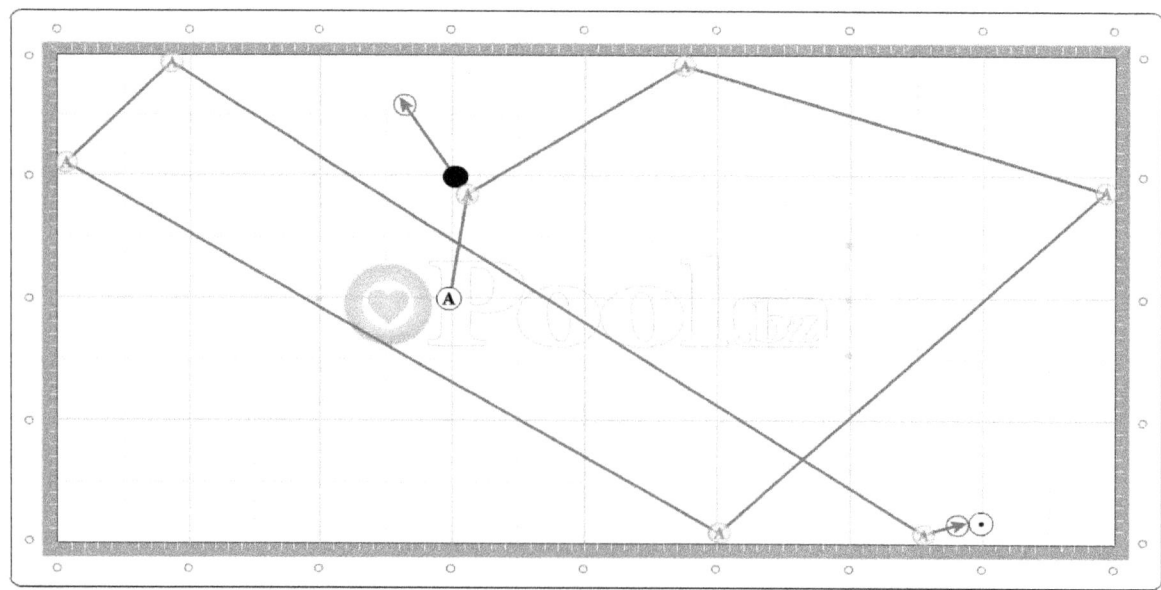

C:2d – Installer

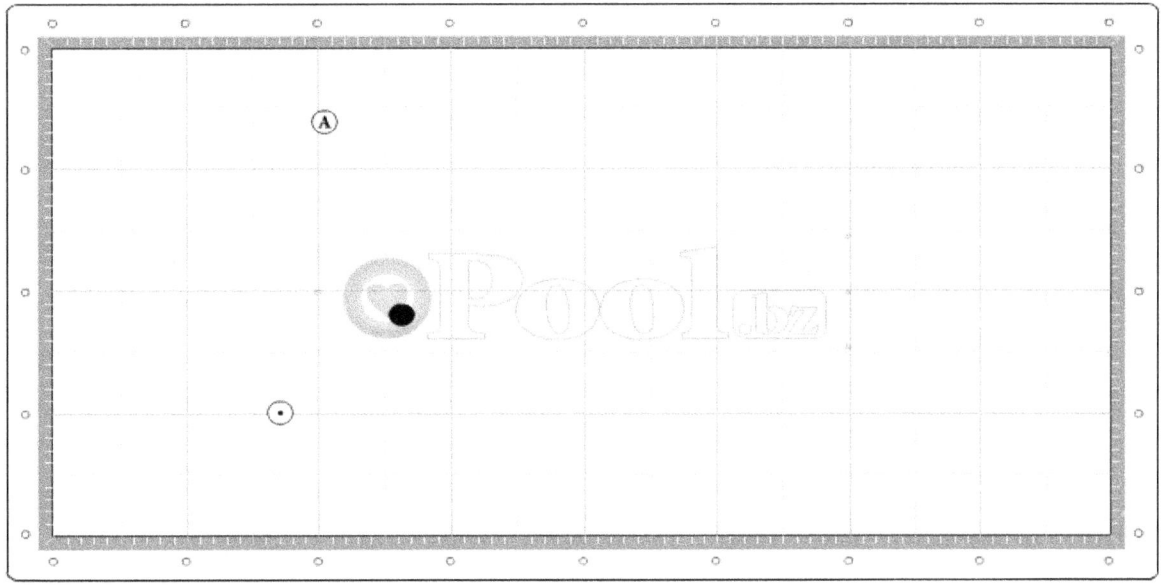

Notes et idées:

Modèle de balle

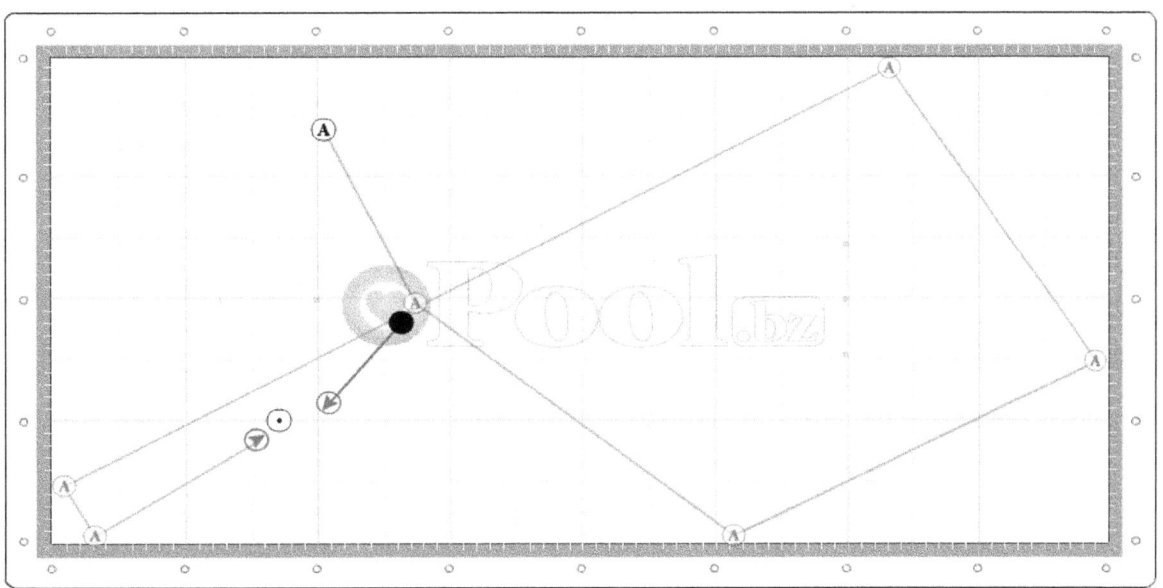

C: Groupe 3

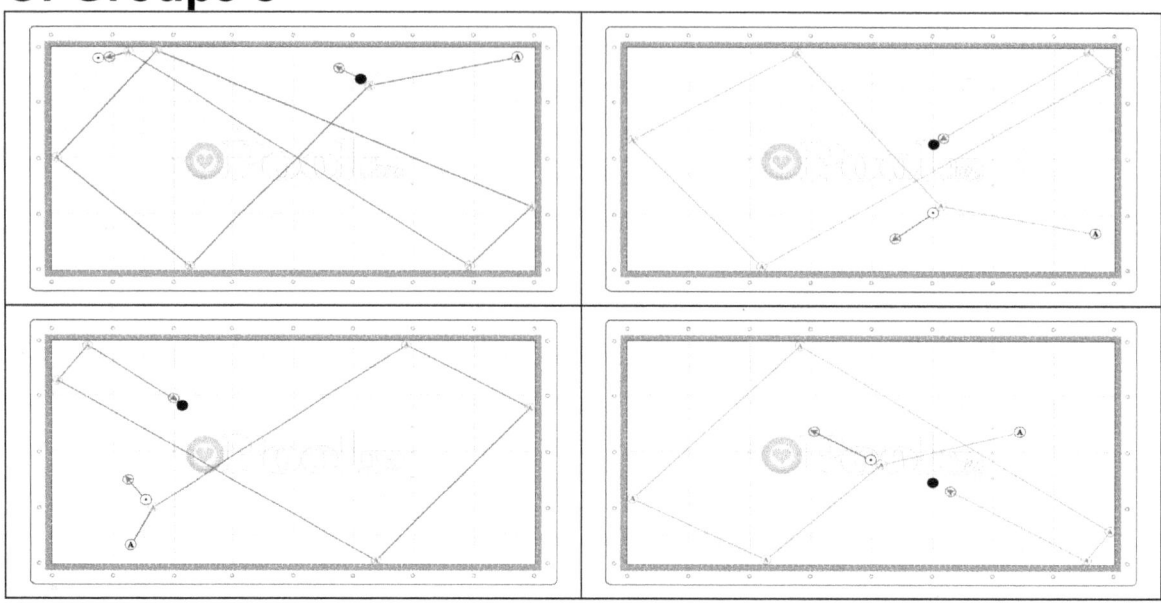

Une analyse:

C:3a. _____

C:3b. _____

C:3c. _____

C:3d. _____

C:3a – Installer

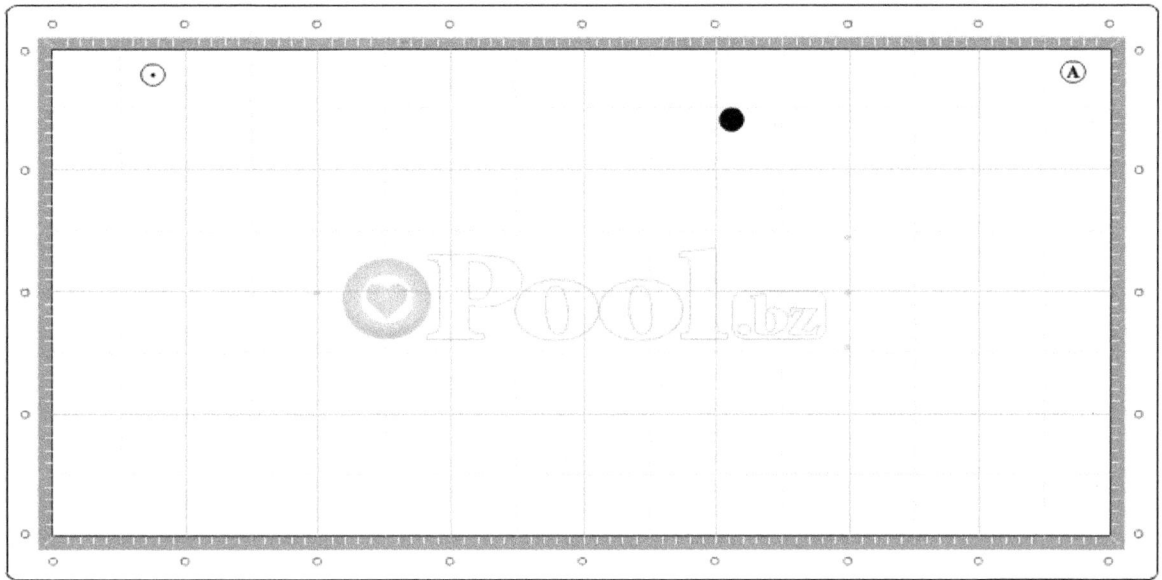

Notes et idées:

Modèle de balle

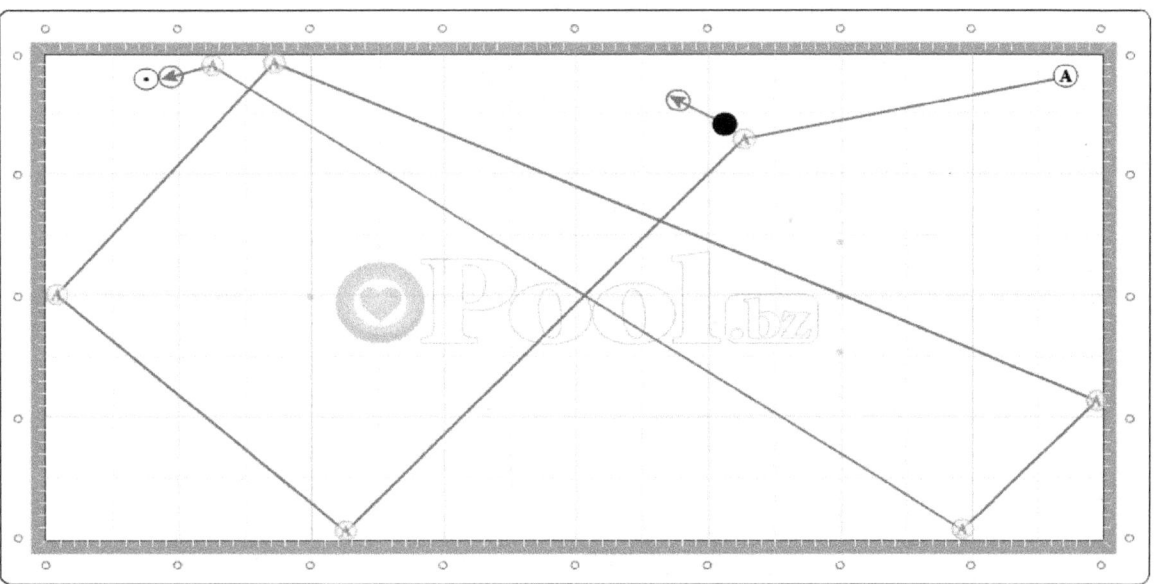

C:3b – Installer

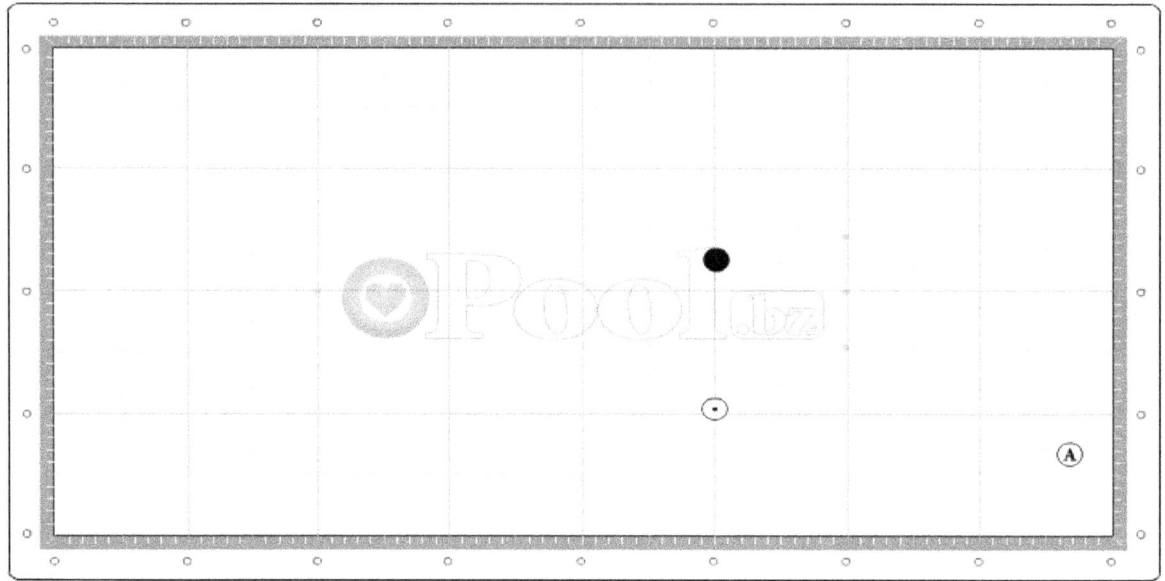

Notes et idées:

Modèle de balle

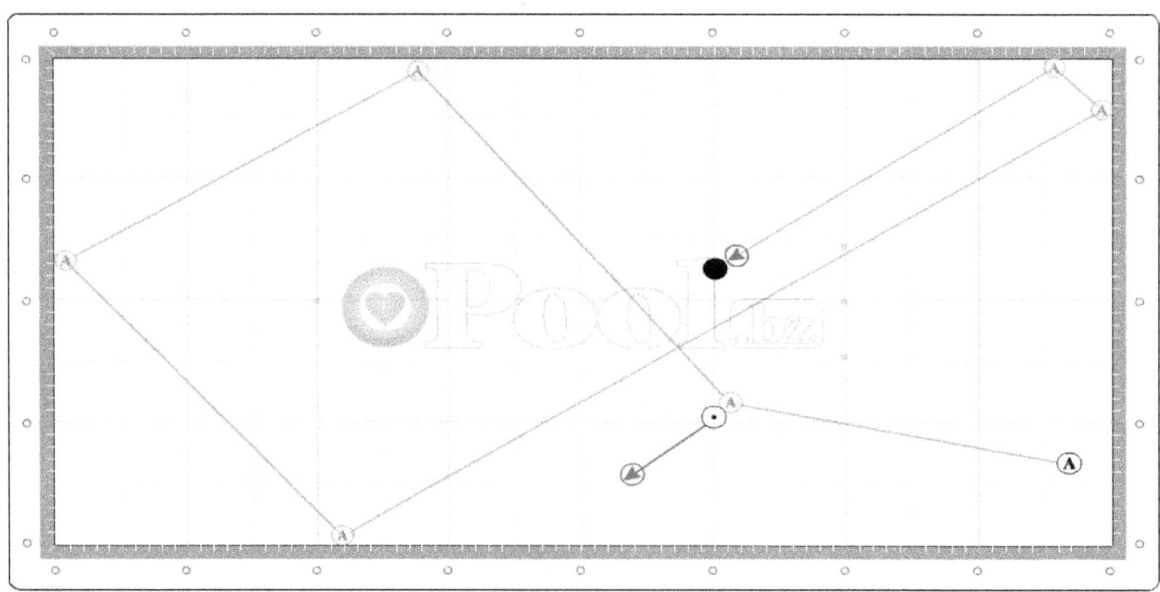

C:3c – Installer

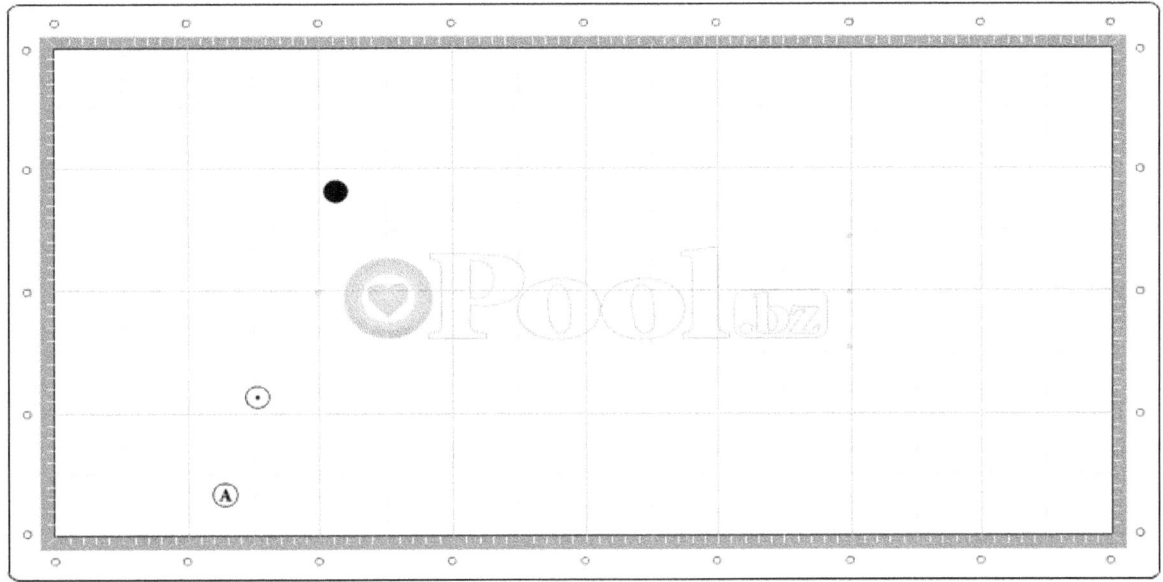

Notes et idées:

Modèle de balle

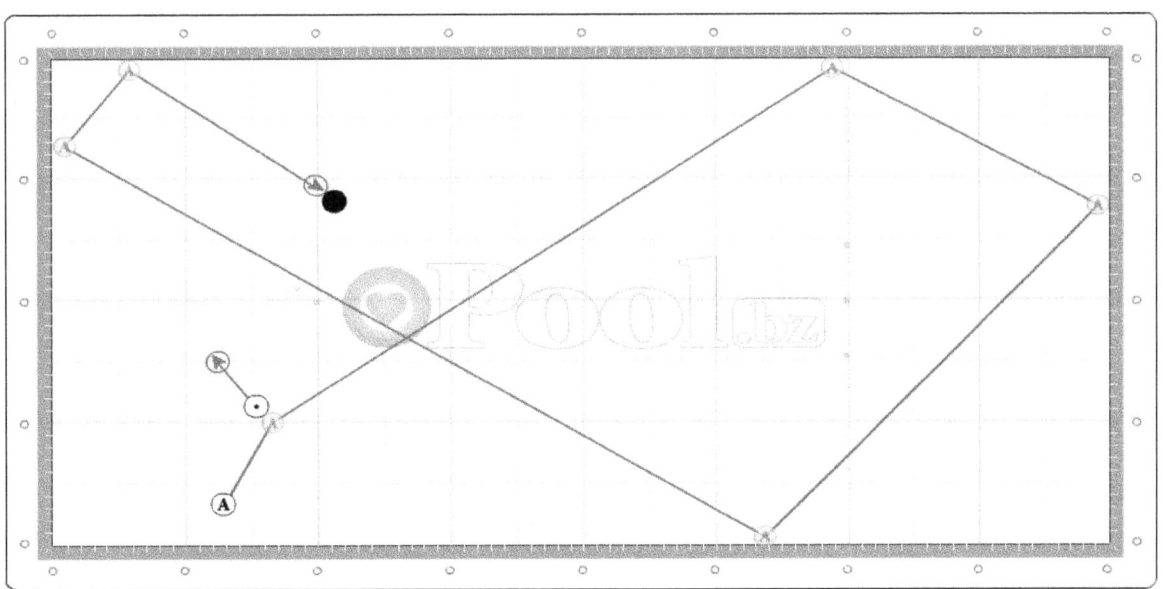

C:3d – Installer

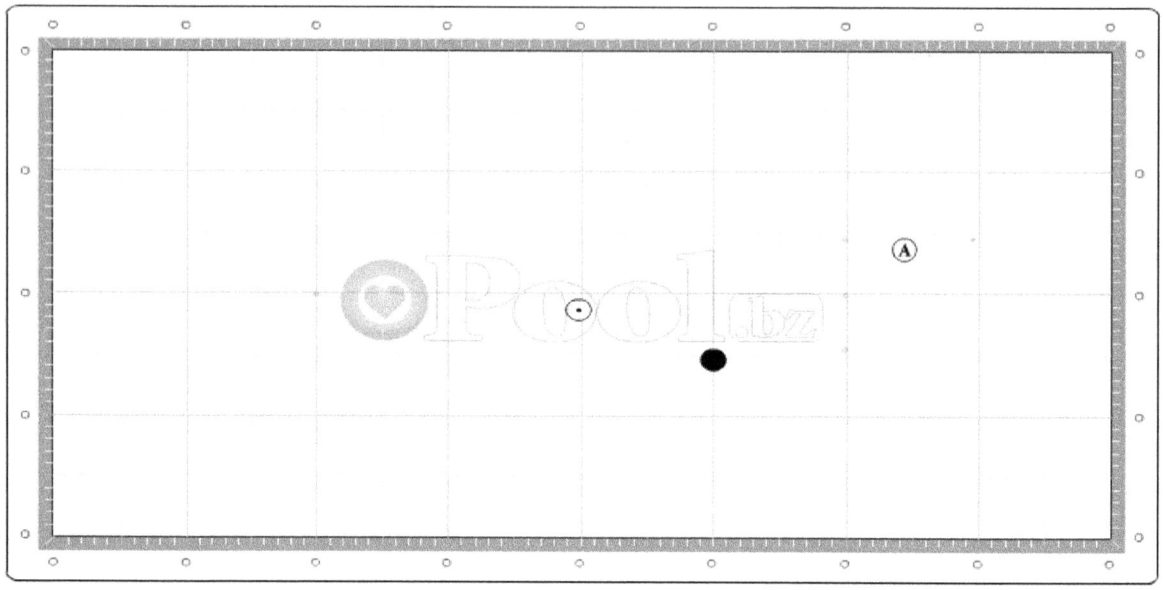

Notes et idées:

Modèle de balle

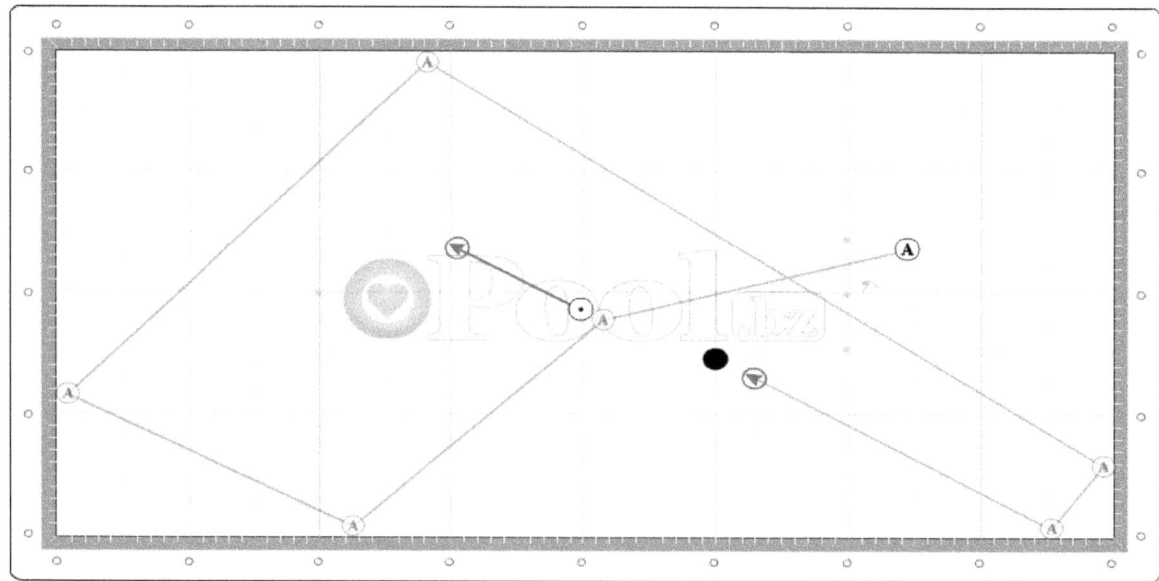

D: Grosse boule dans le coin de la maison

Le (CB) se détache du premier (OB) et suit le schéma de base autour du monde. L'autre (OB) étant dans le coin, la cible (OB) est plus grande.

Ⓐ (CB) (votre balle) - ⊙ (OB) (balle de l'adversaire) – ● (OB) Balle rouge

D: Groupe 1

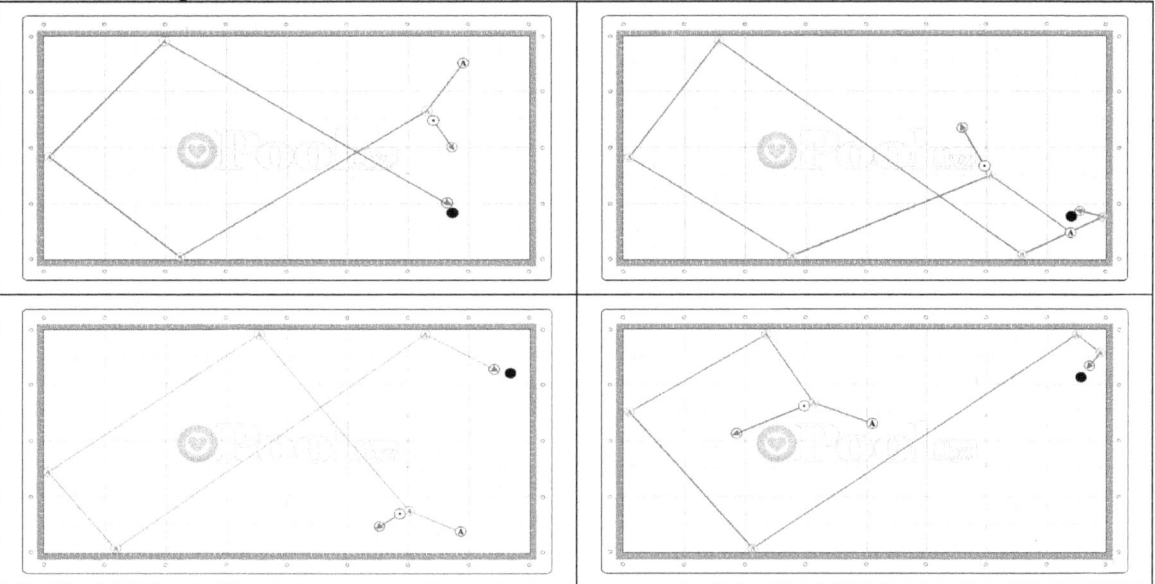

Une analyse:

D:1a. _____

D:1b. _____

D:1c. _____

D:1d. _____

D:1a – Installer

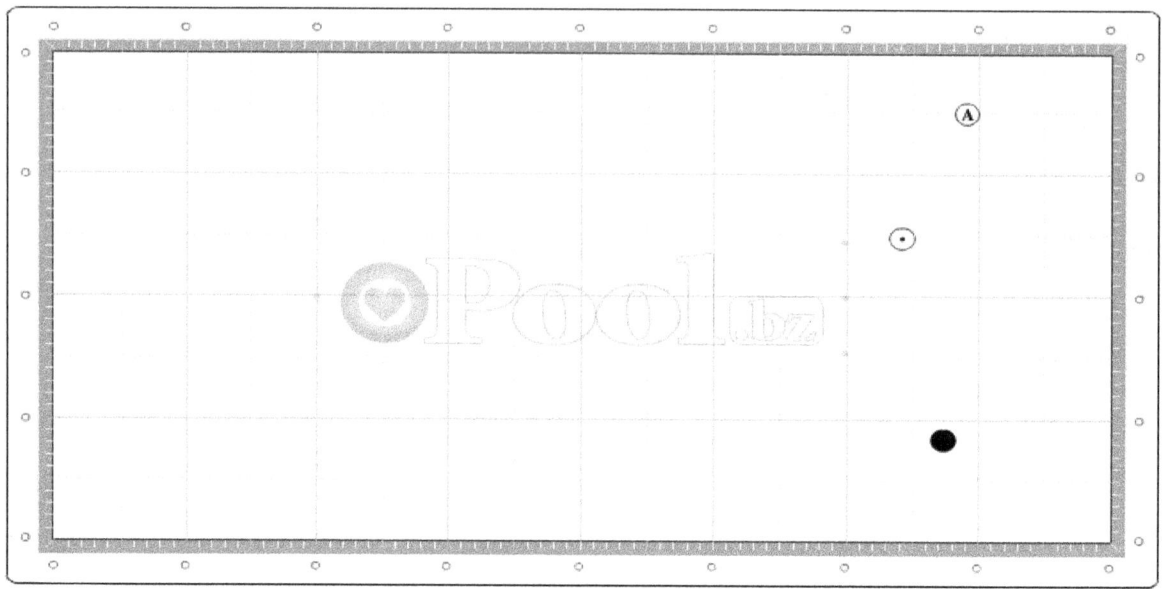

Notes et idées:

Modèle de balle

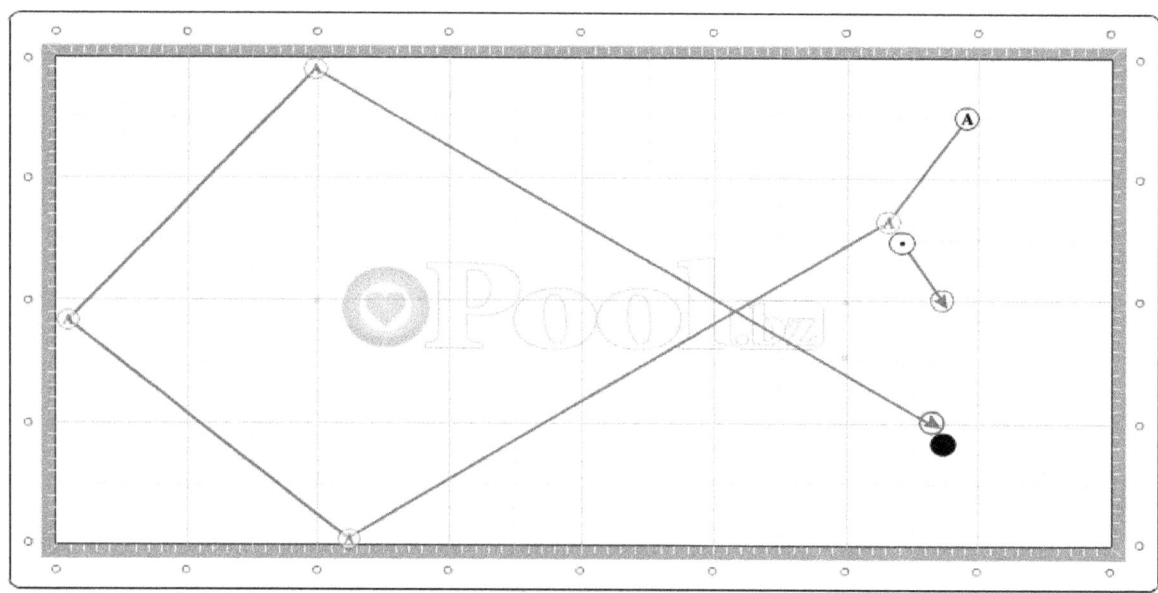

D:1b – Installer

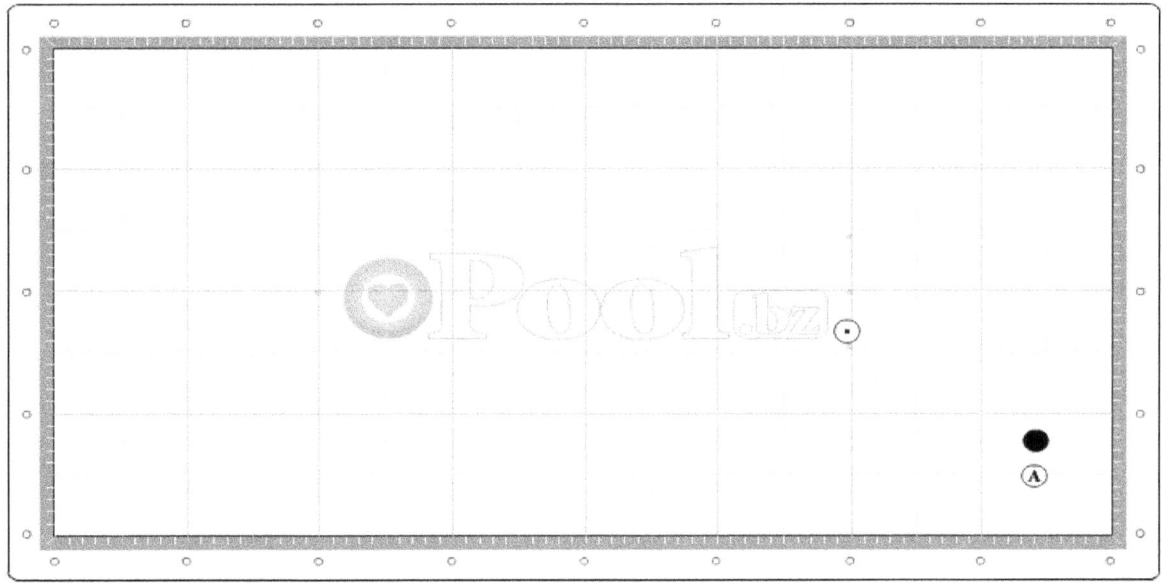

Notes et idées:

Modèle de balle

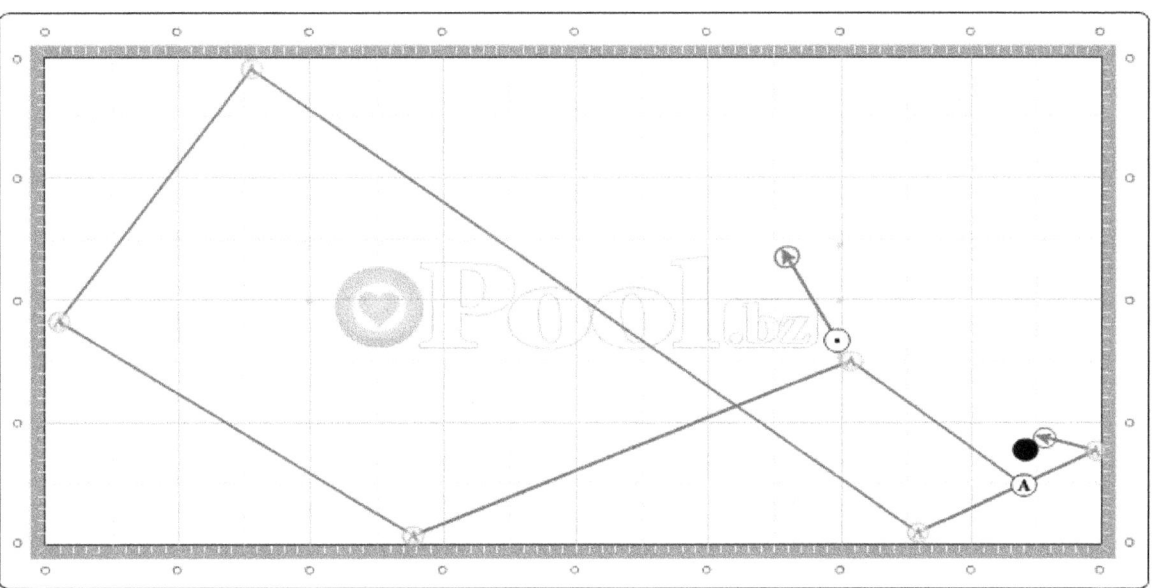

D:1c – Installer

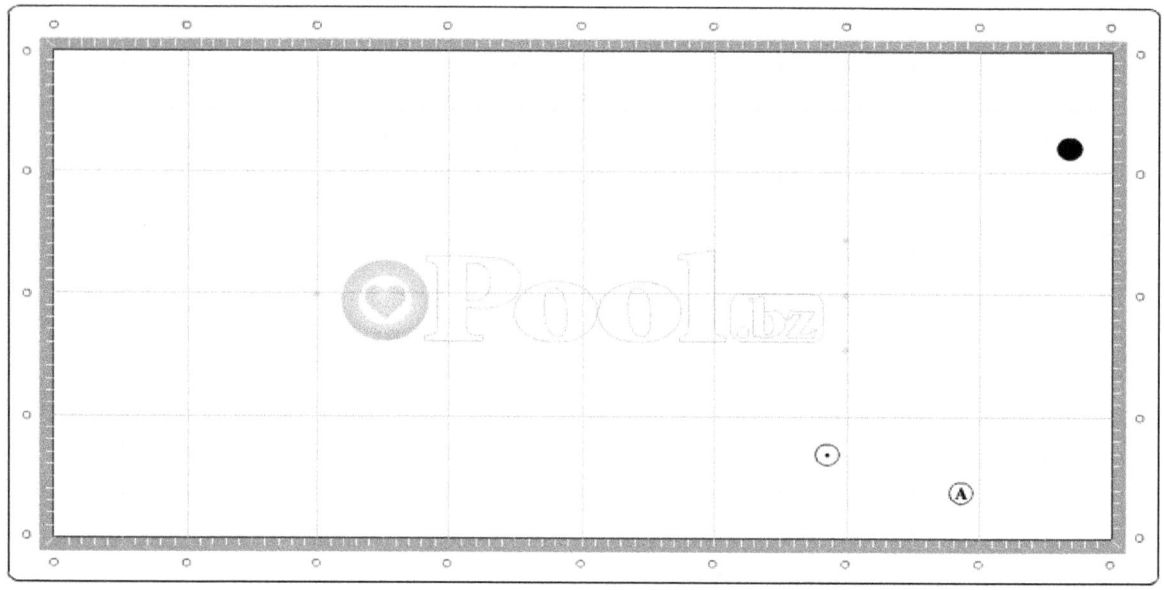

Notes et idées:

Modèle de balle

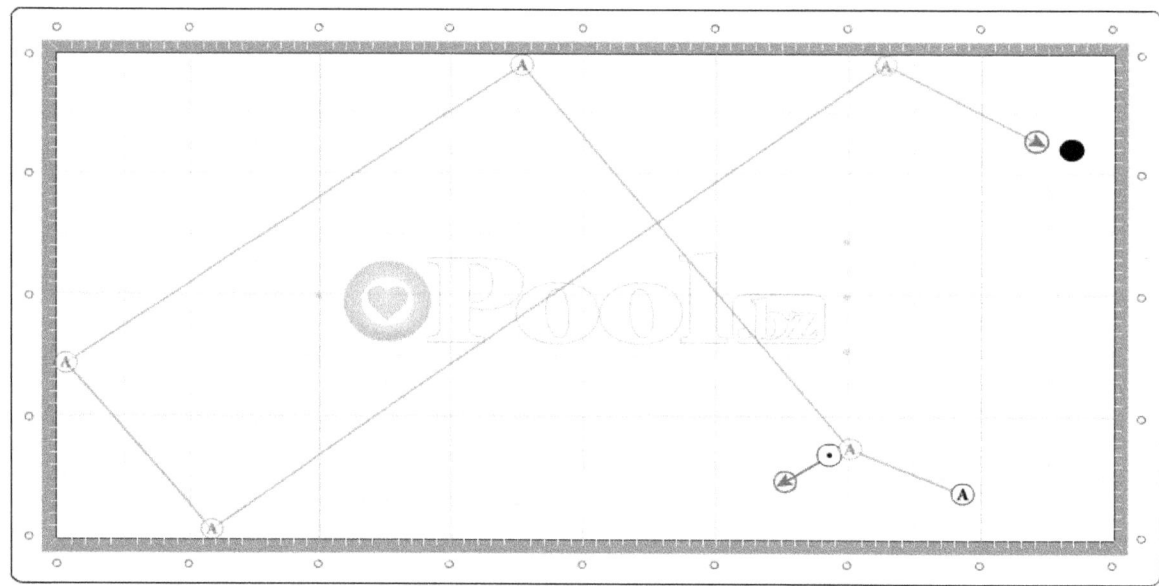

D:1d – Installer

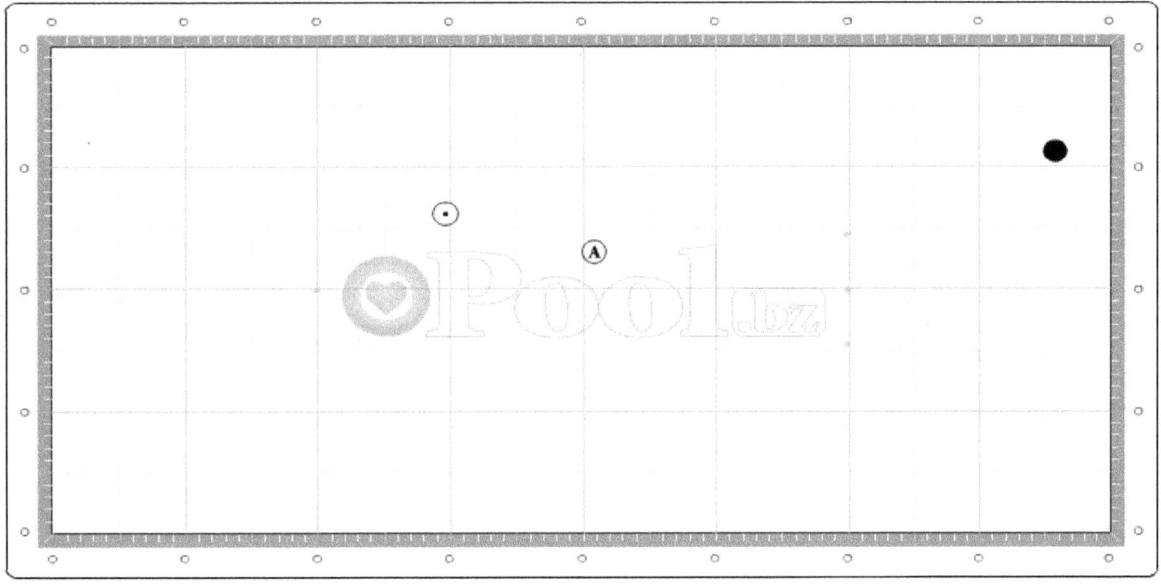

Notes et idées:

Modèle de balle

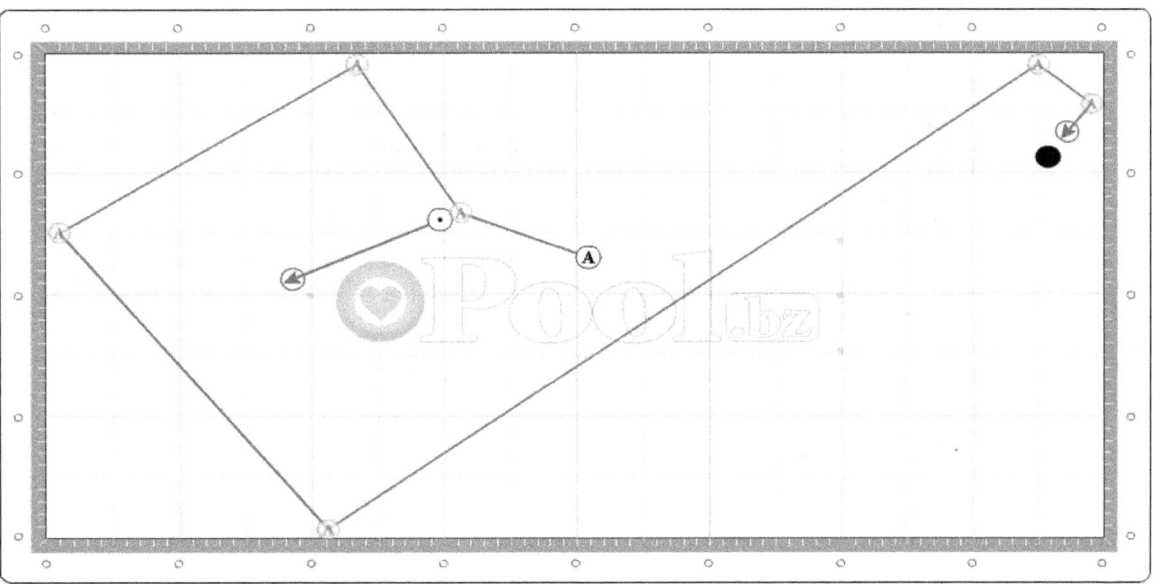

D: Groupe 2

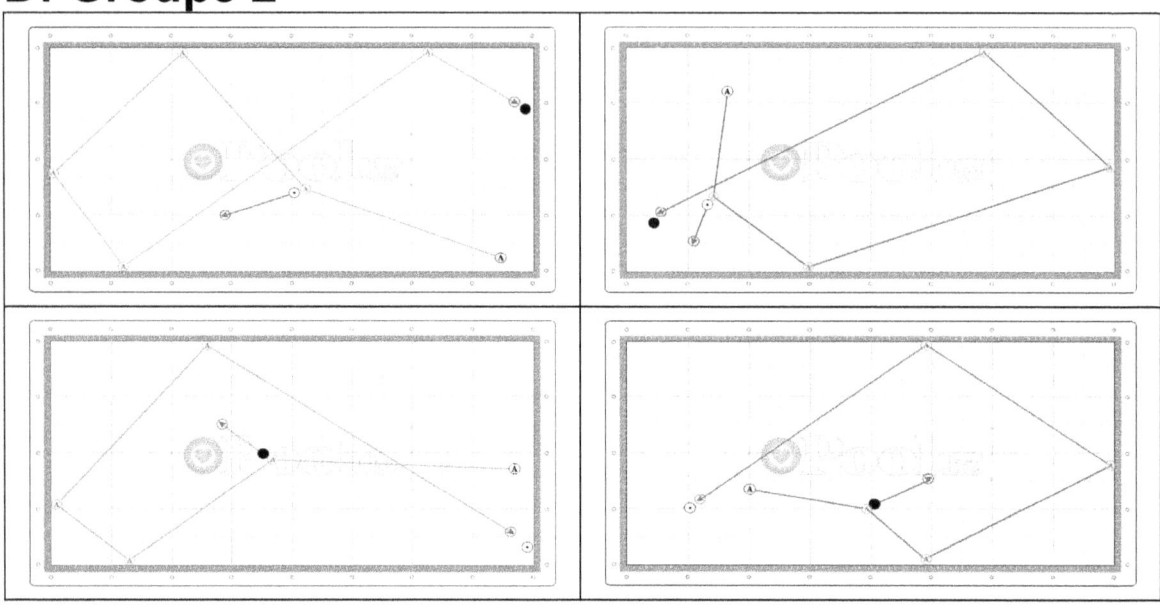

Une analyse:

D:2a. _____

D:2b. _____

D:2c. _____

D:2d. _____

D:2a – Installer

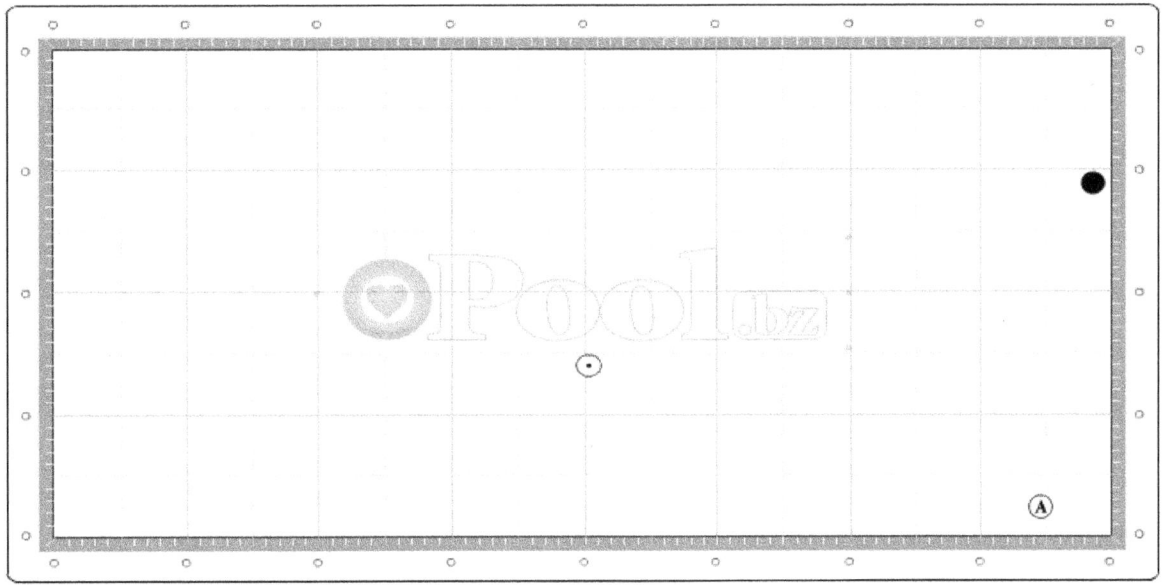

Notes et idées:

Modèle de balle

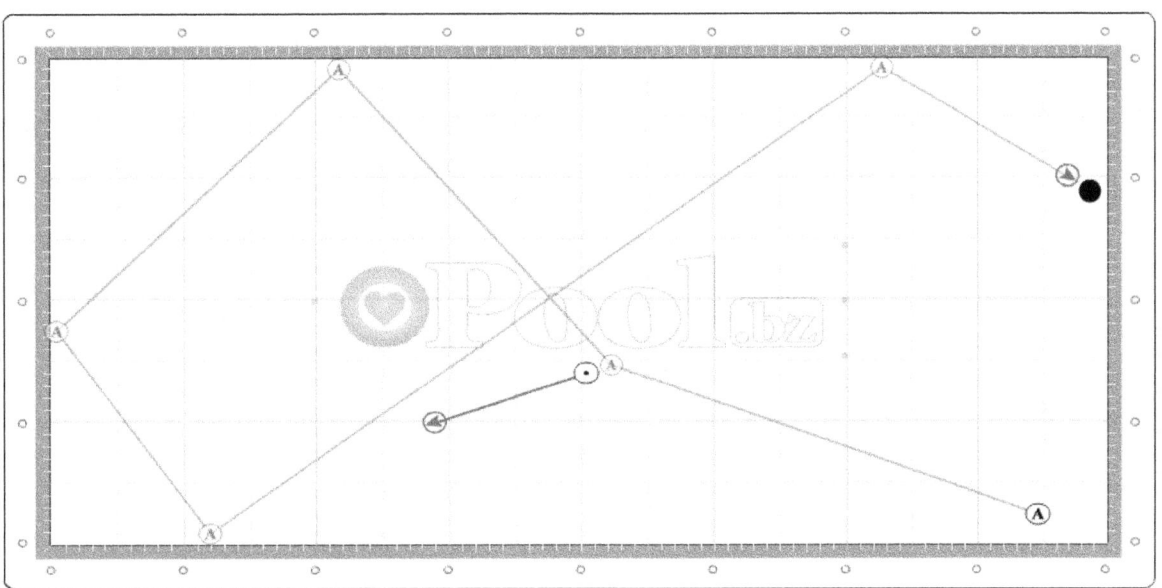

D:2b – Installer

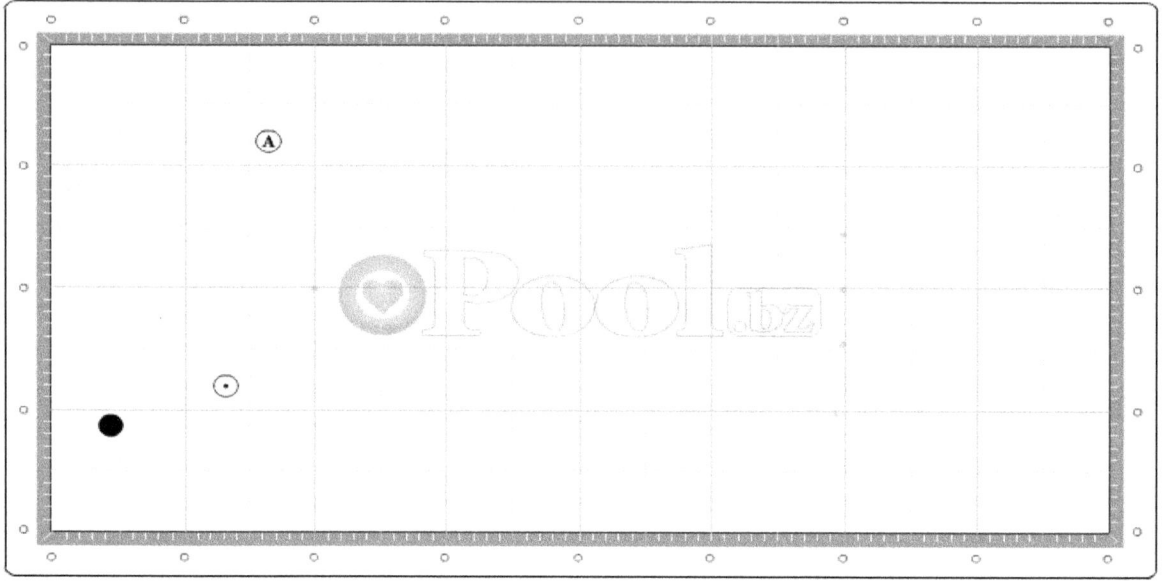

Notes et idées:

Modèle de balle

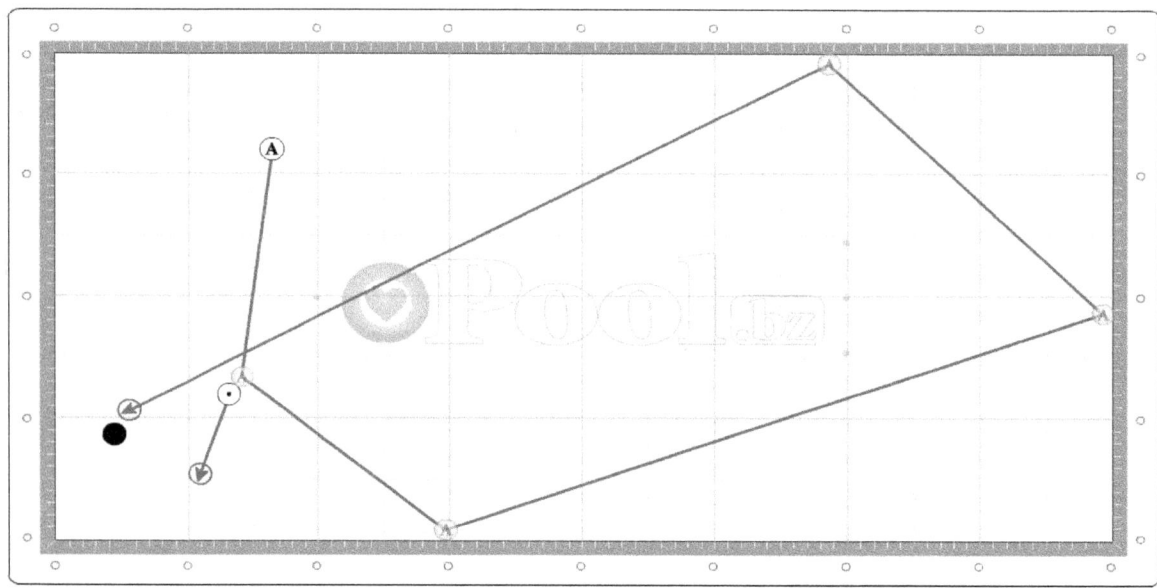

D:2c – Installer

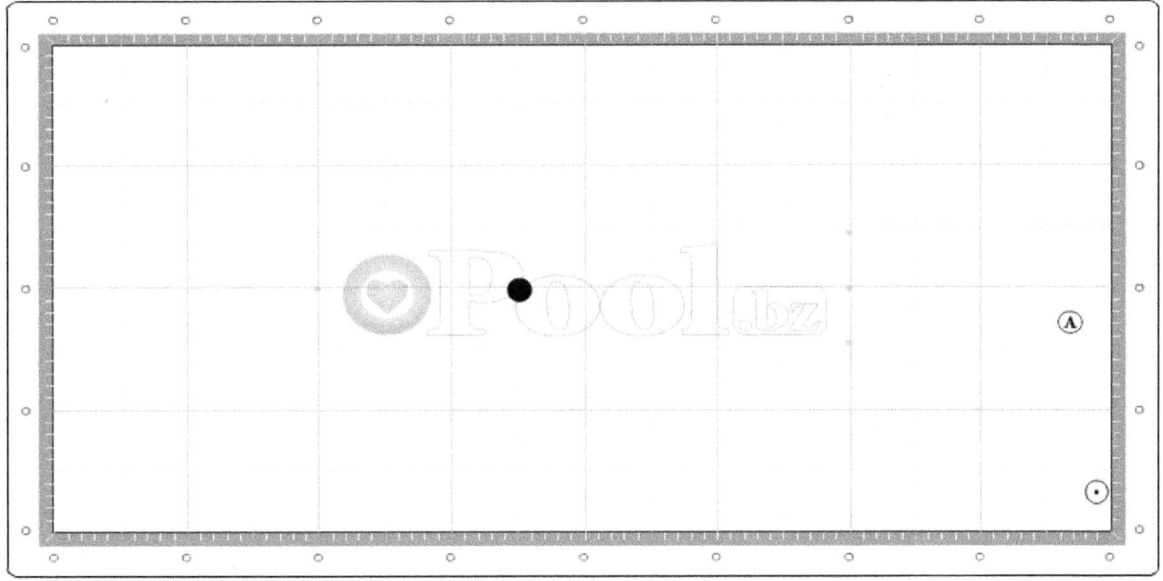

Notes et idées:

Modèle de balle

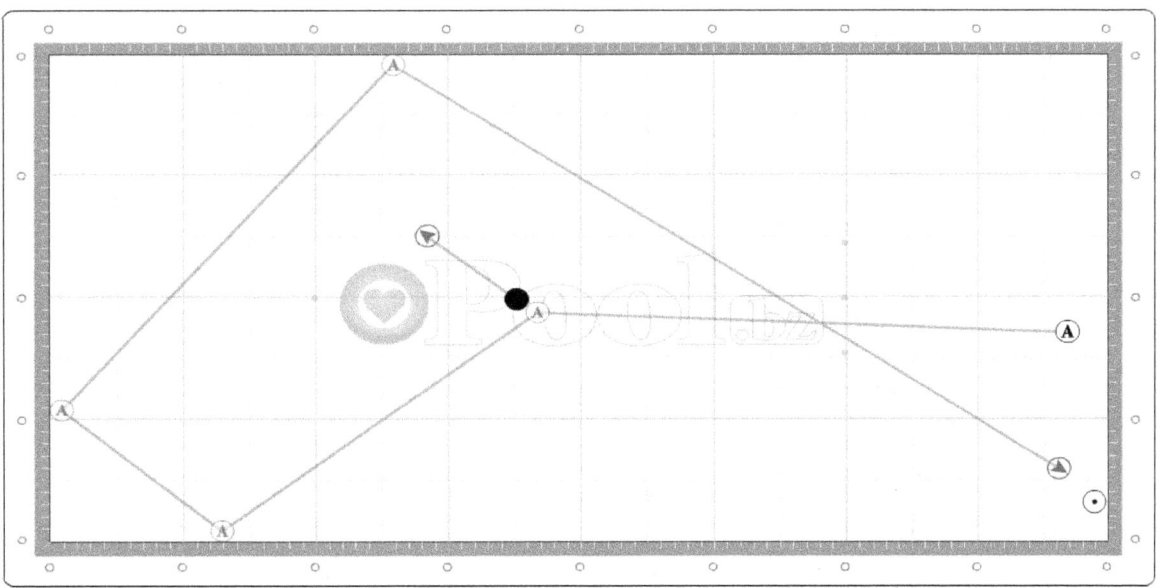

D:2d – Installer

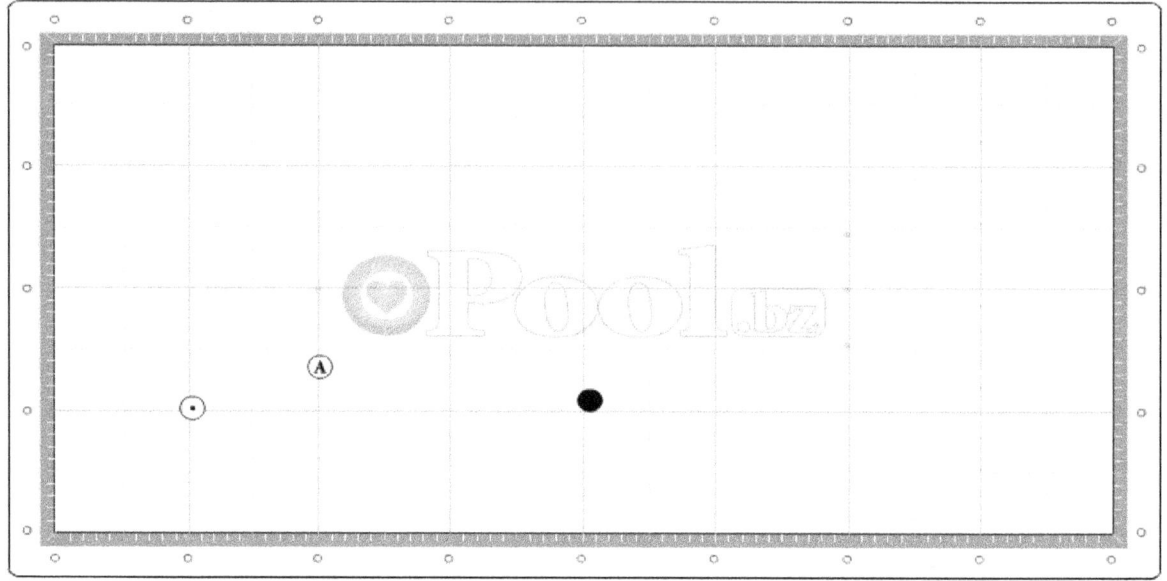

Notes et idées:

Modèle de balle

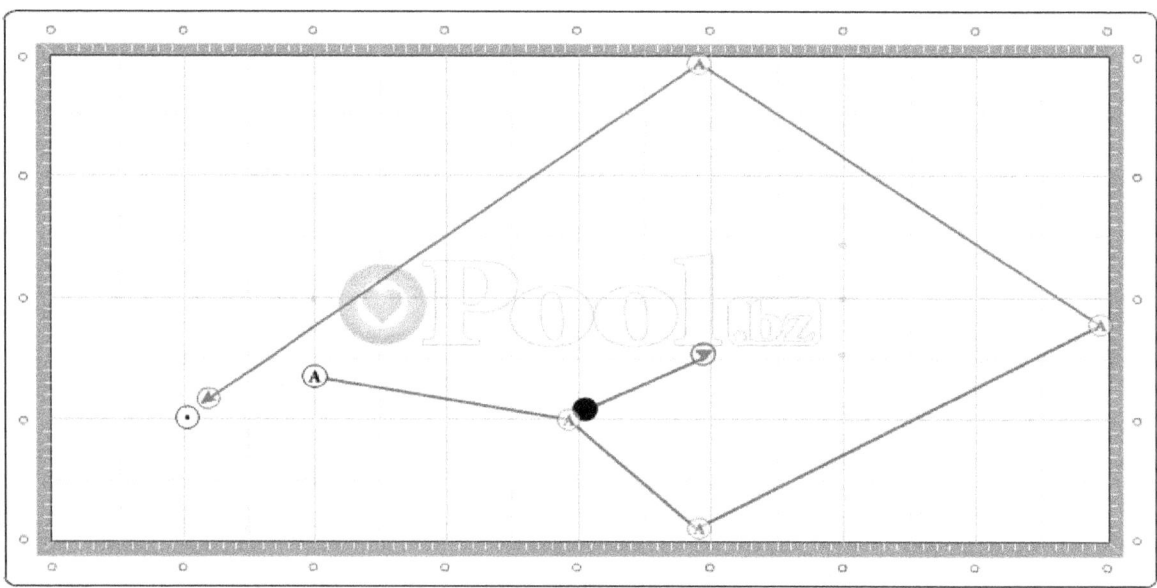

D: Groupe 3

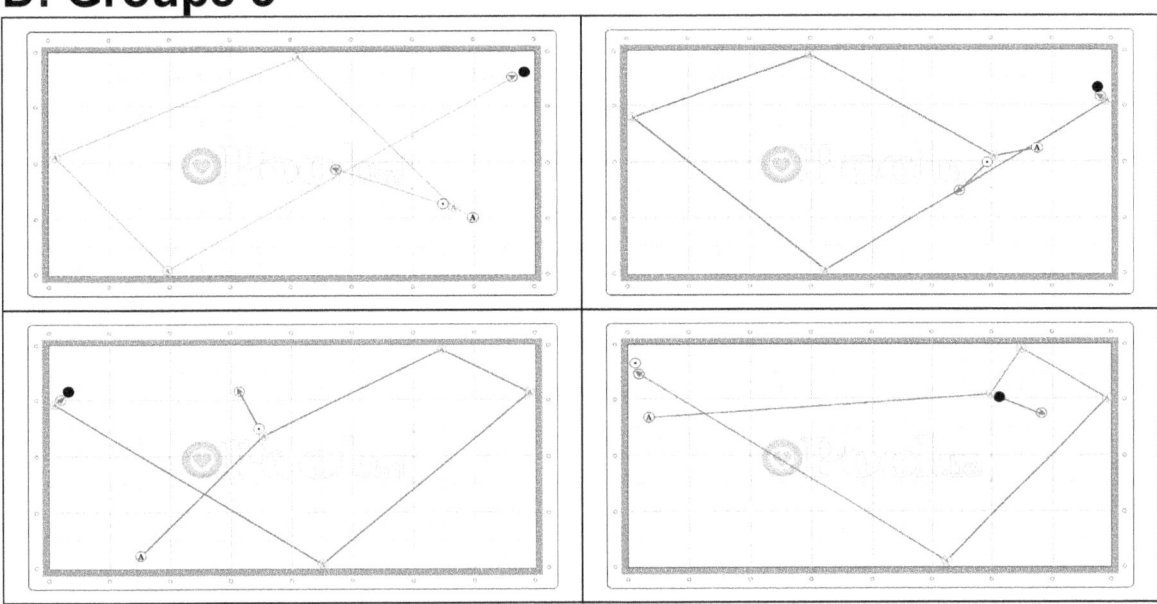

Une analyse:

D:3a. _____

D:3b. _____

D:3c. _____

D:3d. _____

D:3a – Installer

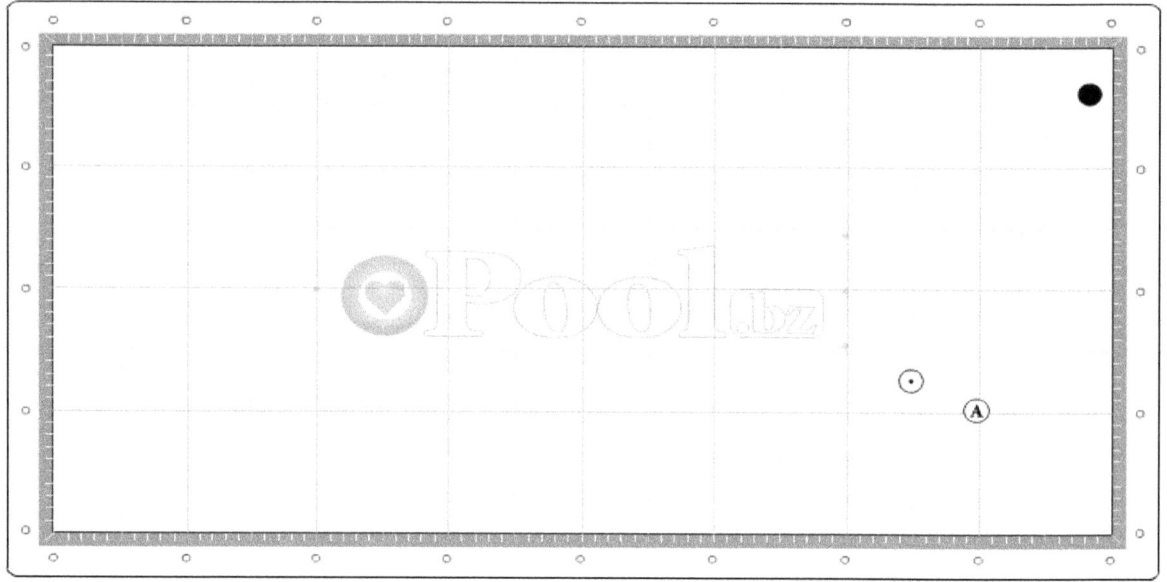

Notes et idées:

Modèle de balle

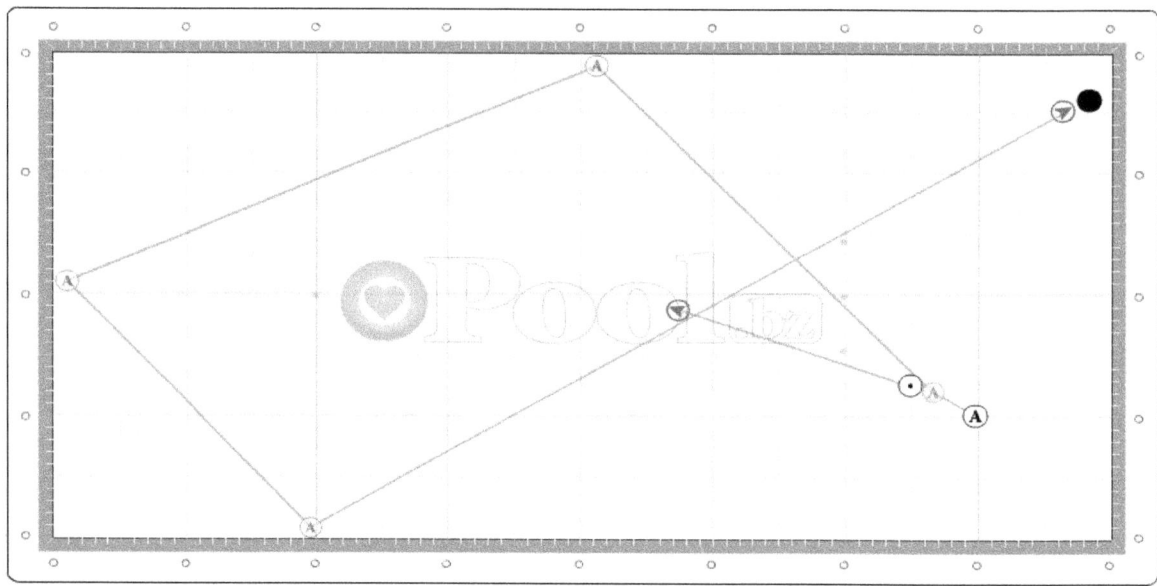

D:3b – Installer

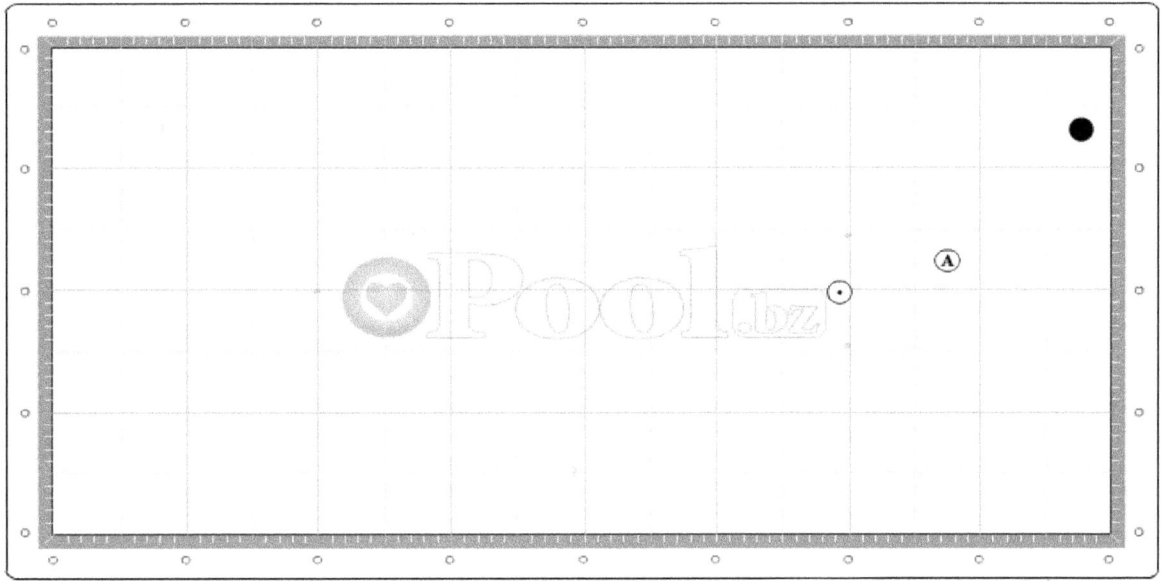

Notes et idées:

Modèle de balle

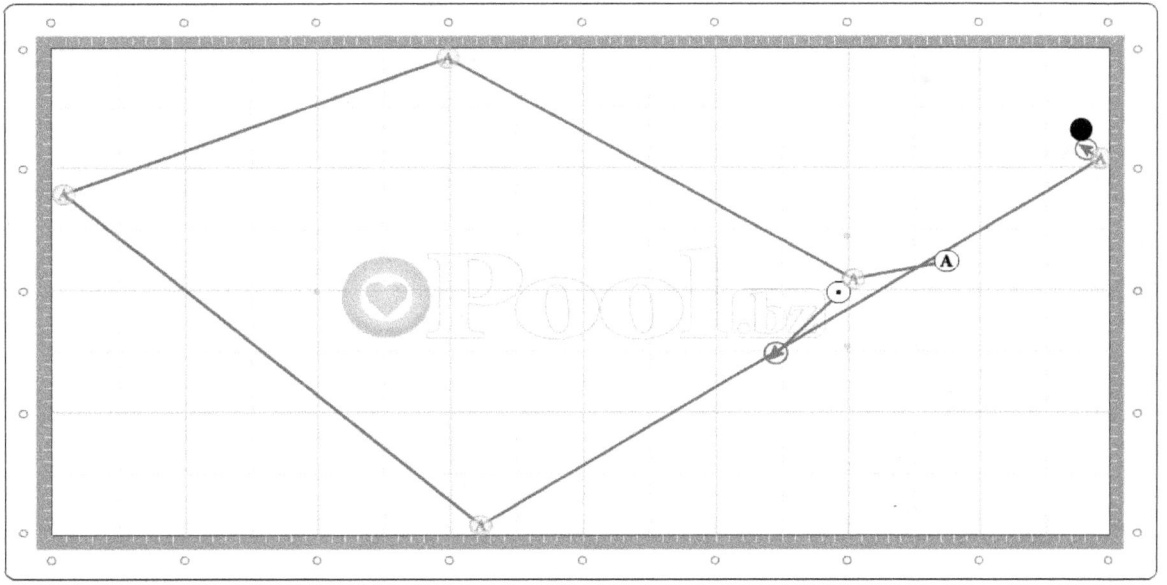

D:3c – Installer

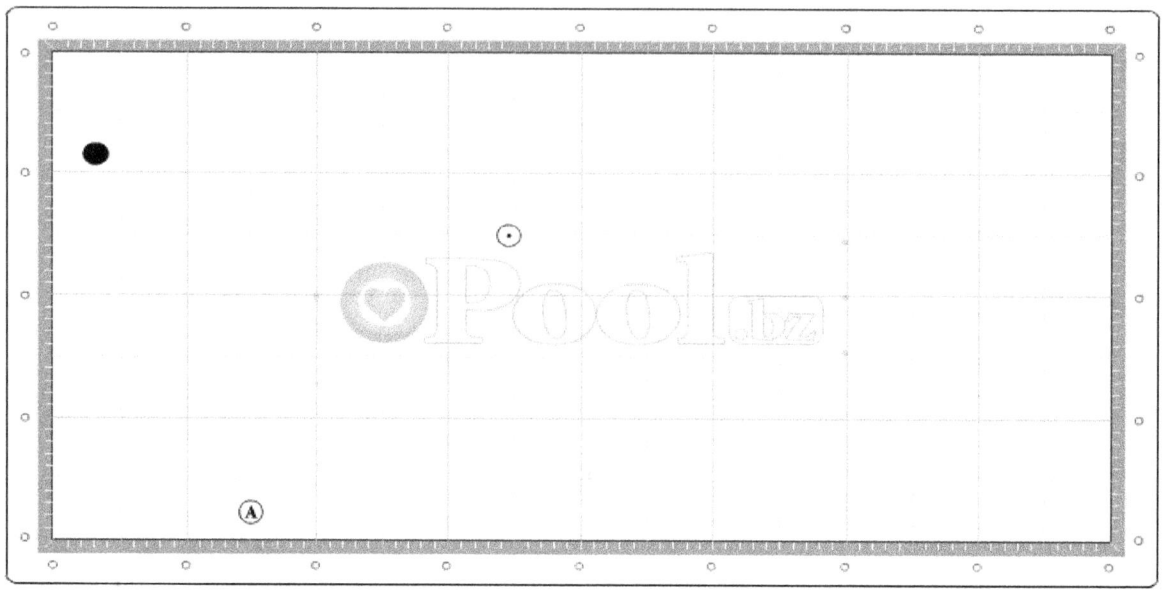

Notes et idées:

Modèle de balle

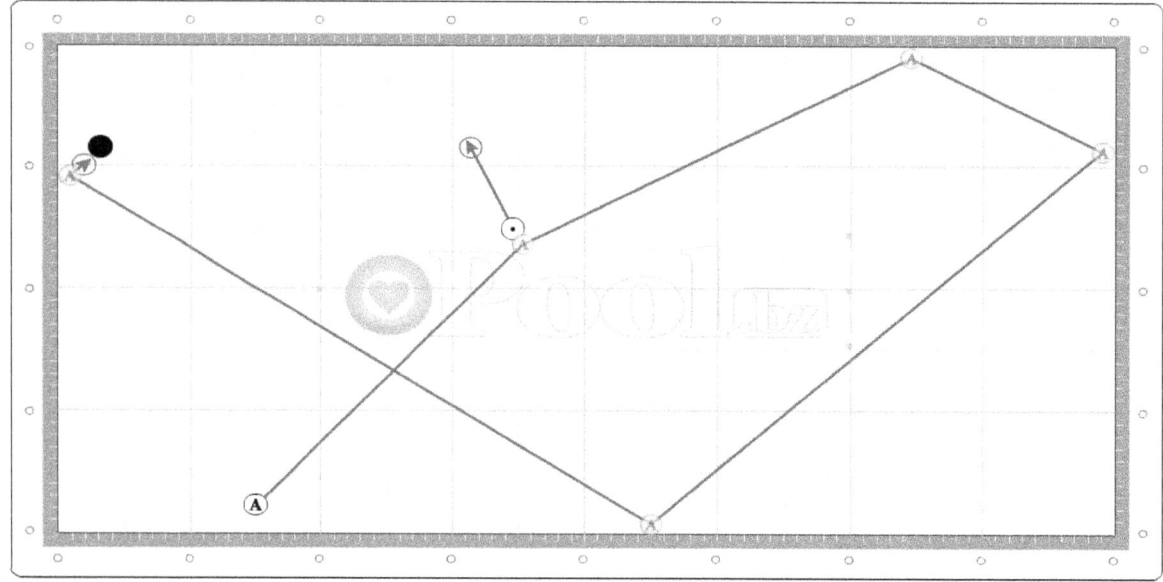

D:3d – Installer

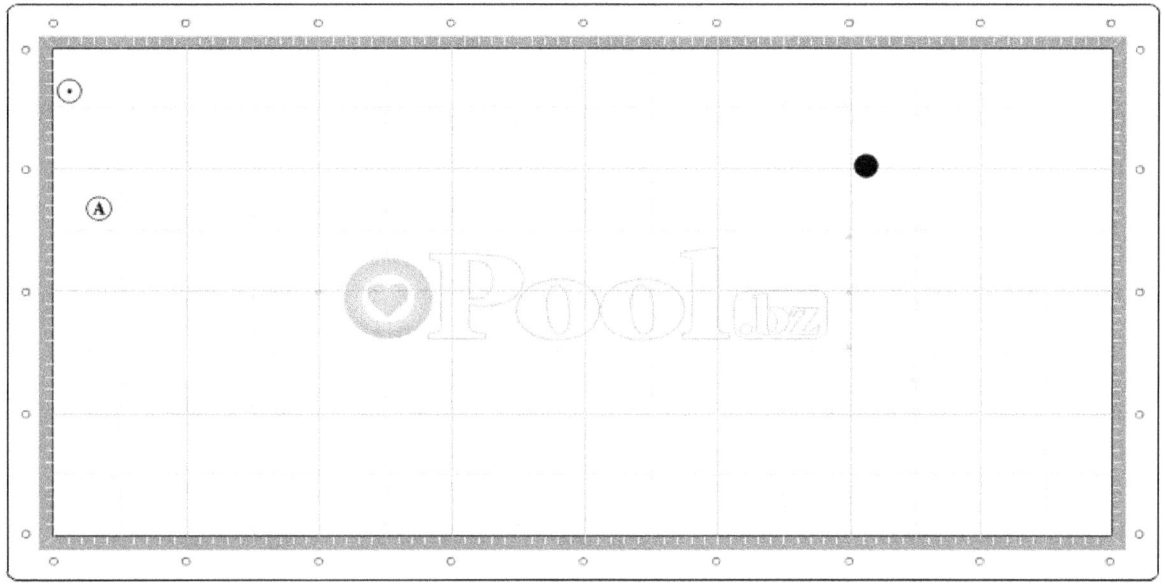

Notes et idées:

Modèle de balle

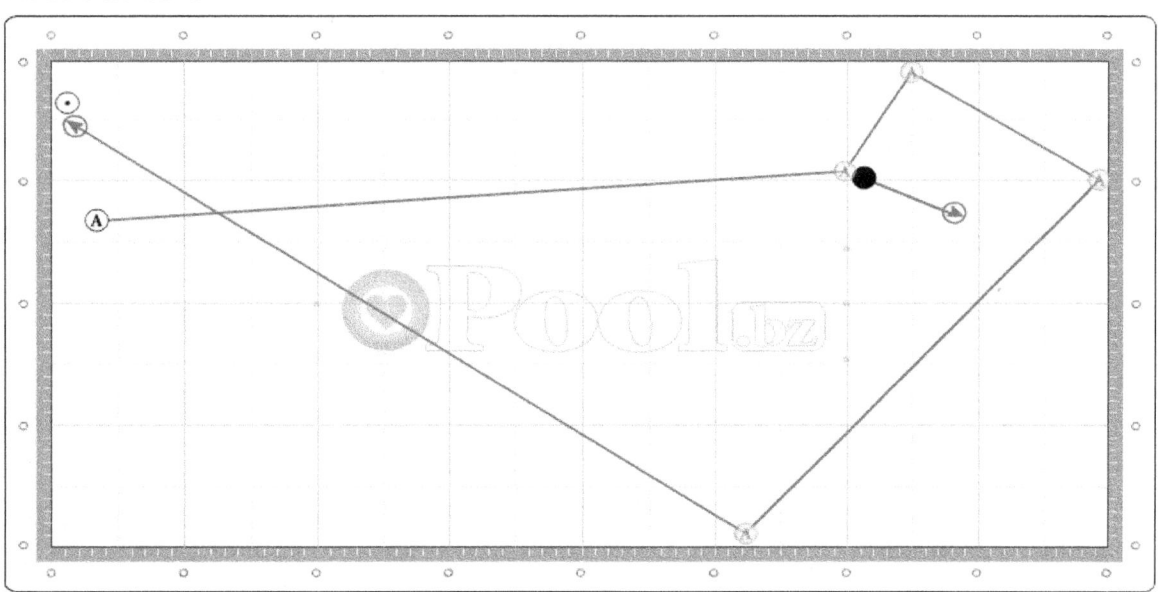

D: Groupe 4

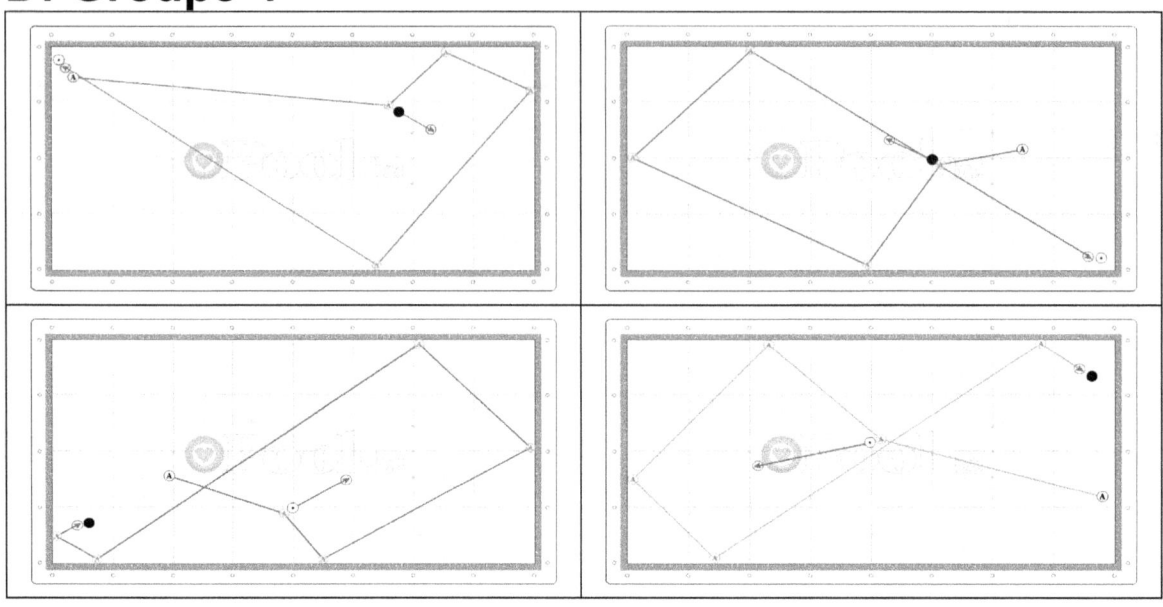

Une analyse:

D:4a. _____

D:4b. _____

D:4c. _____

D:4d. _____

D:4a – Installer

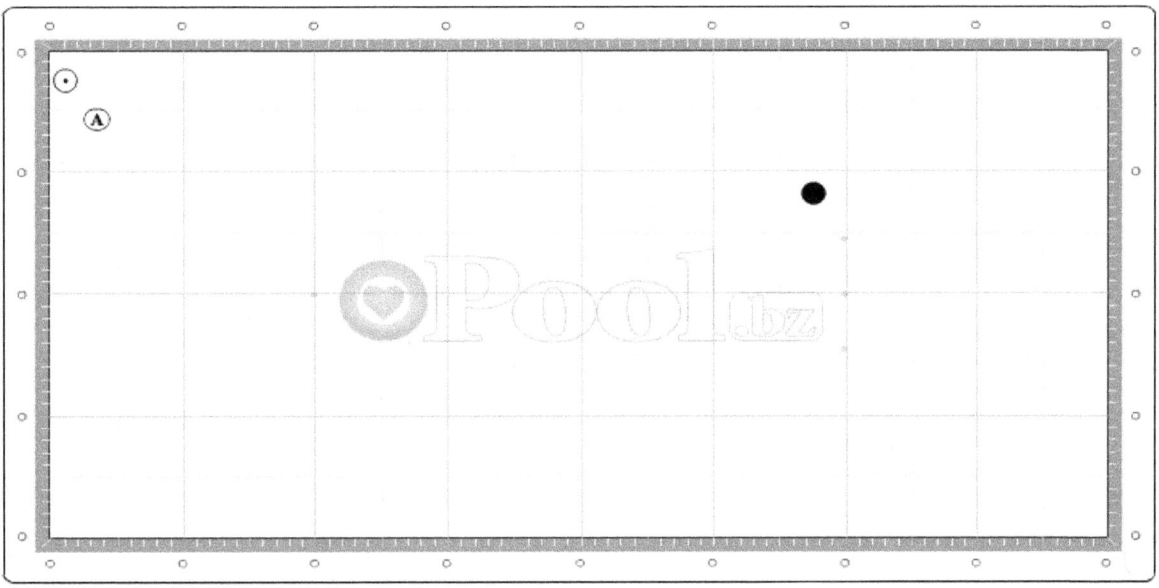

Notes et idées:

Modèle de balle

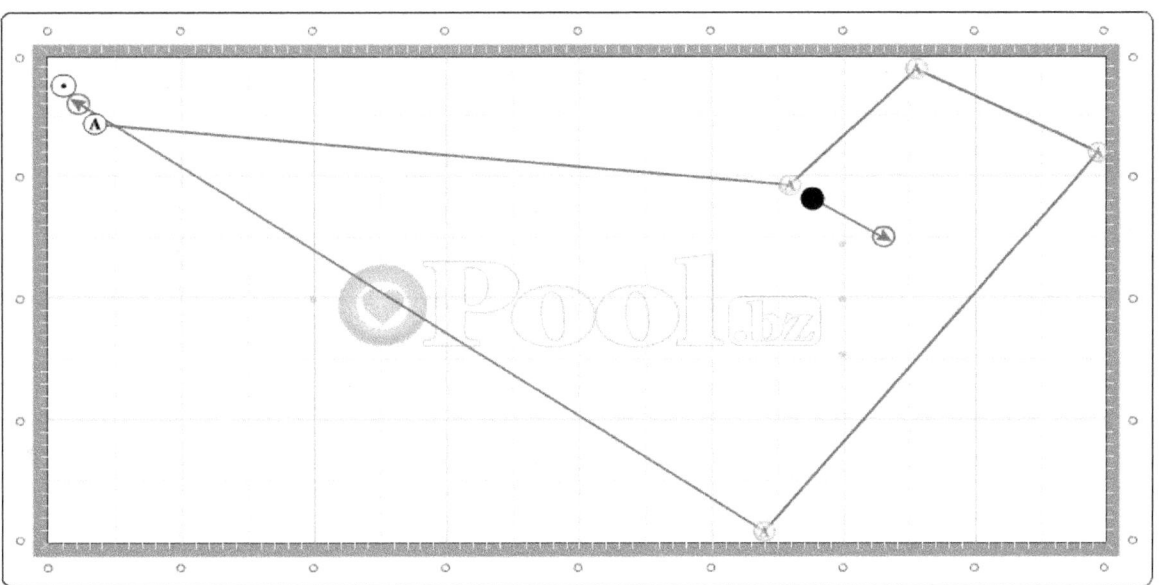

D:4b – Installer

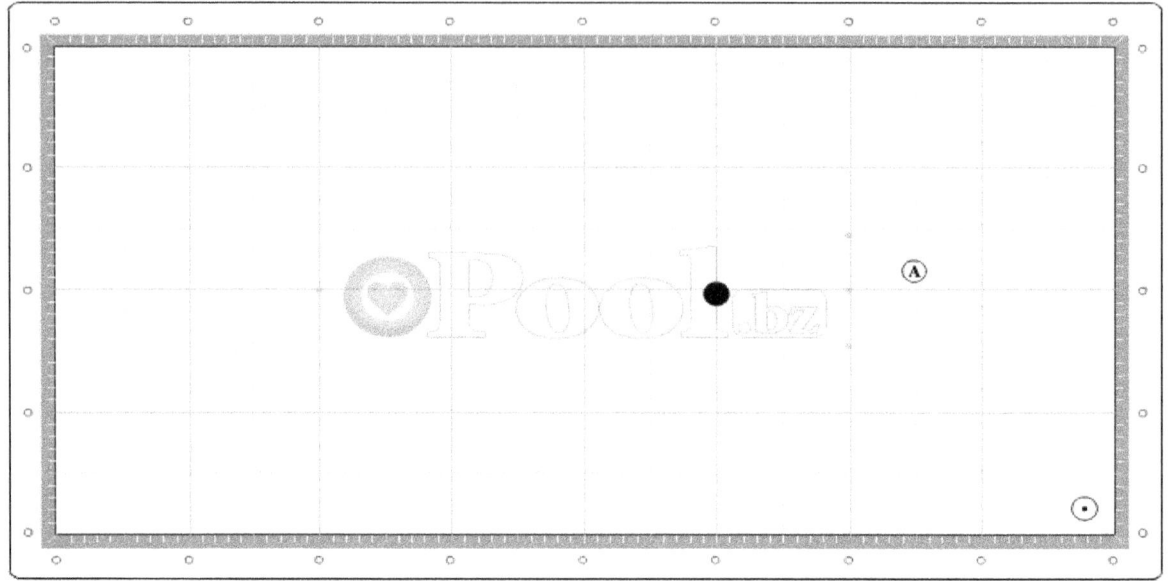

Notes et idées:

Modèle de balle

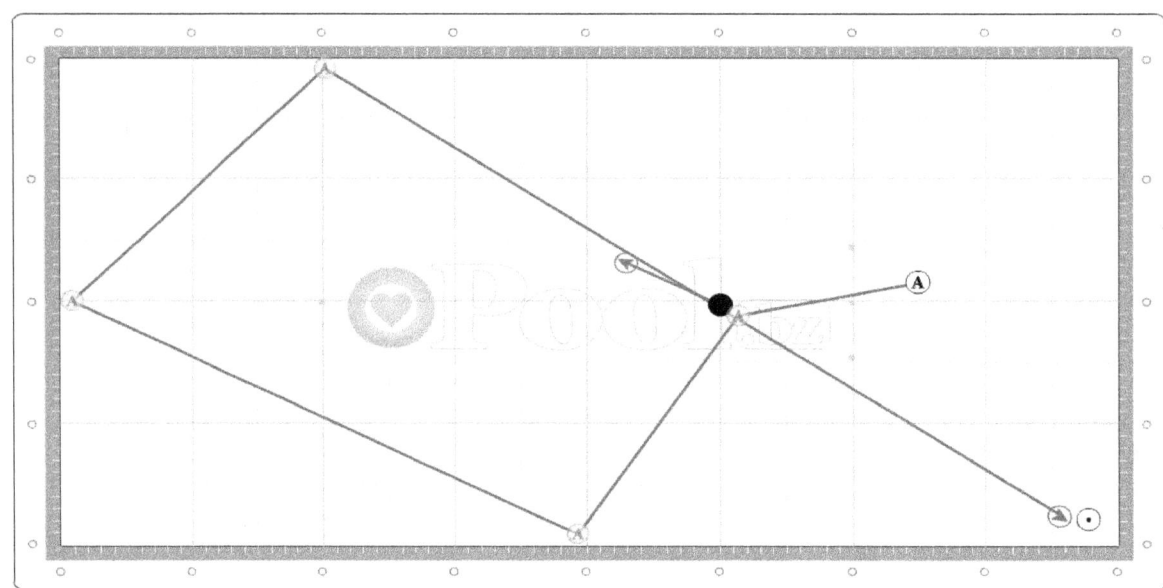

D:4c – Installer

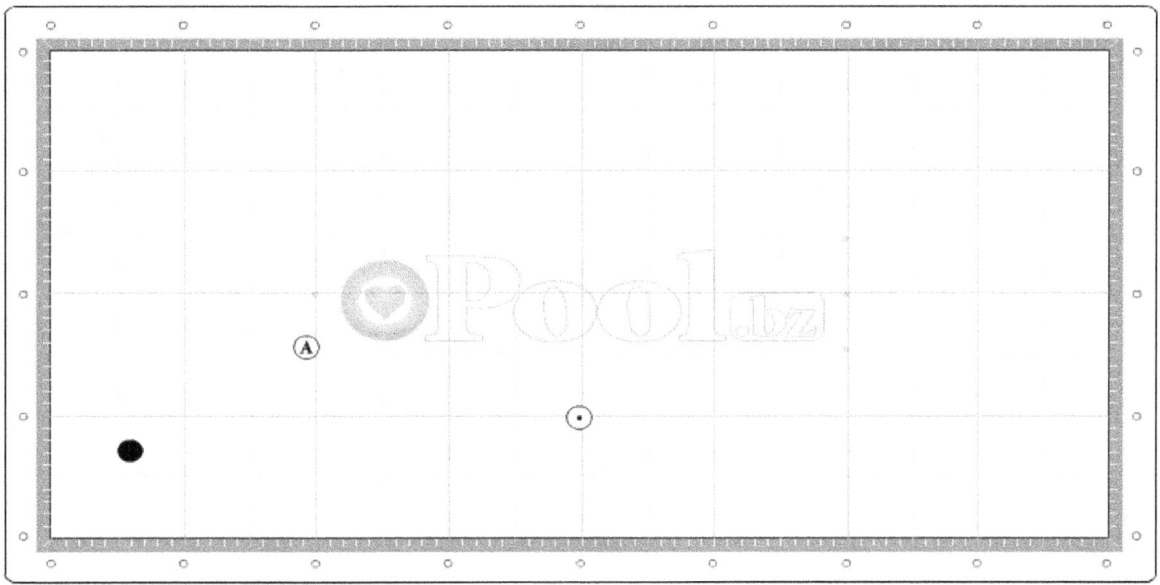

Notes et idées:

Modèle de balle

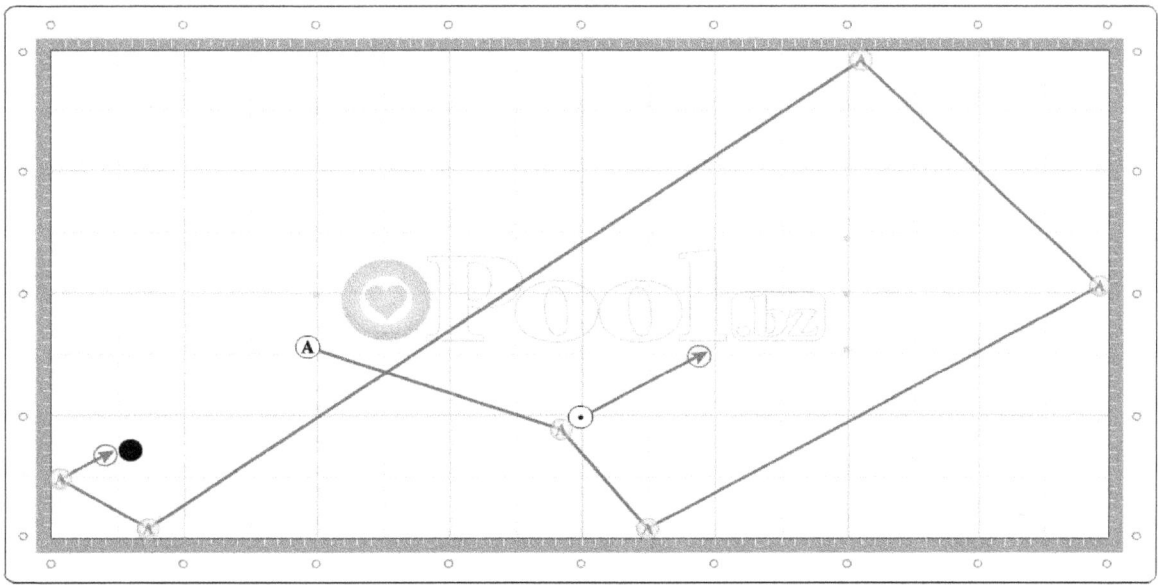

D:4d – Installer

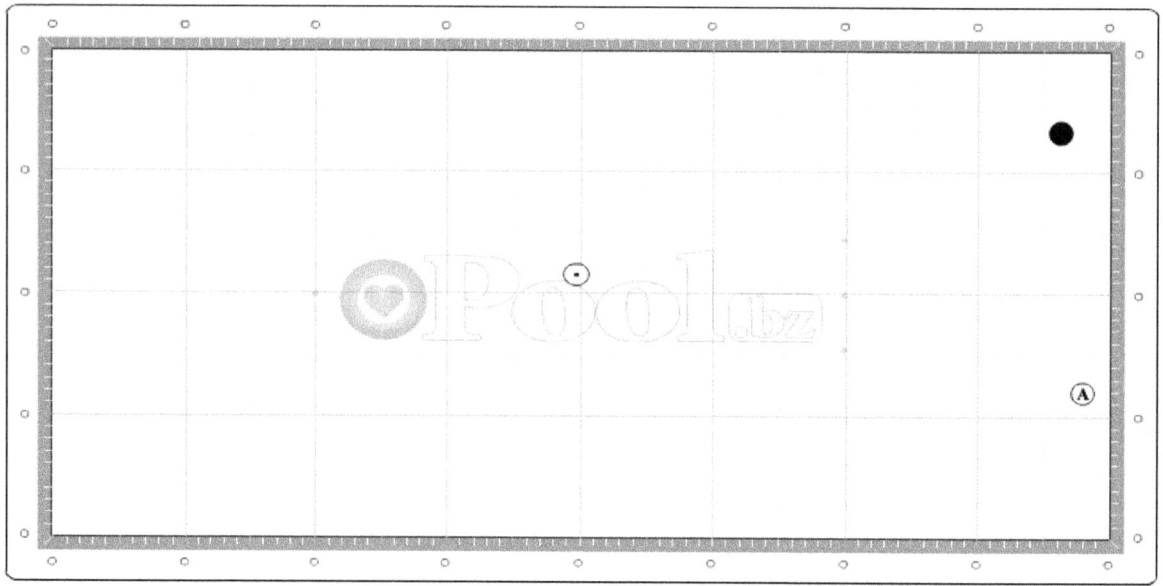

Notes et idées:

Modèle de balle

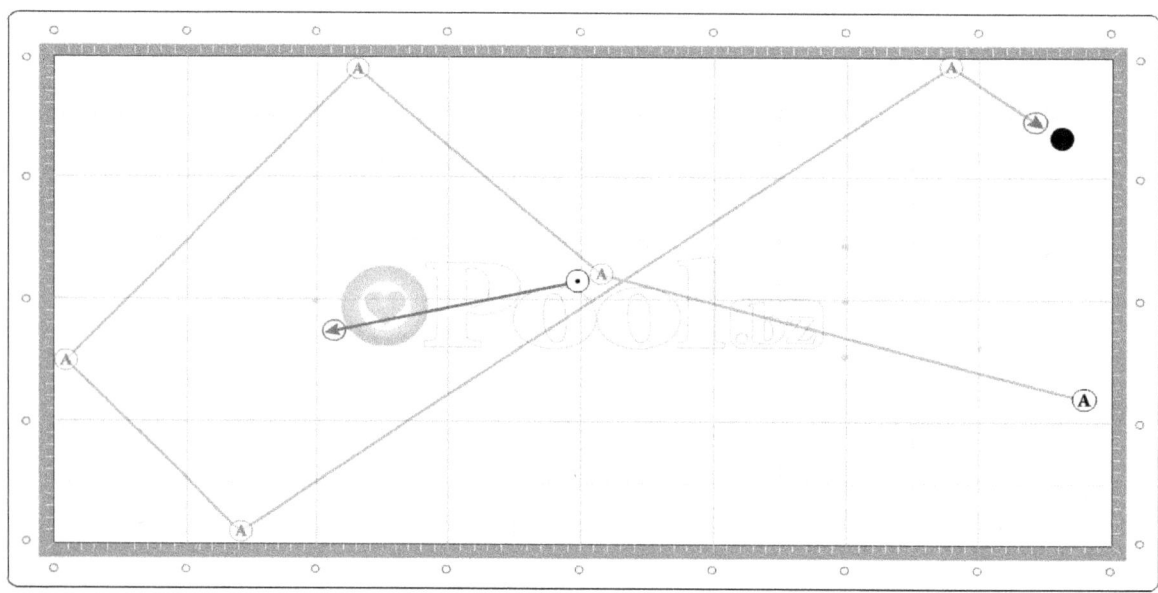

D: Groupe 5

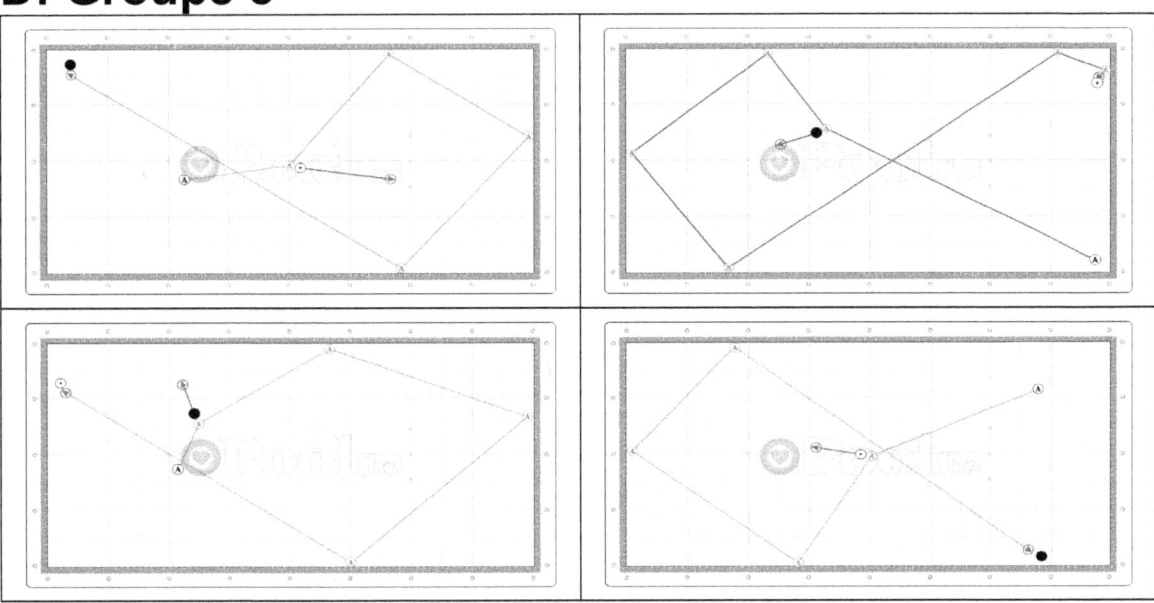

Une analyse:

D:5a. _____

D:5b. _____

D:5c. _____

D:5d. _____

D:5a – Installer

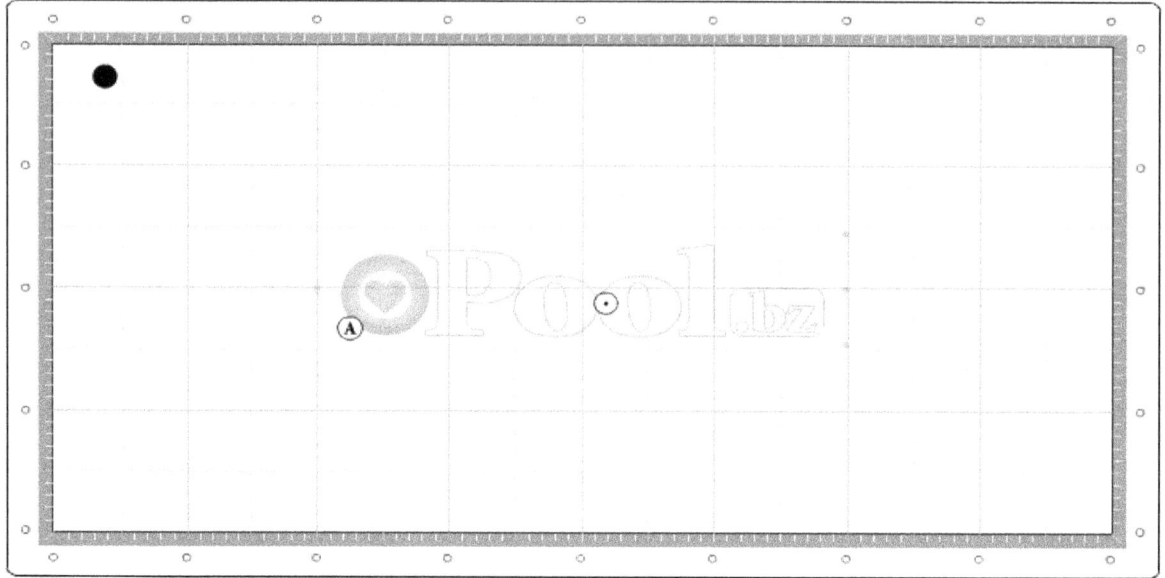

Notes et idées:

Modèle de balle

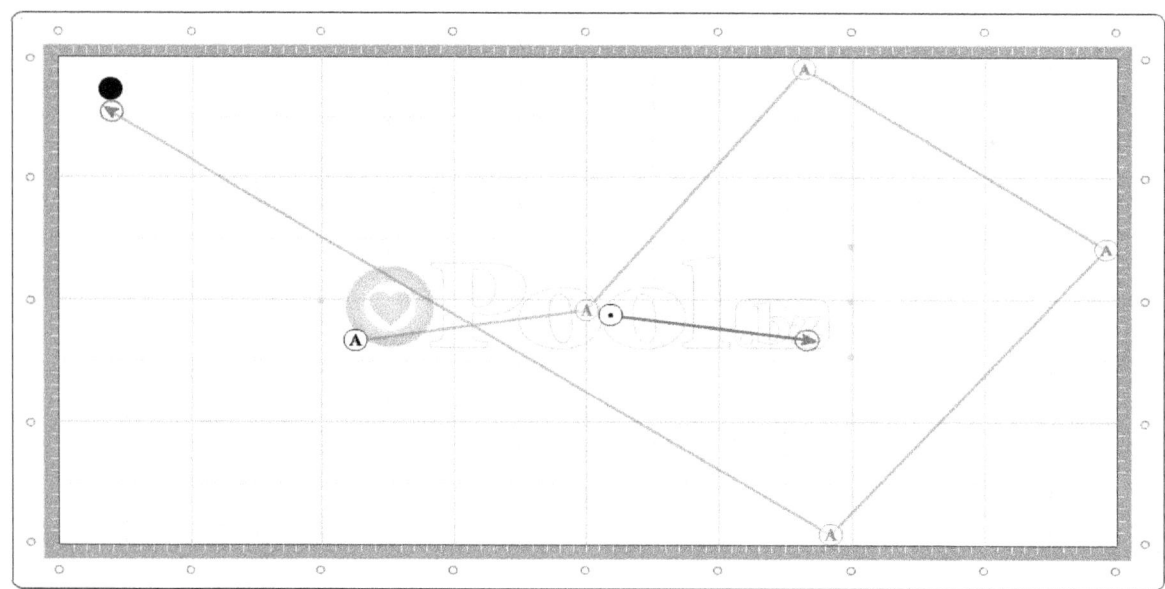

D:5b – Installer

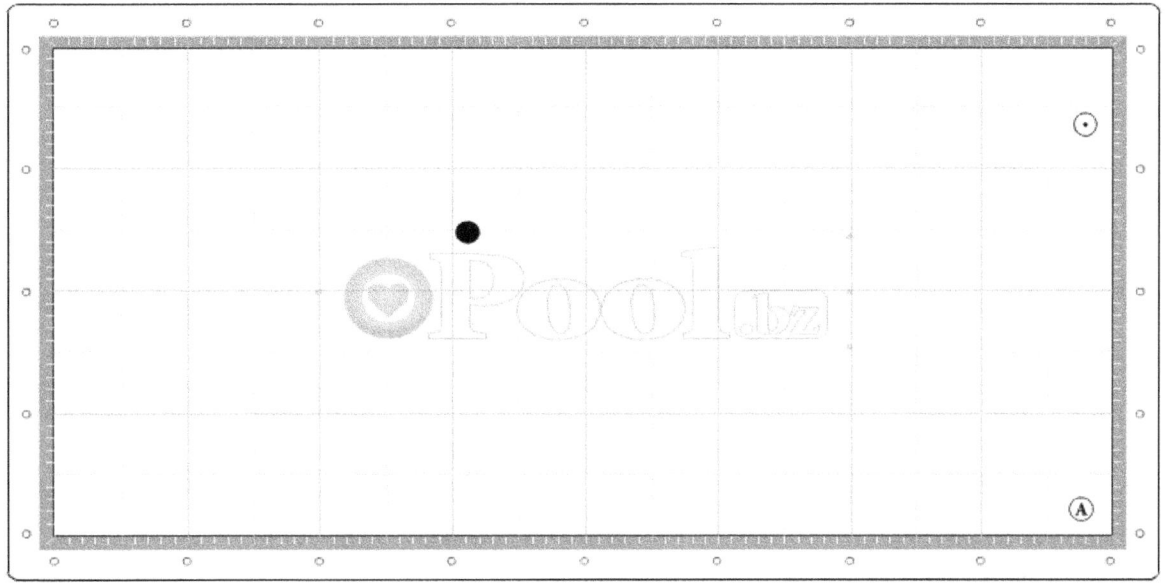

Notes et idées:

Modèle de balle

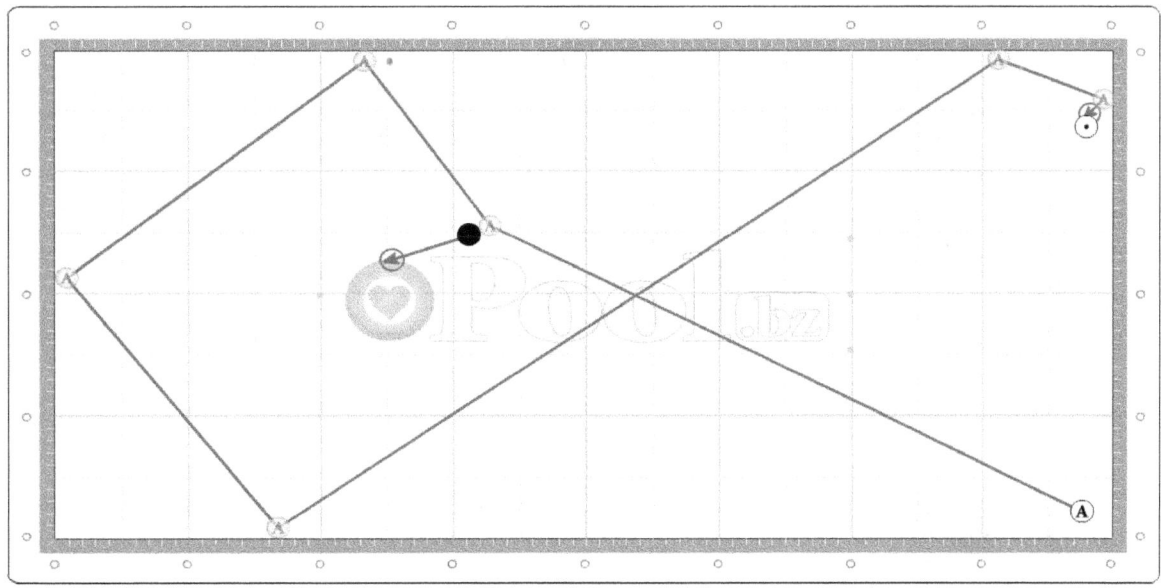

D:5c – Installer

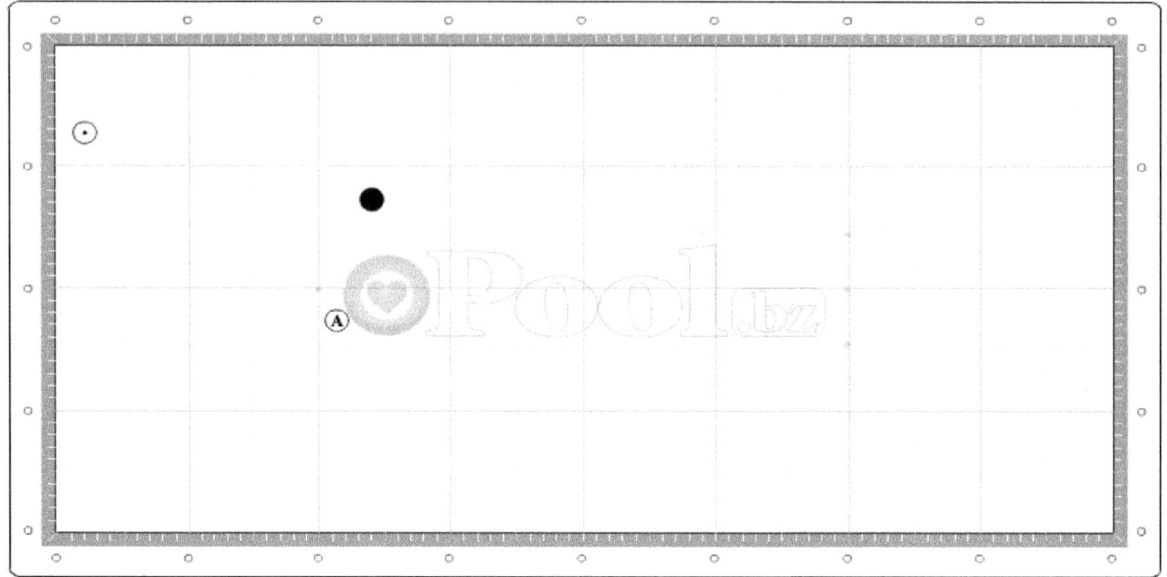

Notes et idées:

Modèle de balle

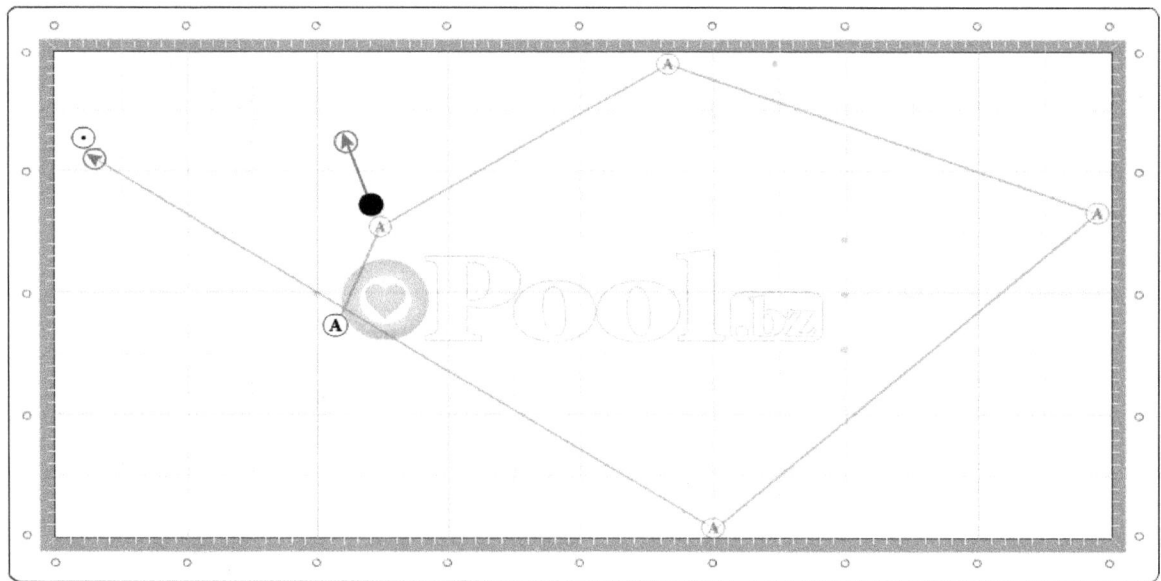

D:5d – Installer

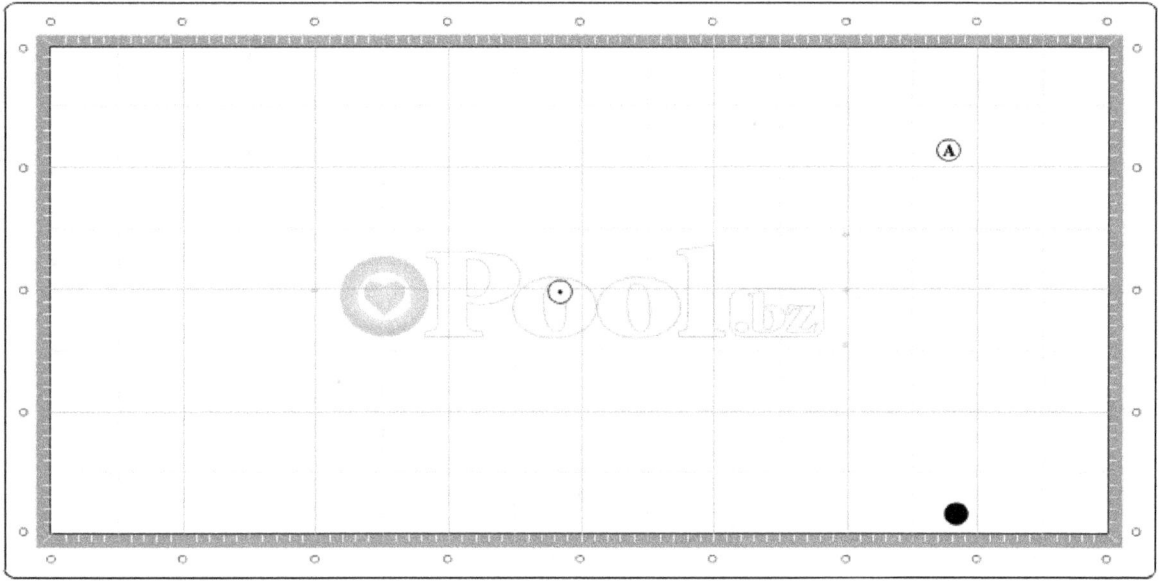

Notes et idées:

Modèle de balle

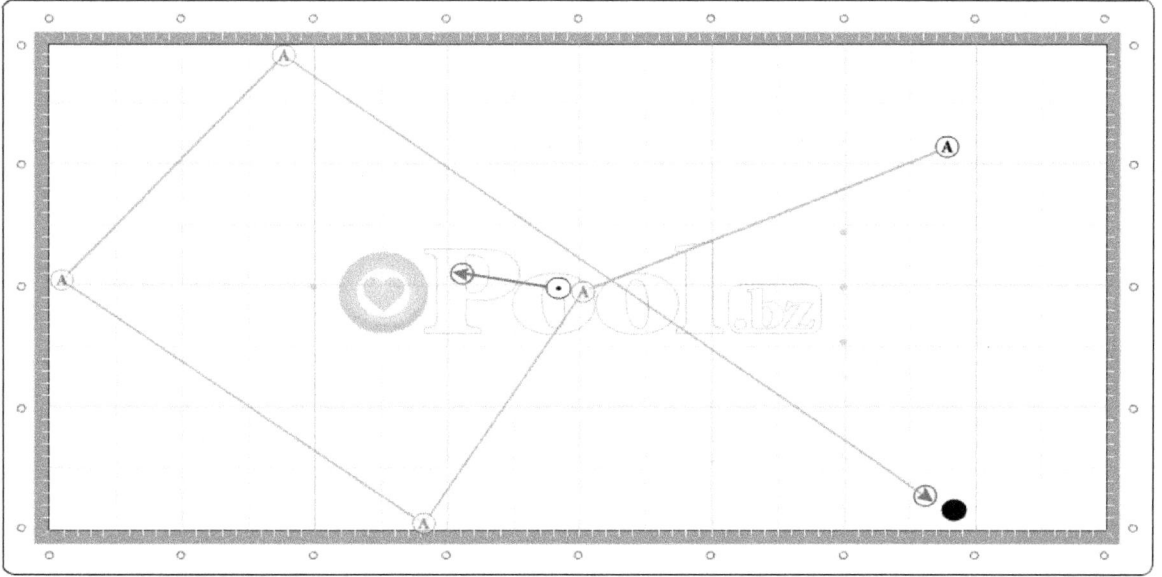

D: Groupe 6

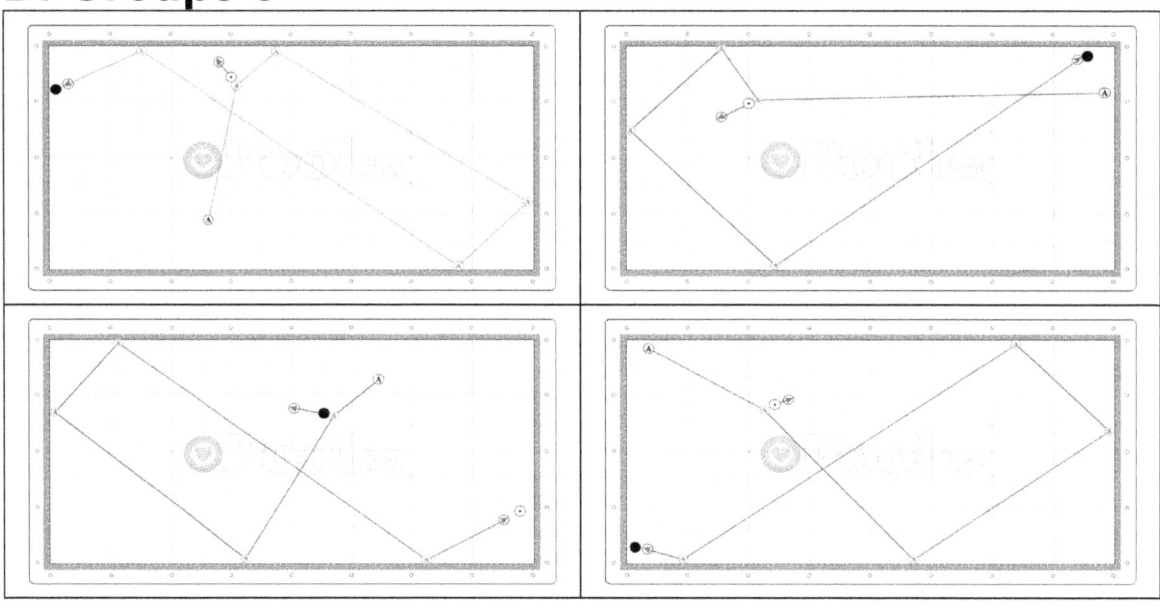

Une analyse:

D:6a. _____

D:6b. _____

D:6c. _____

D:6d. _____

D:6a – Installer

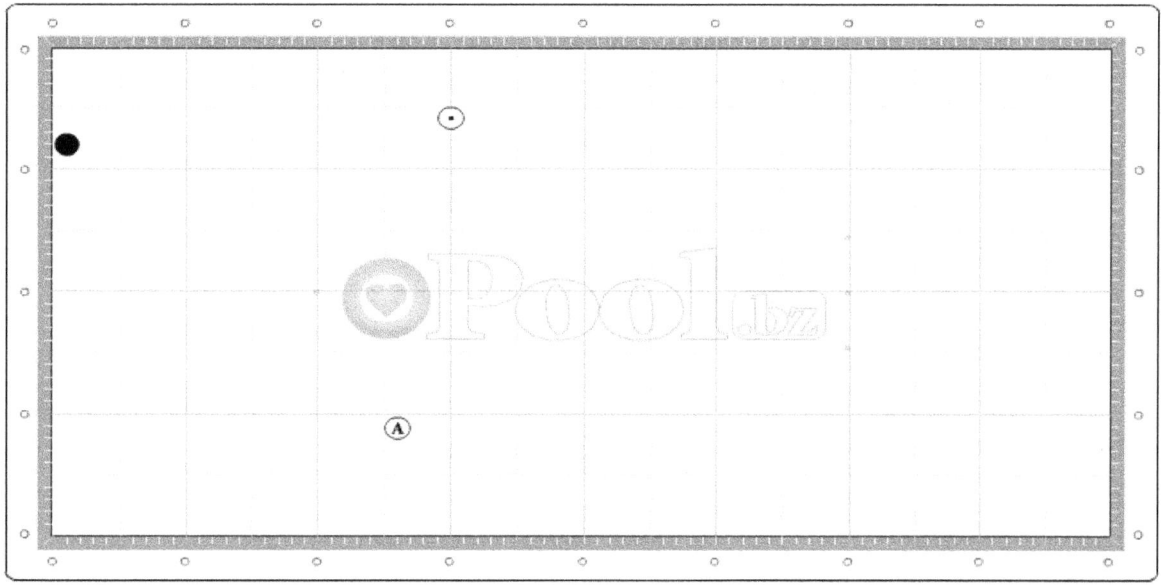

Notes et idées:

Modèle de balle

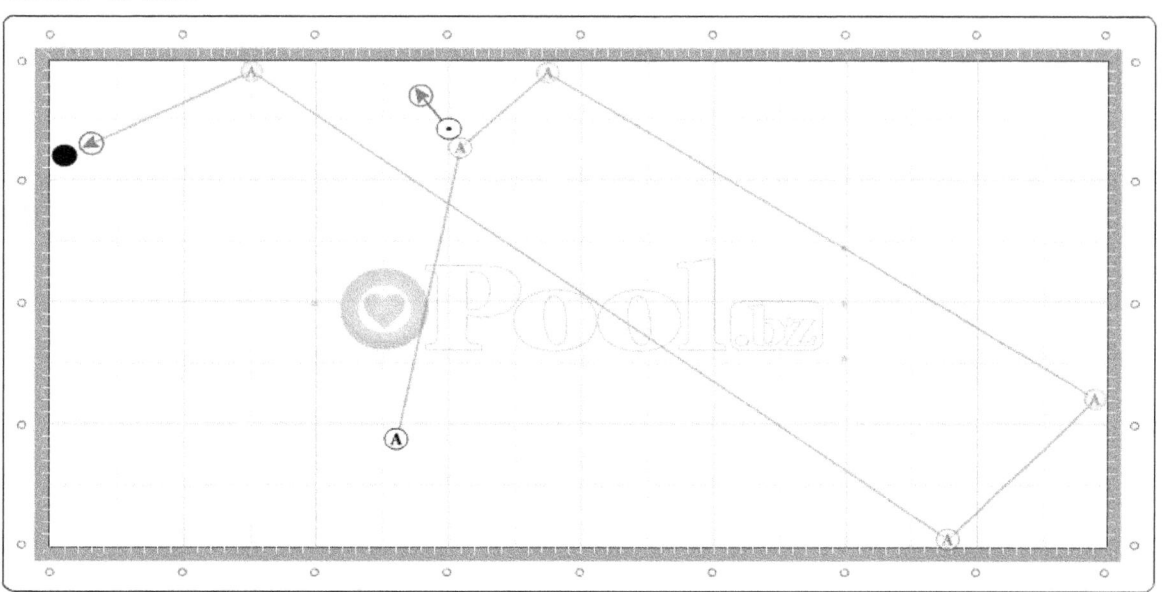

D:6b – Installer

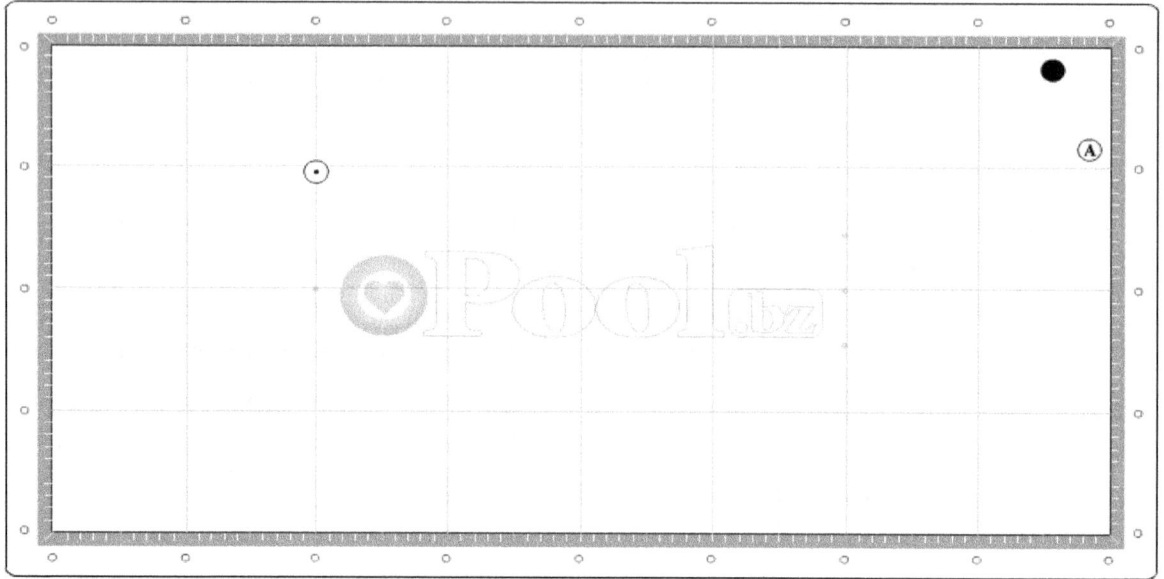

Notes et idées:

Modèle de balle

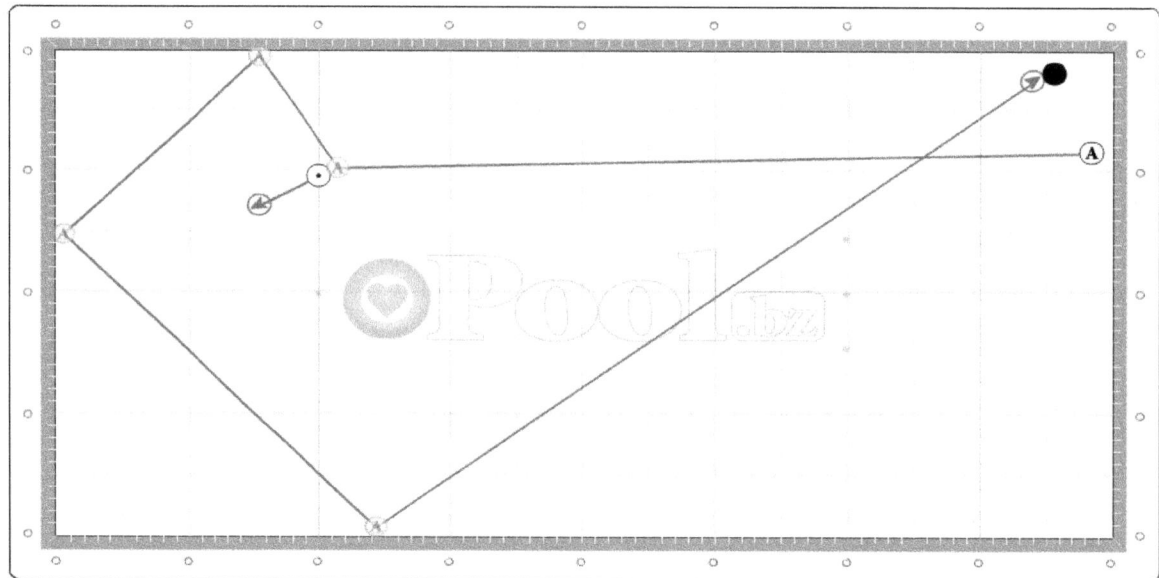

D:6c – Installer

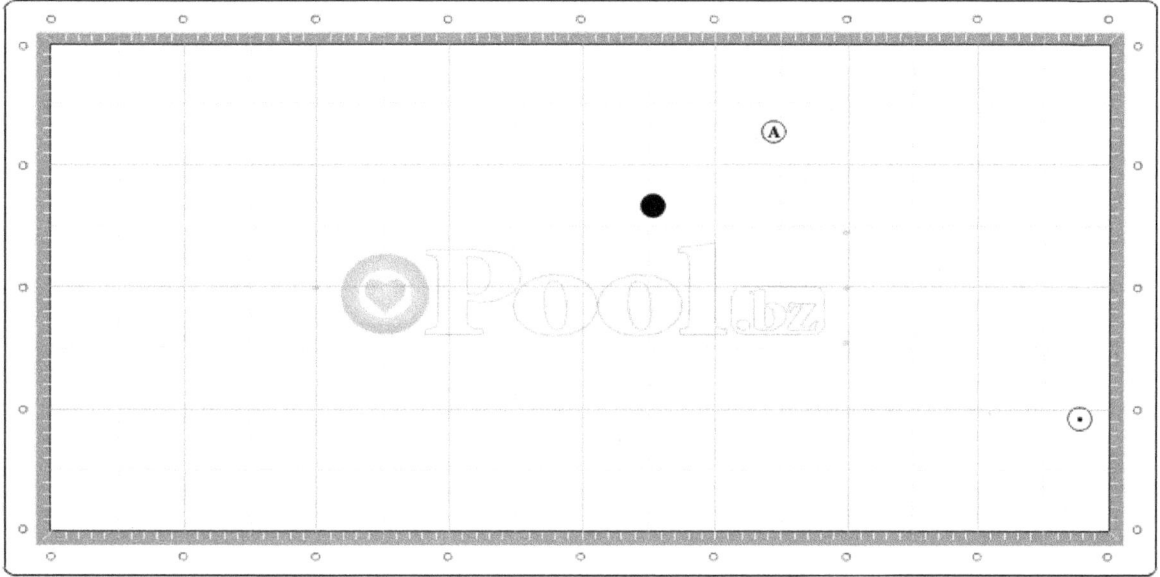

Notes et idées:

Modèle de balle

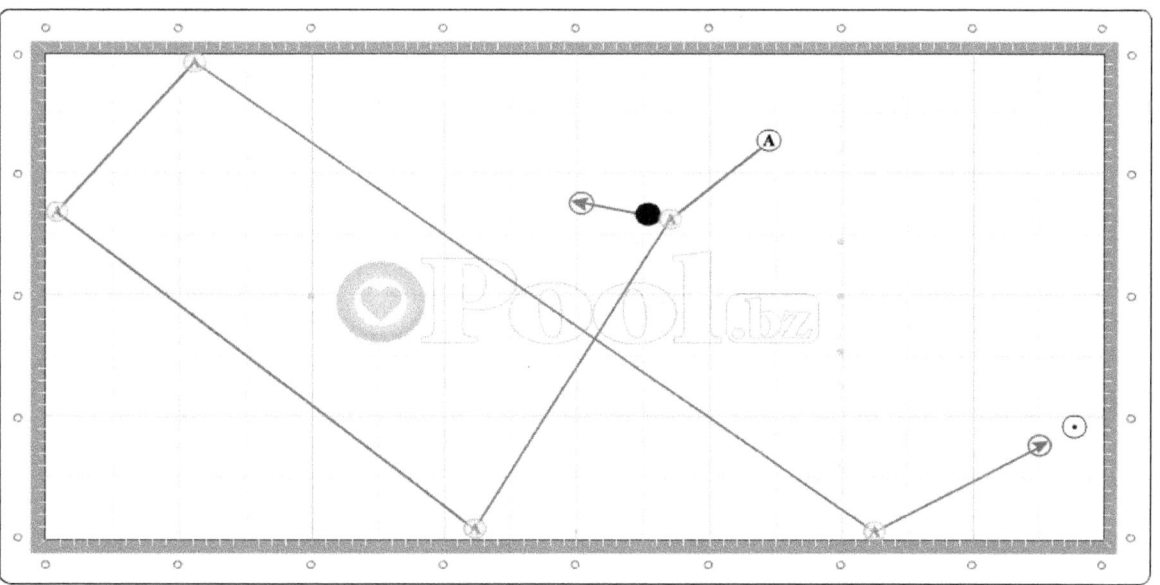

D:6d – Installer

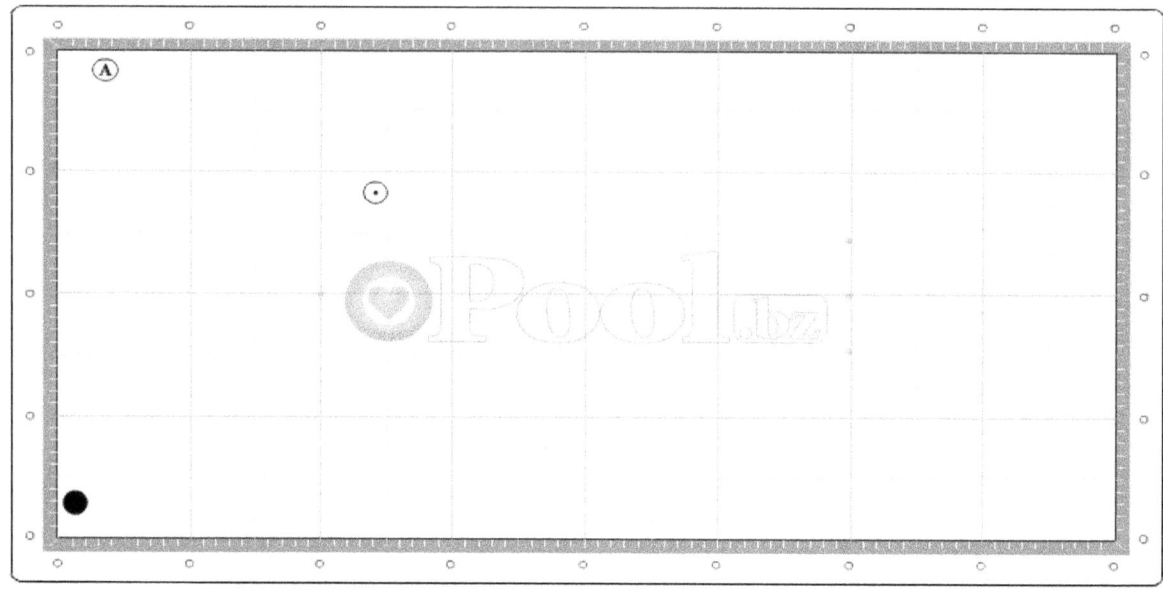

Notes et idées:

Modèle de balle

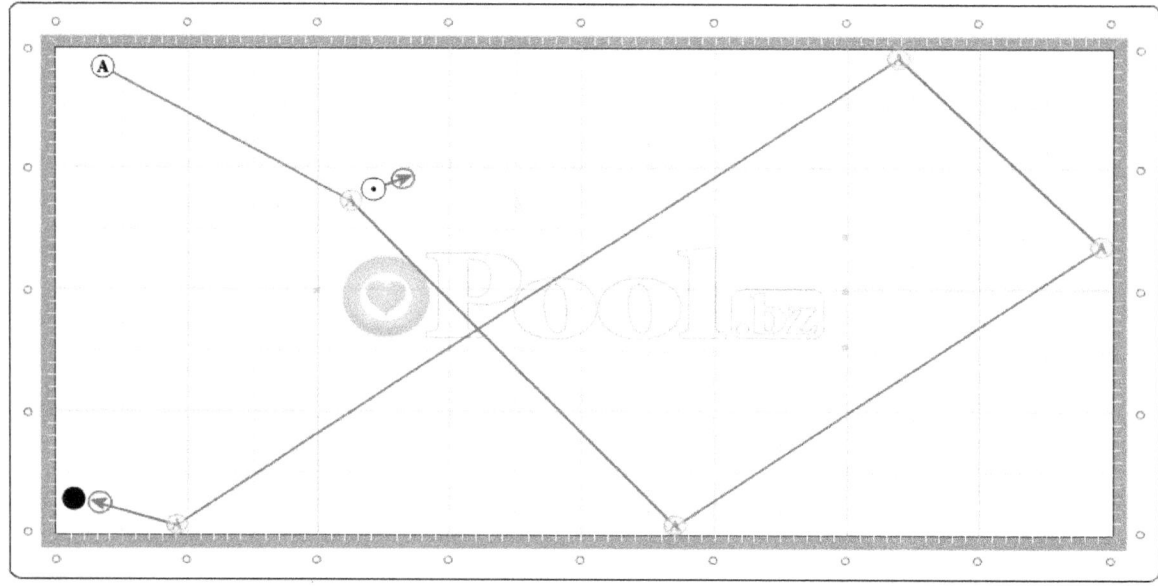

D: Groupe 7

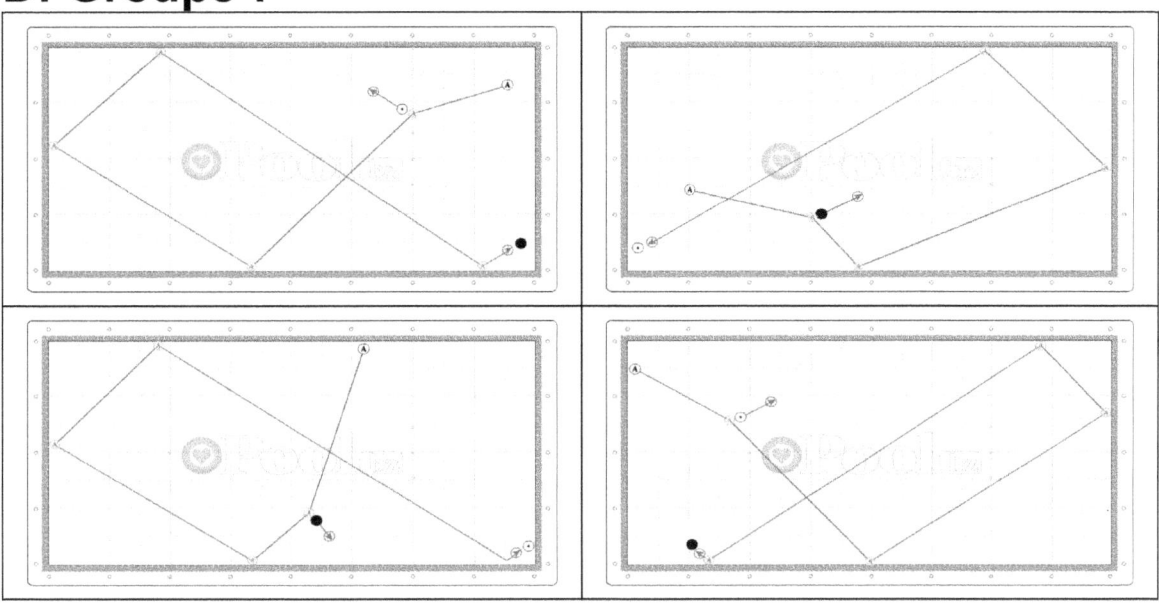

Une analyse:

D:7a. _____

D:7b. _____

D:7c. _____

D:7d. _____

D:7a – Installer

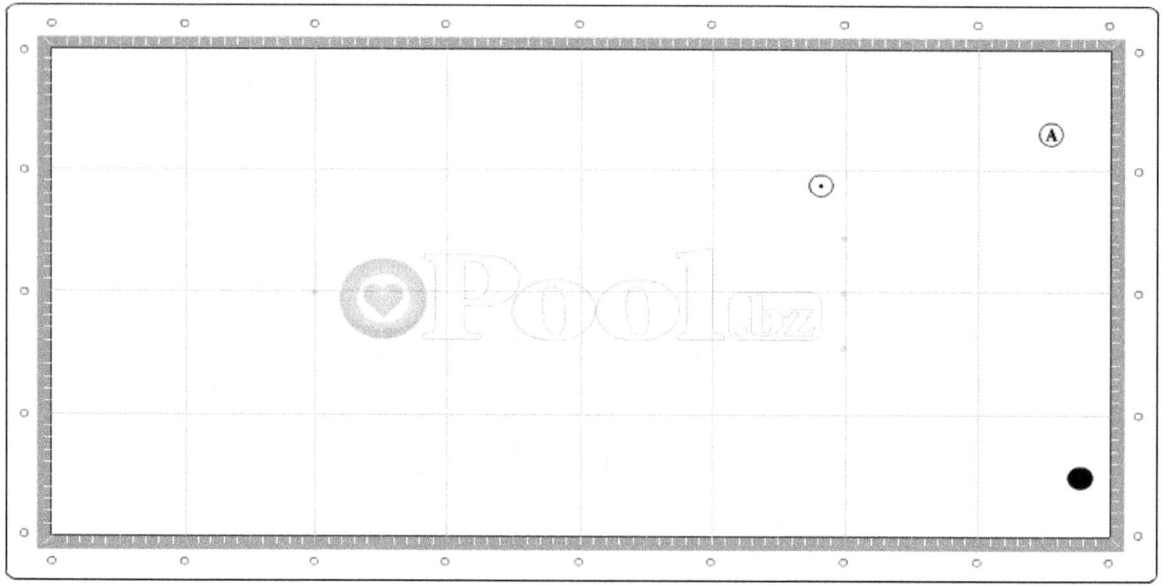

Notes et idées:

Modèle de balle

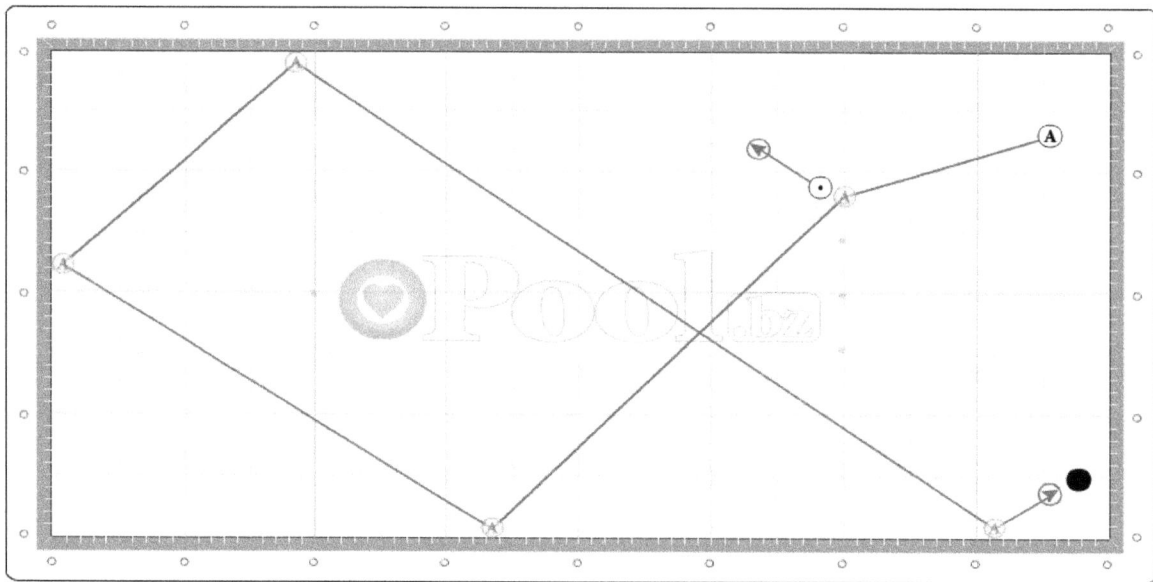

D:7b – Installer

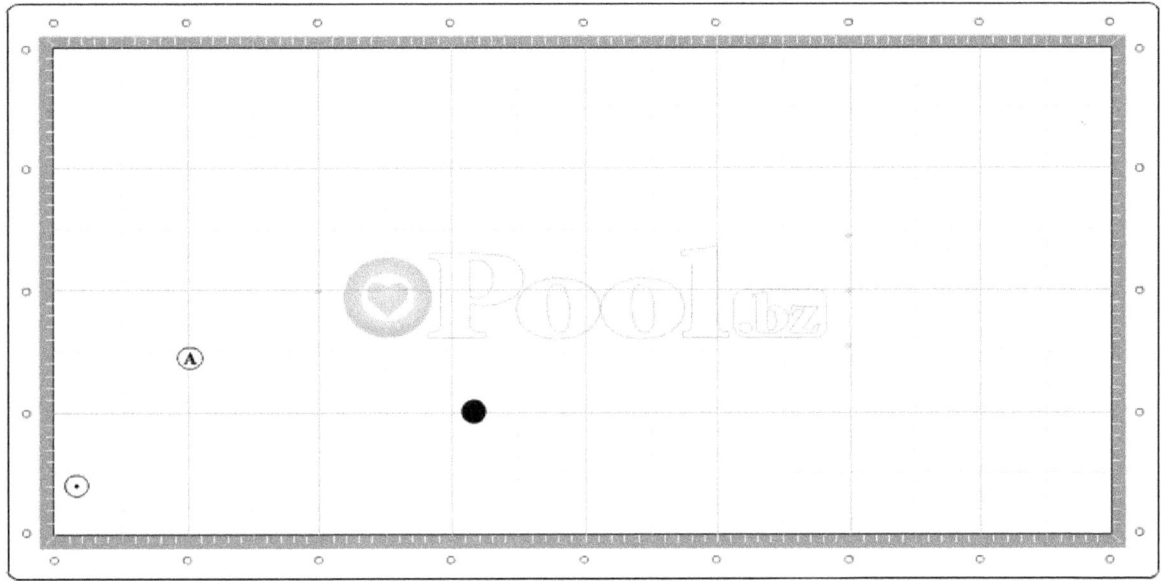

Notes et idées:

Modèle de balle

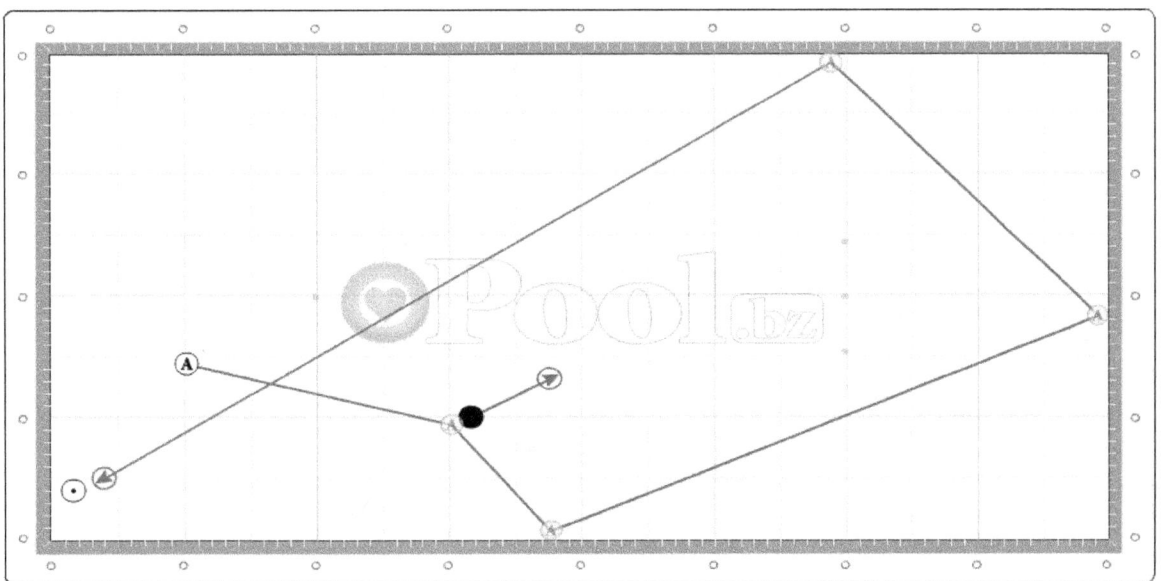

D:7c – Installer

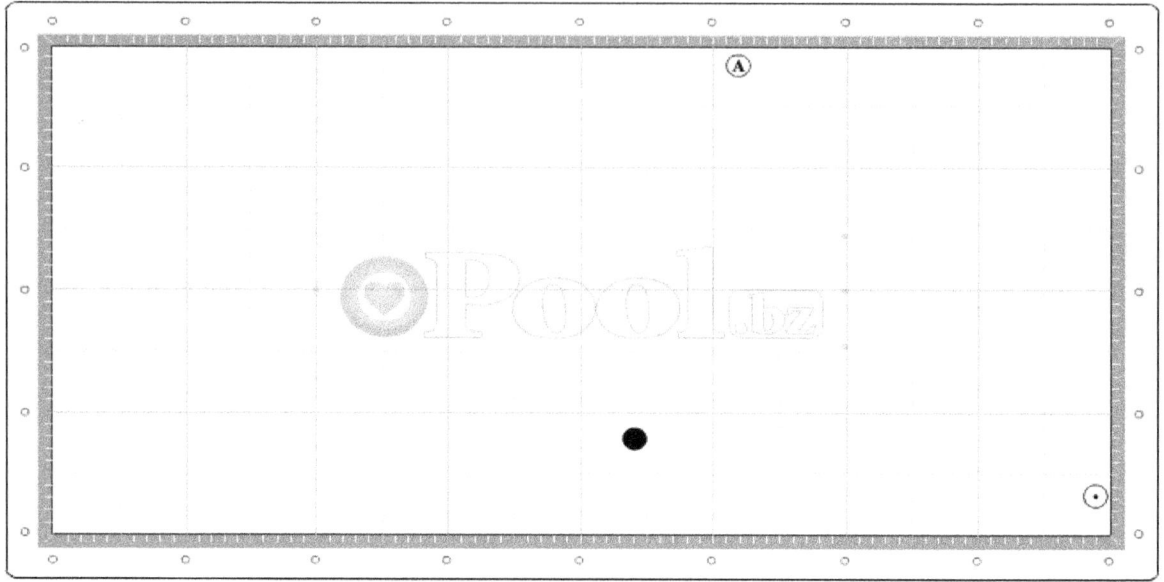

Notes et idées:

Modèle de balle

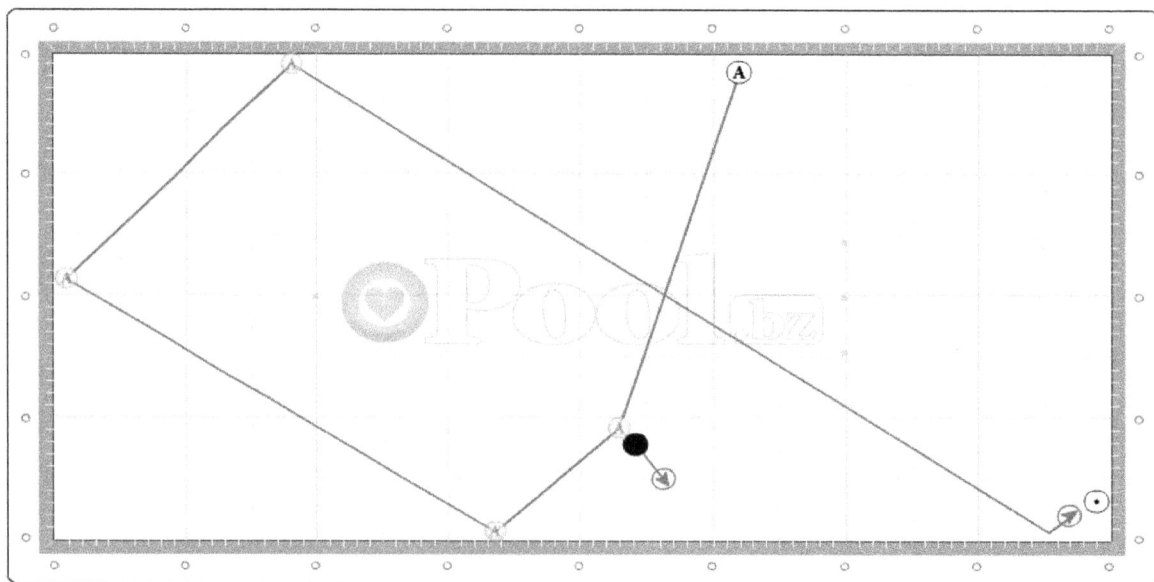

D:7d – Installer

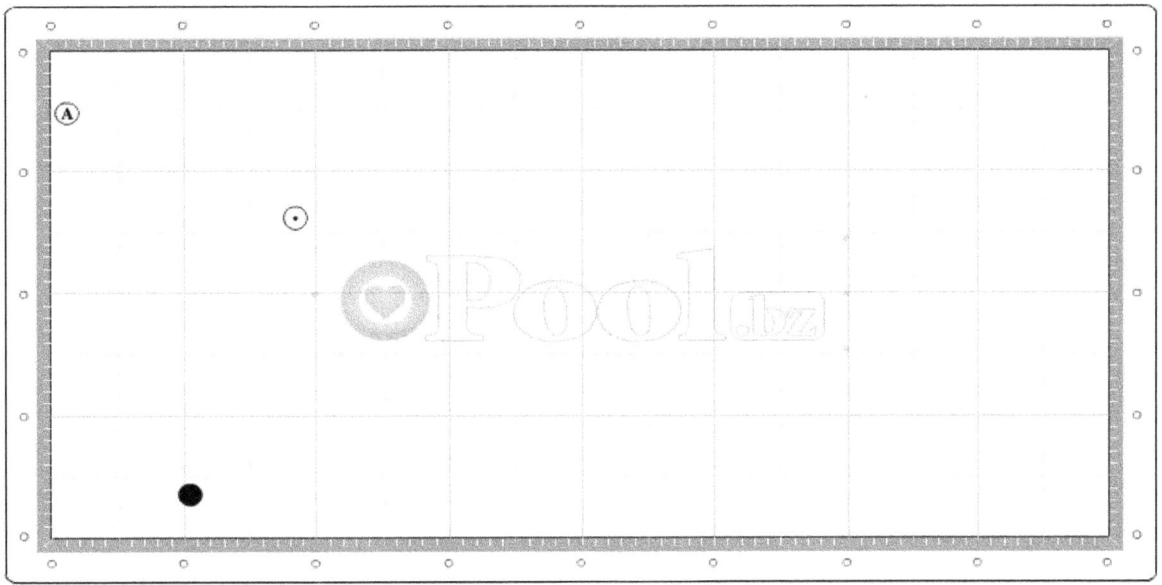

Notes et idées:

Modèle de balle

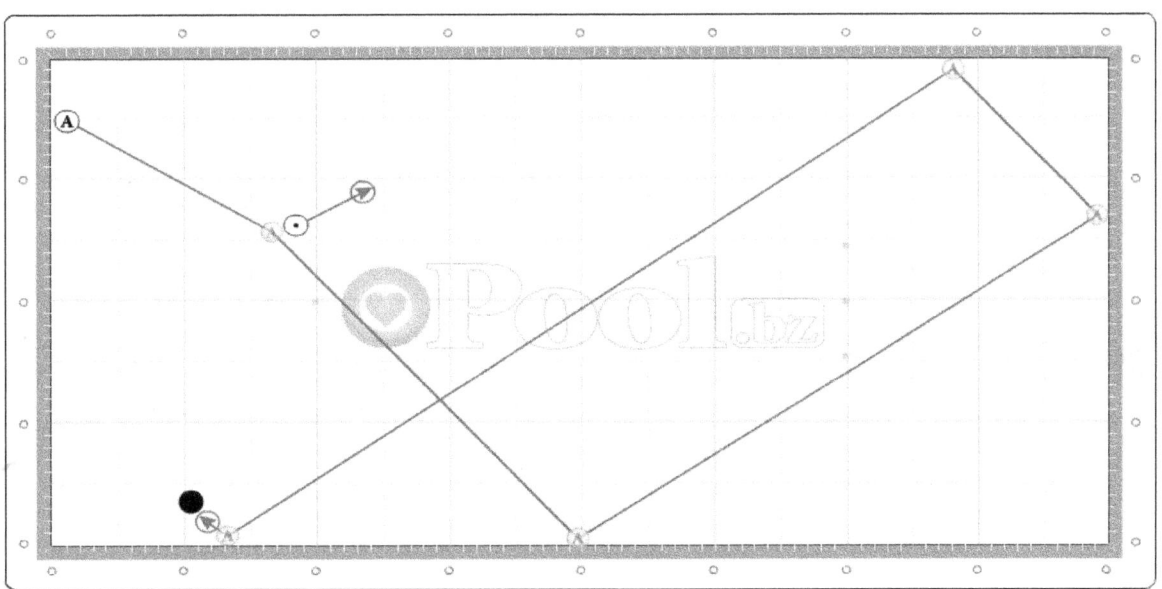

D: Groupe 8

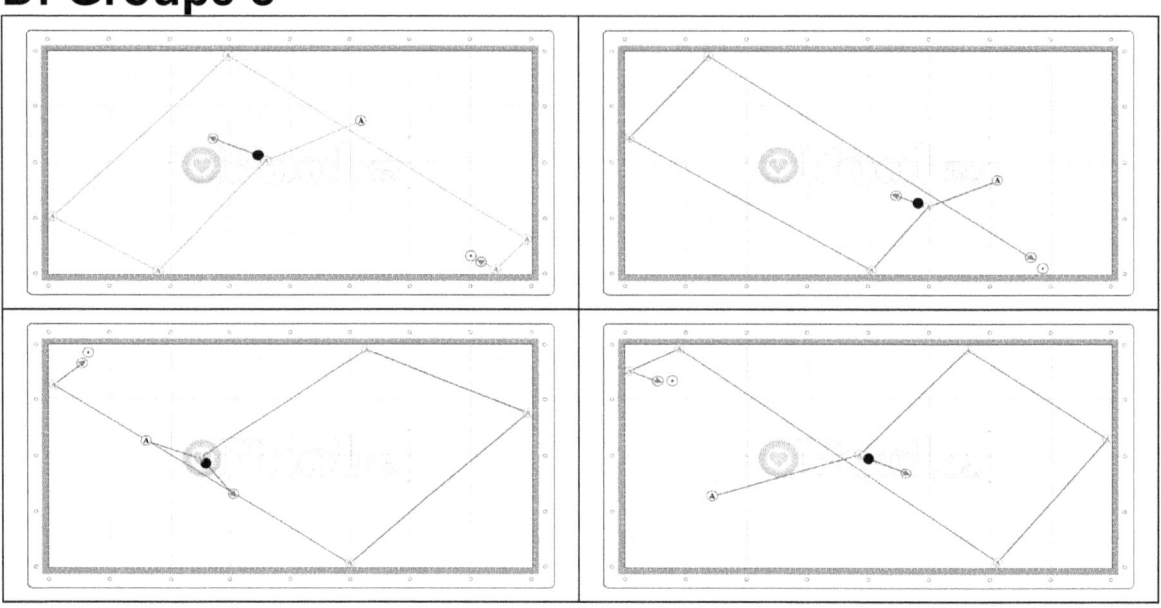

Une analyse:

D:8a. _____

D:8b. _____

D:8c. _____

D:8d. _____

D:8a – Installer

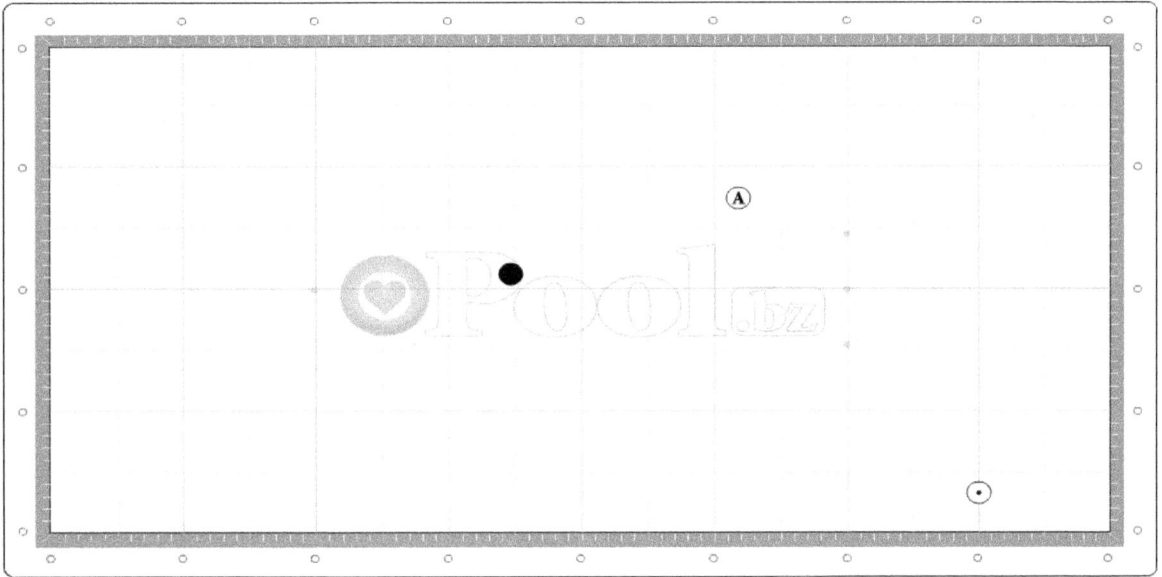

Notes et idées:

Modèle de balle

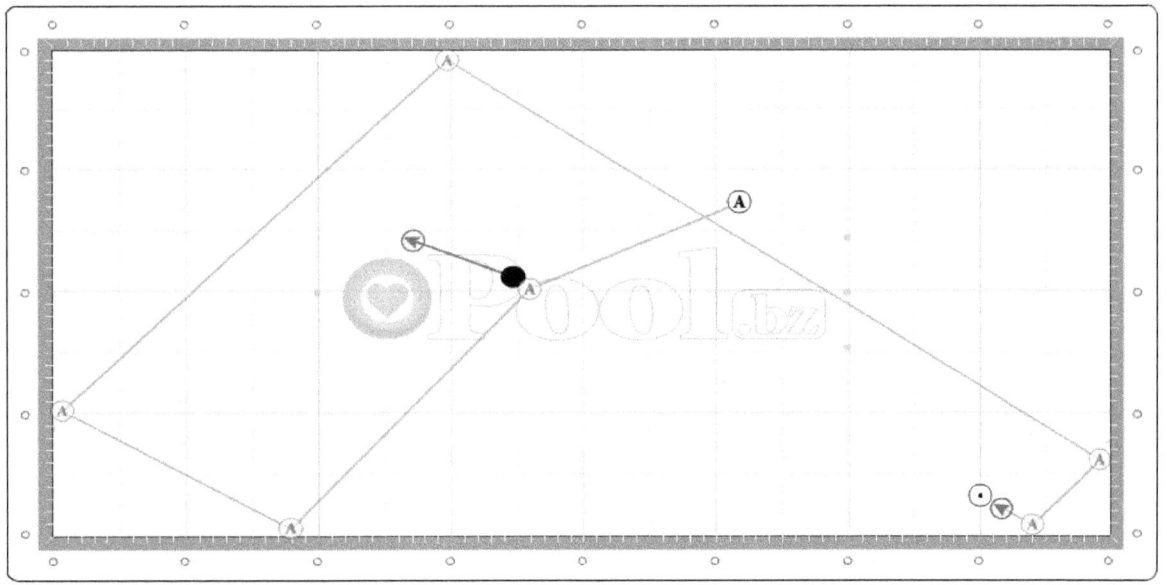

D:8b – Installer

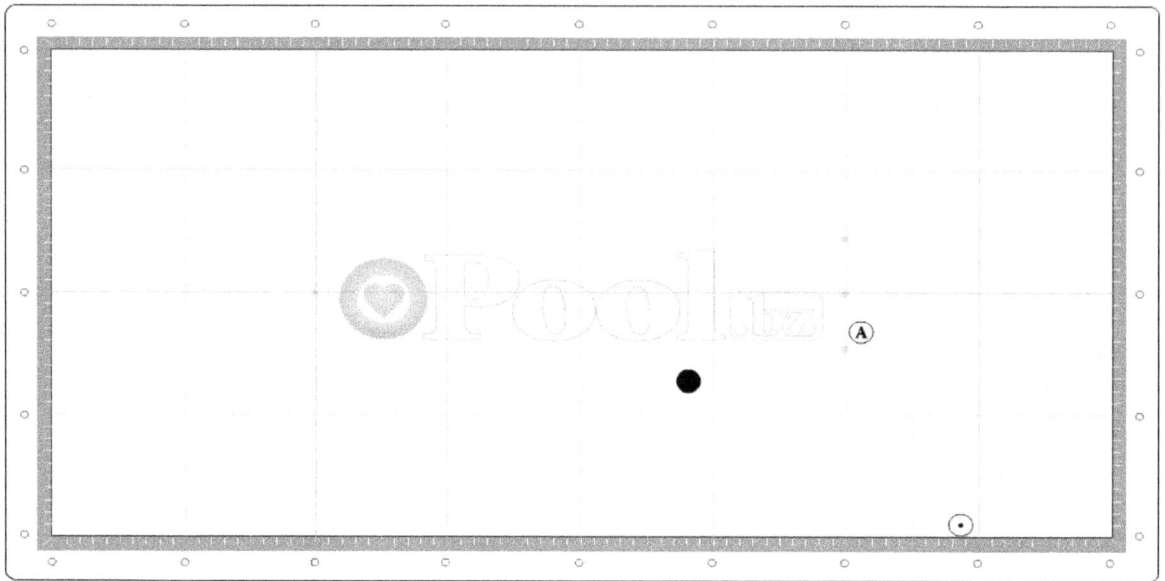

Notes et idées:

Modèle de balle

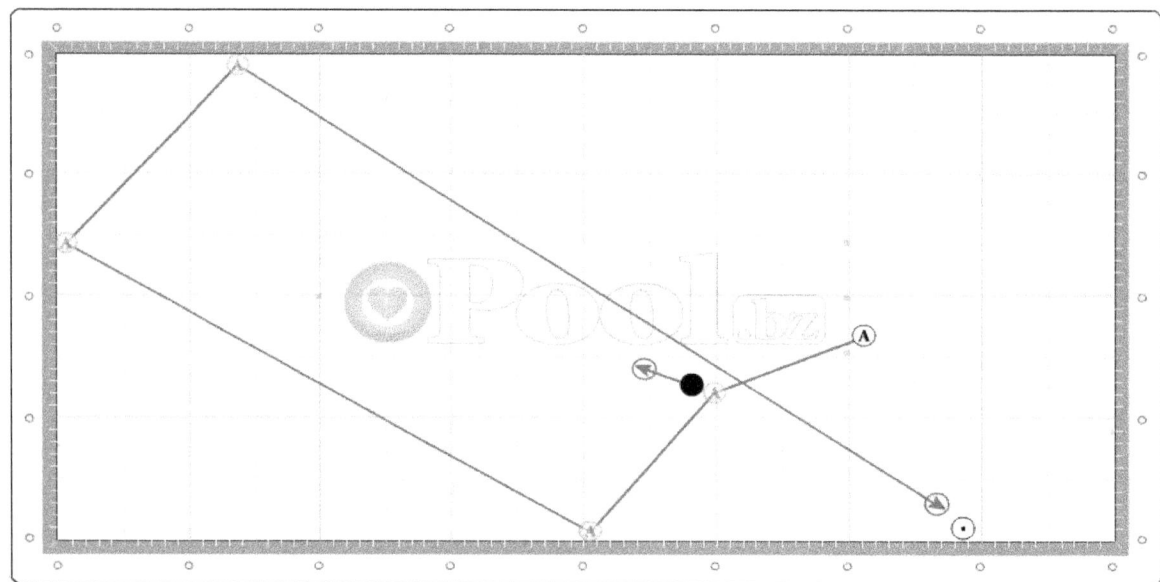

D:8c – Installer

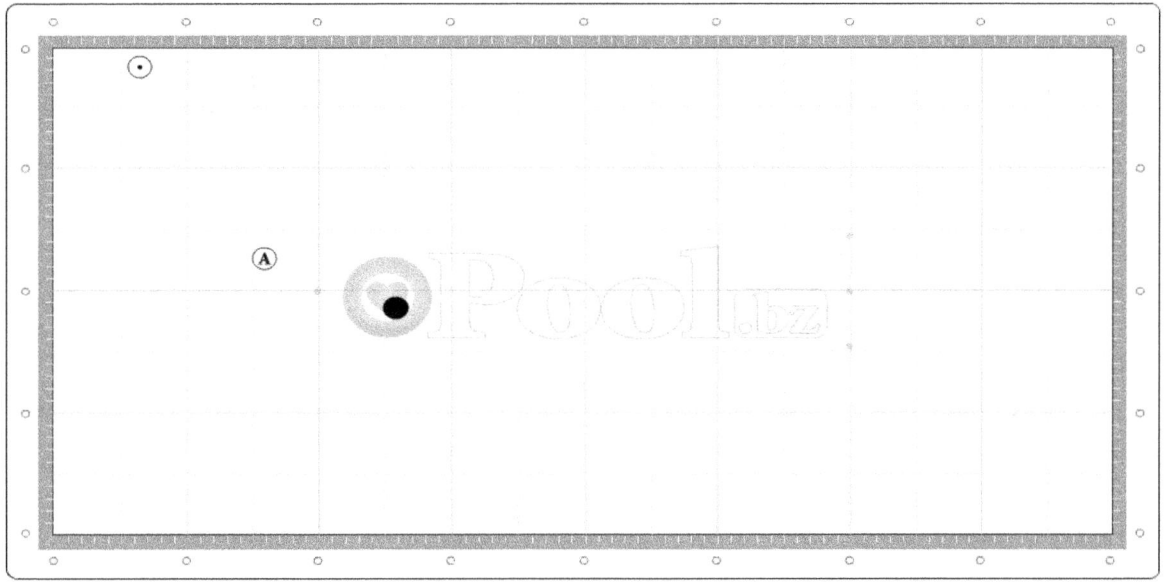

Notes et idées:

Modèle de balle

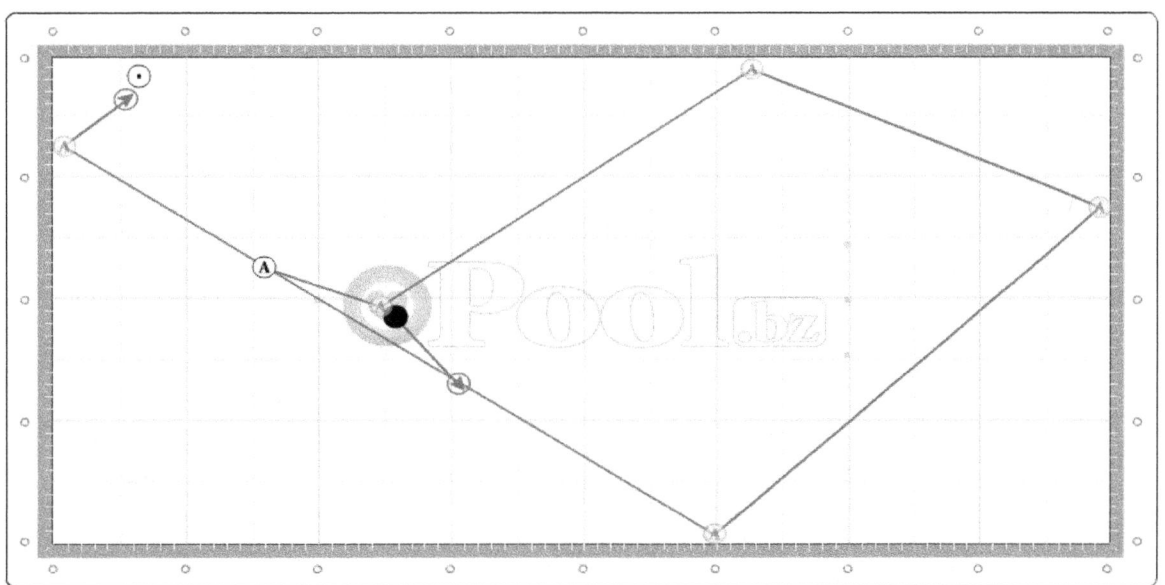

D:8d – Installer

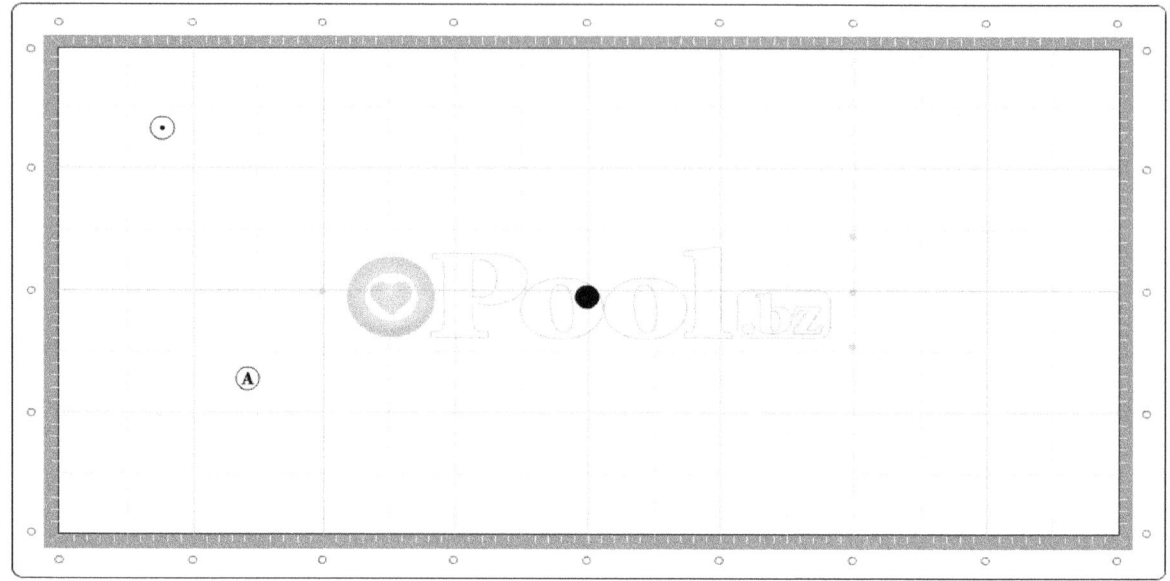

Notes et idées:

Modèle de balle

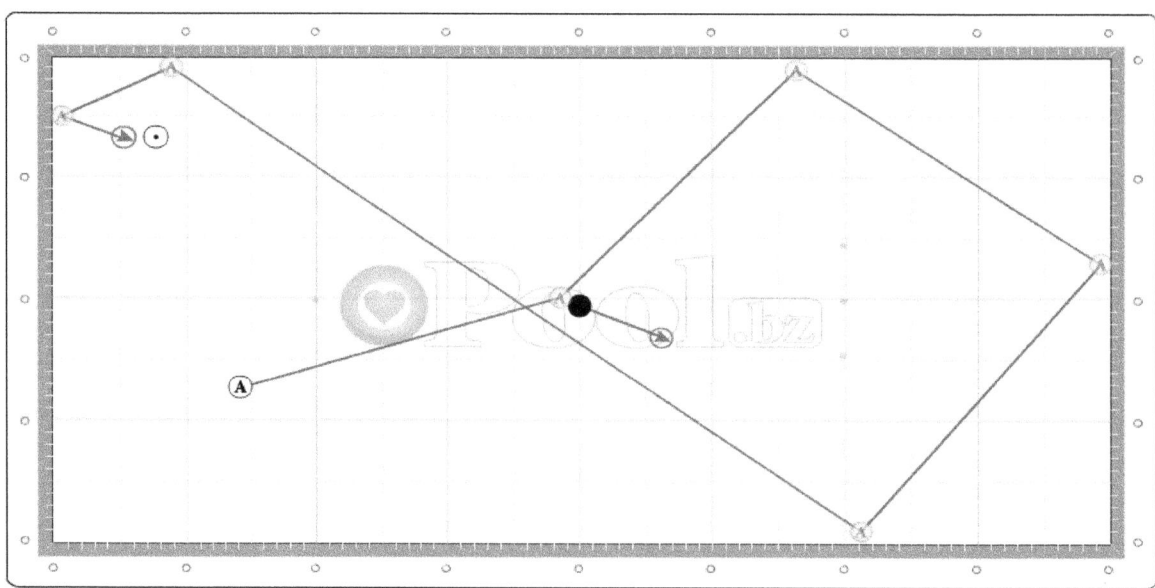

D: Groupe 9

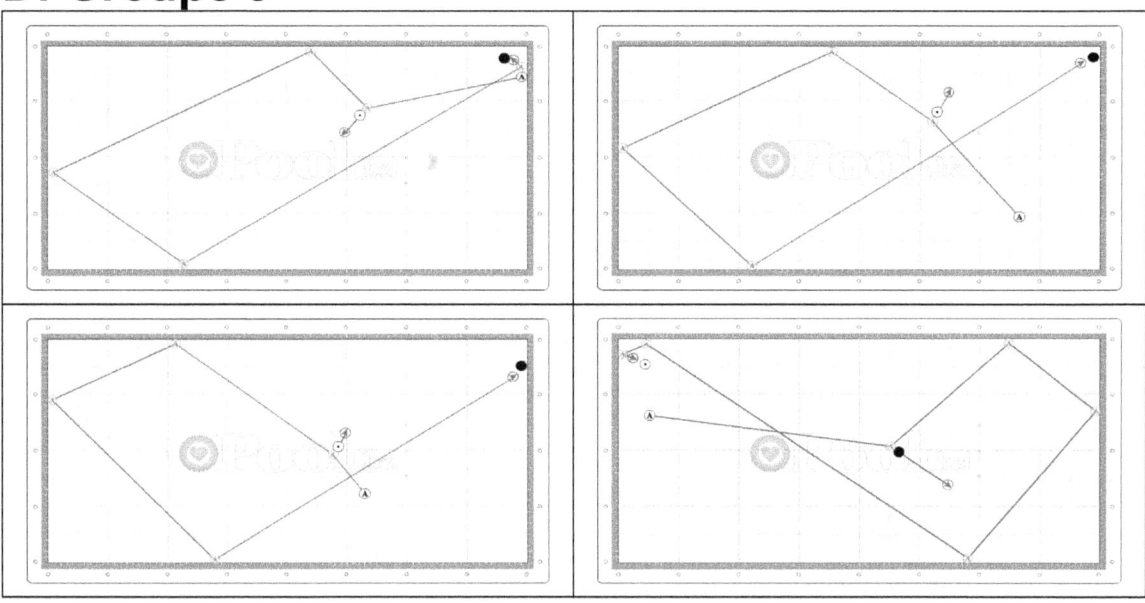

Une analyse:

D:9a. _____

D:9b. _____

D:9c. _____

D:9d. _____

D:9a – Installer

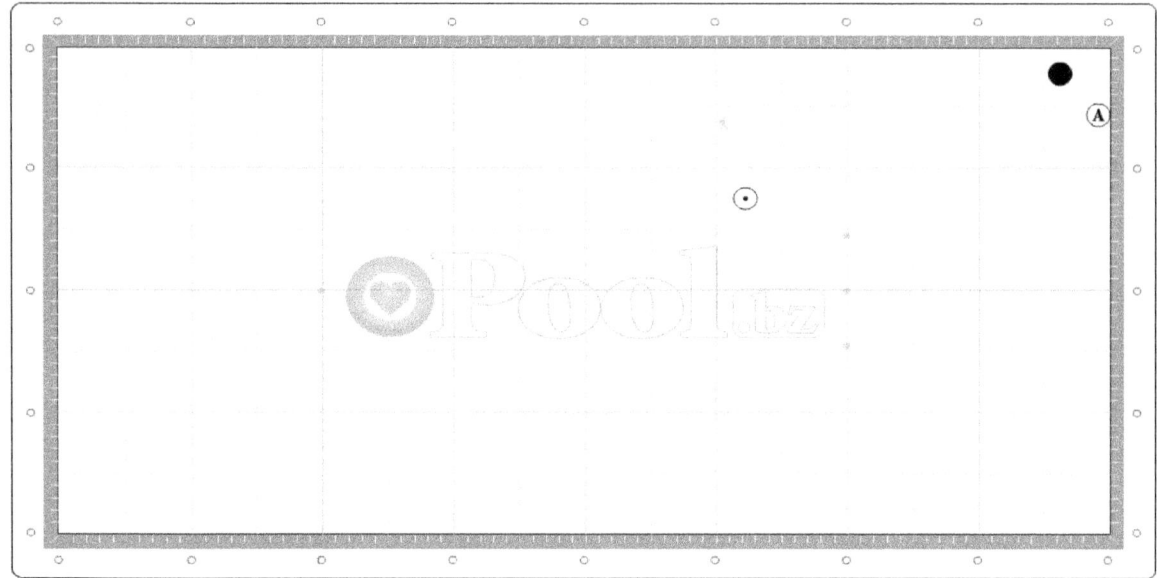

Notes et idées:

Modèle de balle

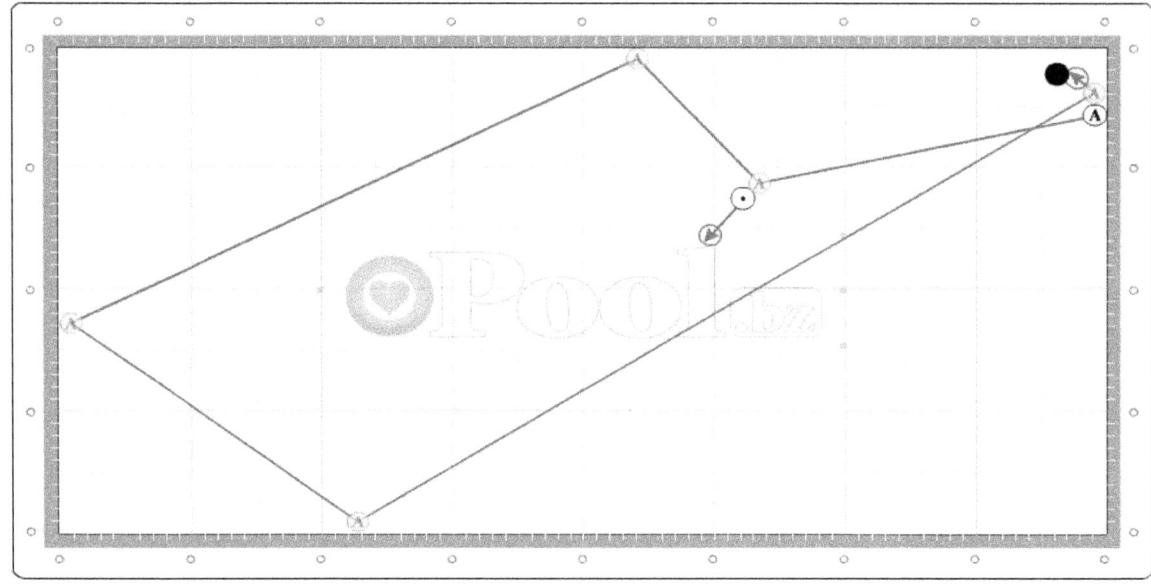

D:9b – Installer

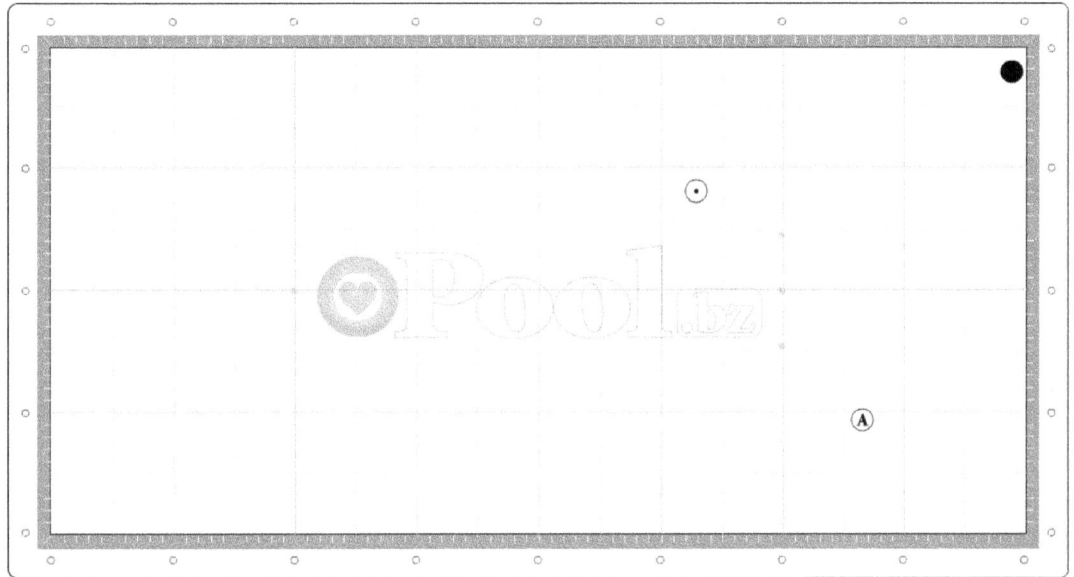

Notes et idées:

Modèle de balle

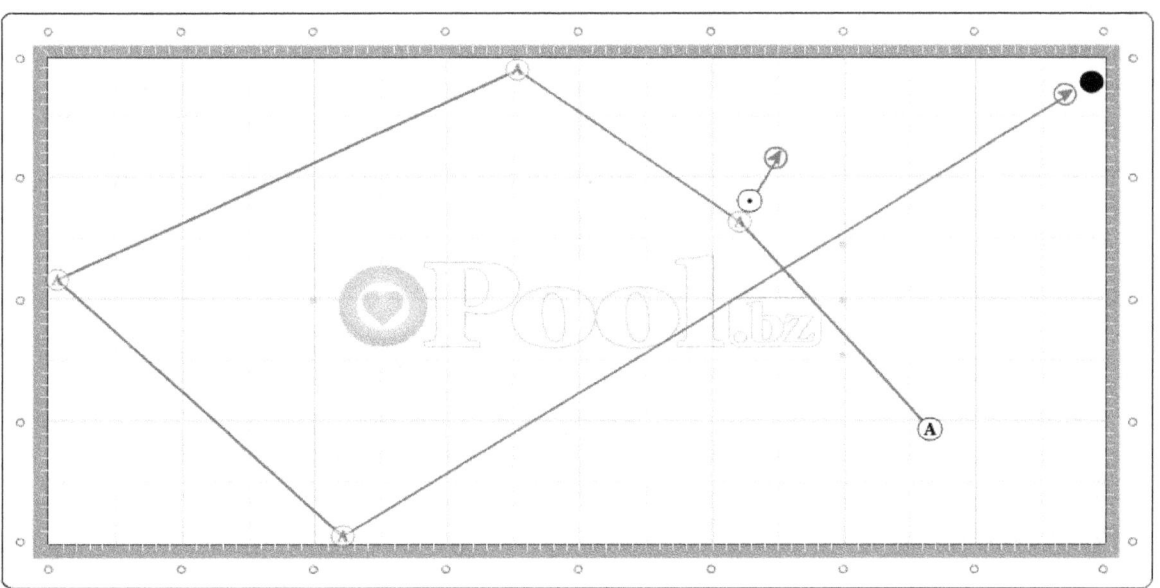

D:9c – Installer

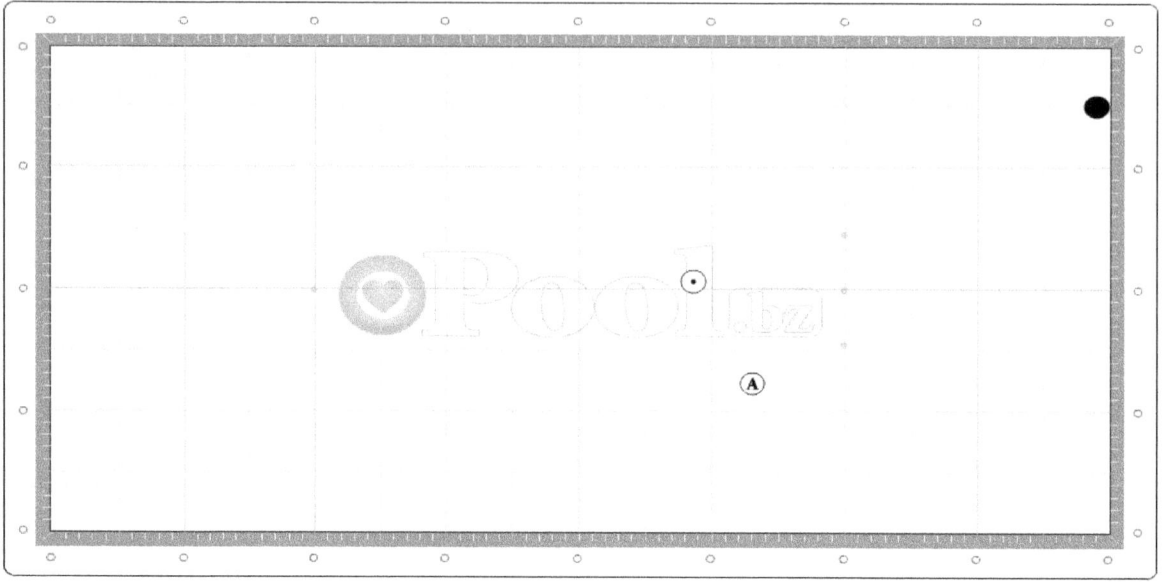

Notes et idées:

Modèle de balle

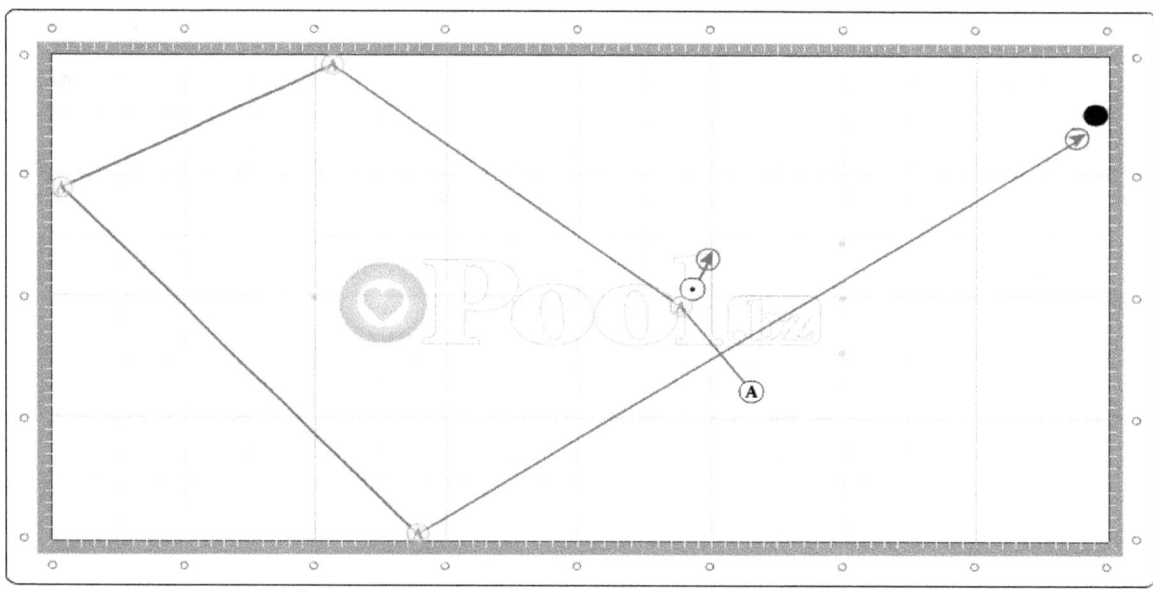

D:9d – Installer

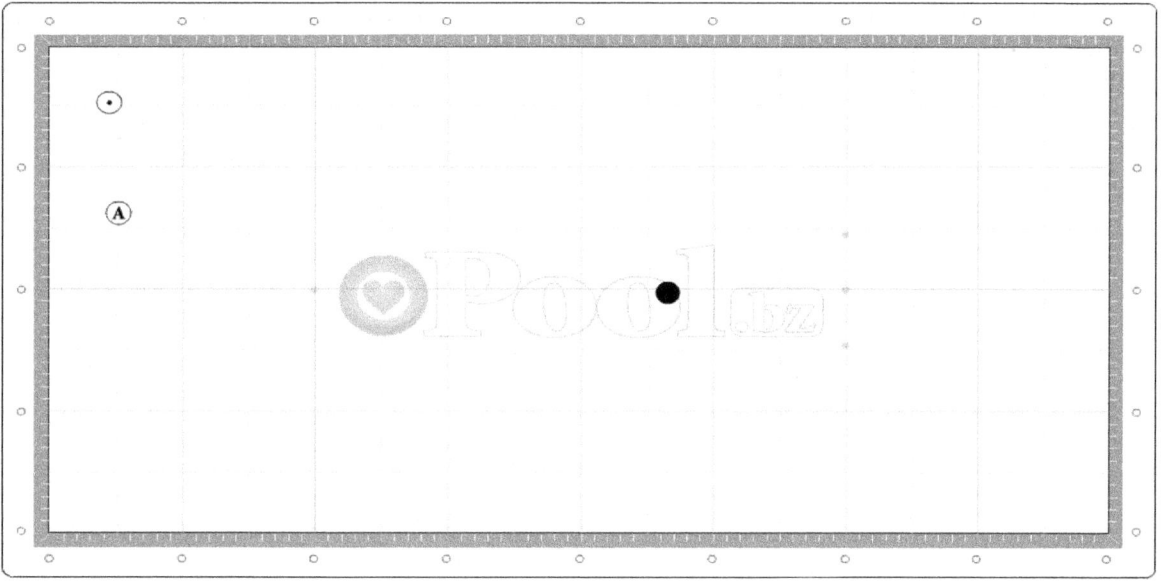

Notes et idées:

Modèle de balle

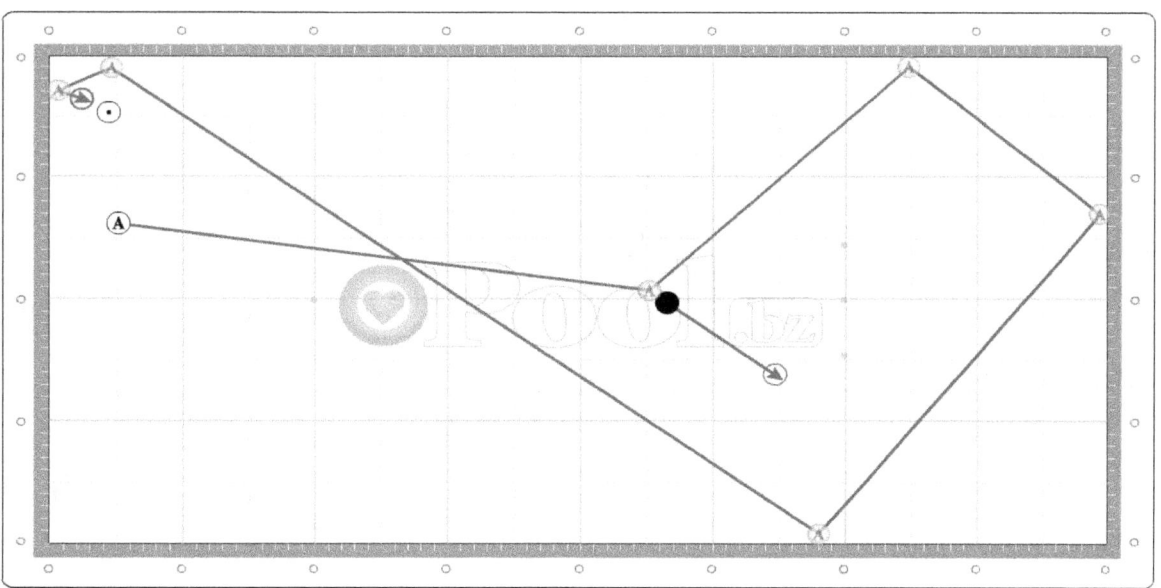

E: Suivre dans le coin

Le (CB) se détache du premier (OB) et des trois bandas suivants, en suivant le modèle standard du monde entier. Comme l'autre (OB) se trouve sur le chemin (CB) du corner, le (CB) peut frapper l'autre (OB) pour obtenir un score.

Ⓐ (CB) (votre balle) - ⊙ (OB) (balle de l'adversaire) – ● (OB) Balle rouge

E: Groupe 1

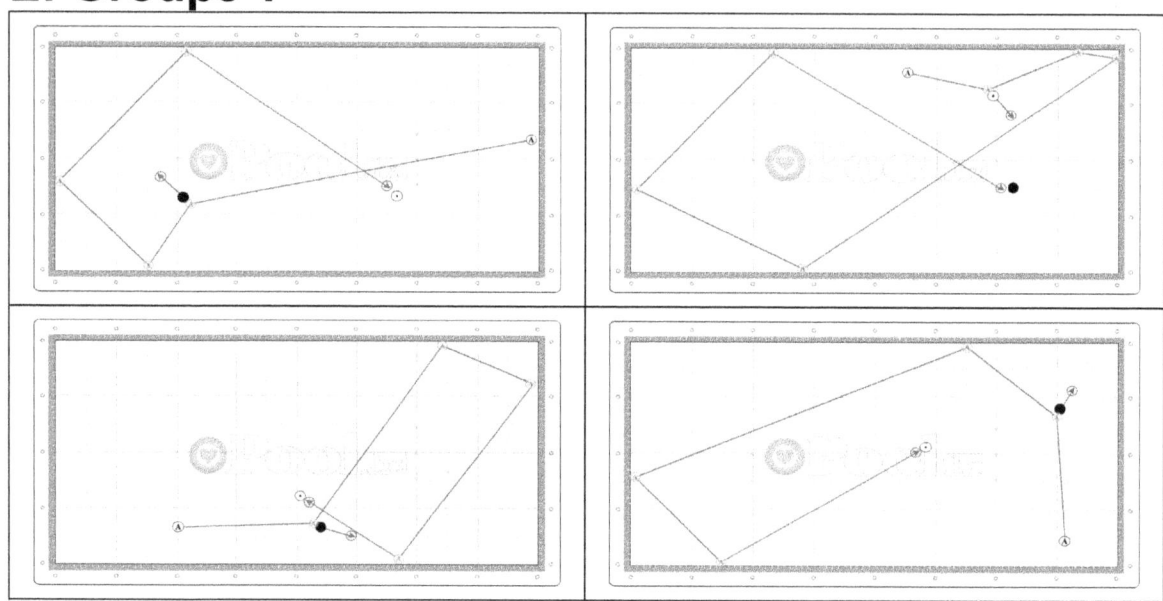

Une analyse:

E:1a. _____

E:1b. _____

E:1c. _____

E:1d. _____

E:1a – Installer

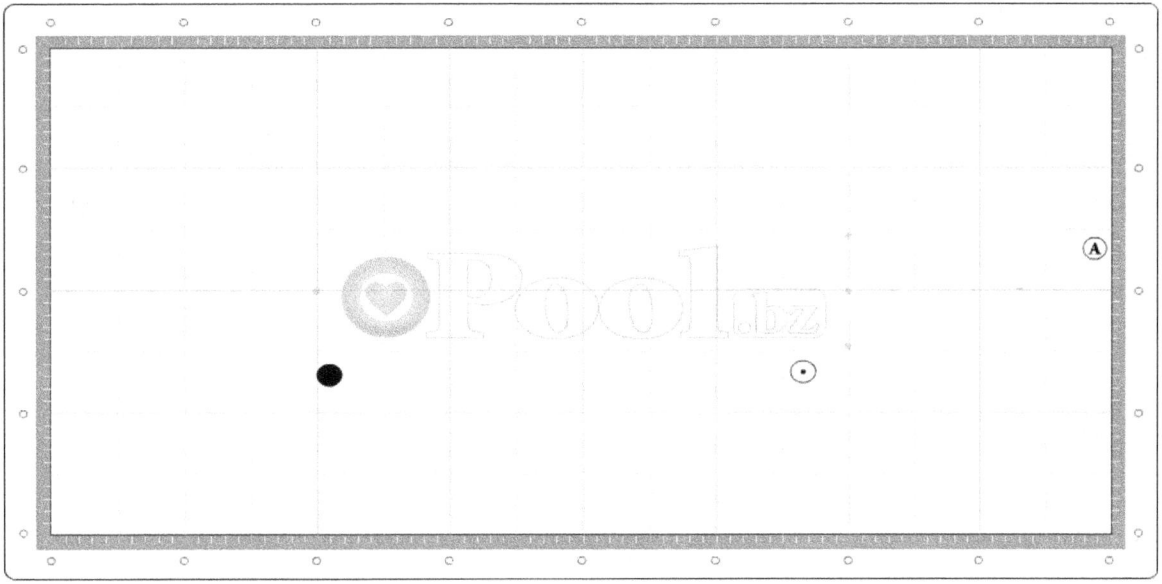

Notes et idées:

Modèle de balle

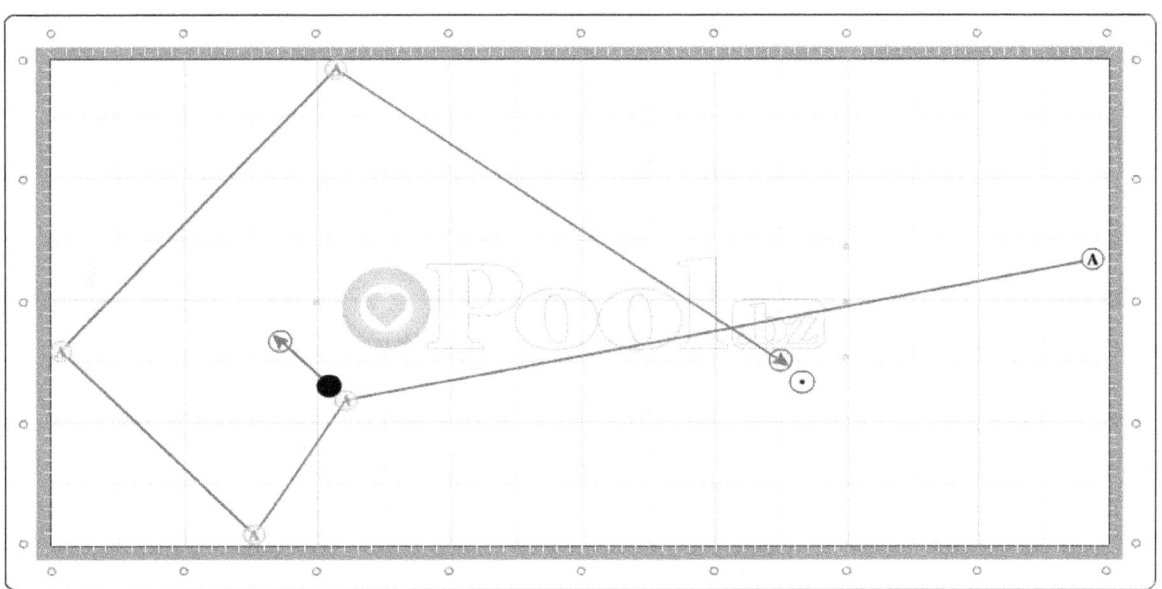

E:1b – Installer

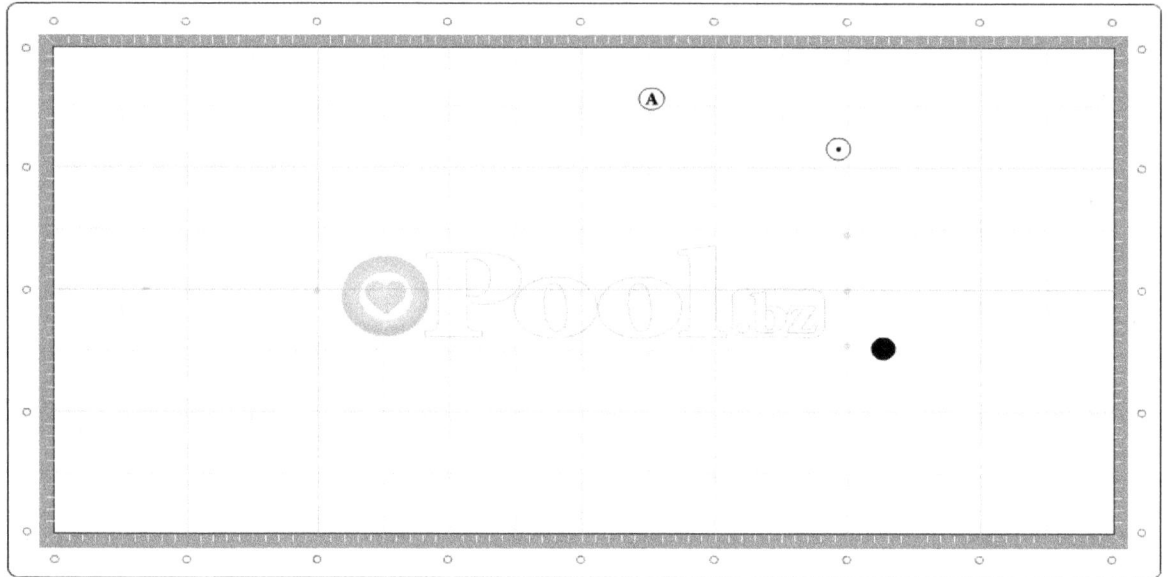

Notes et idées:

Modèle de balle

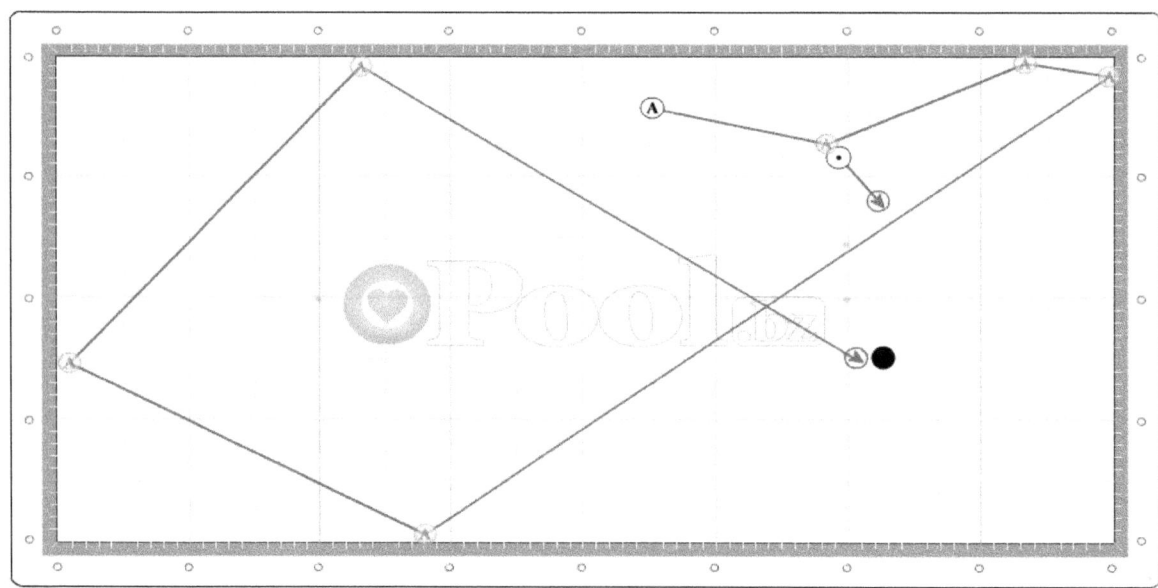

E:1c – Installer

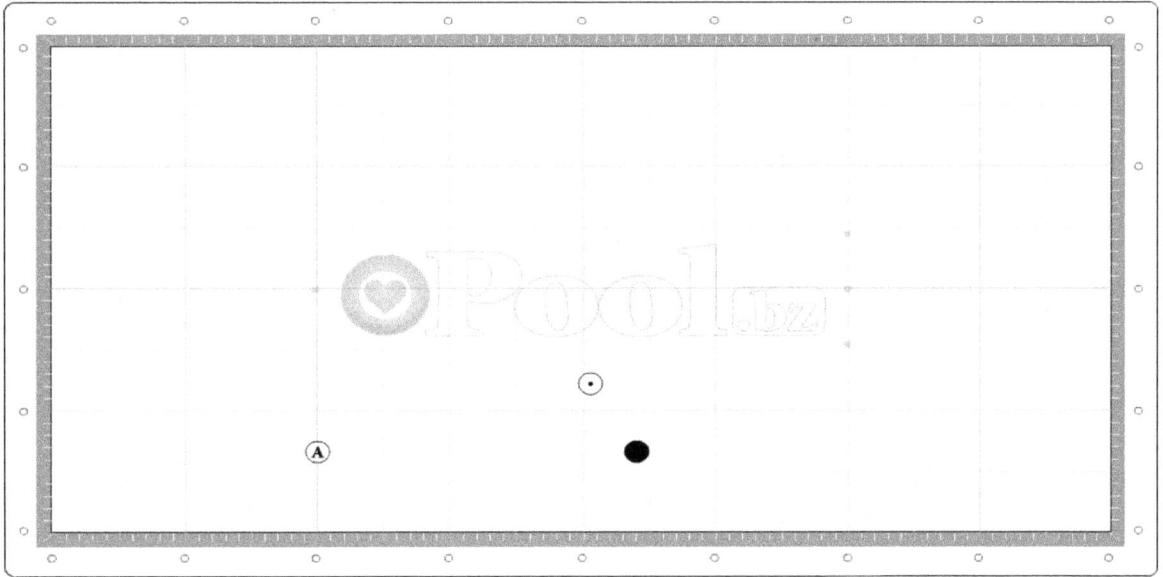

Notes et idées:

Modèle de balle

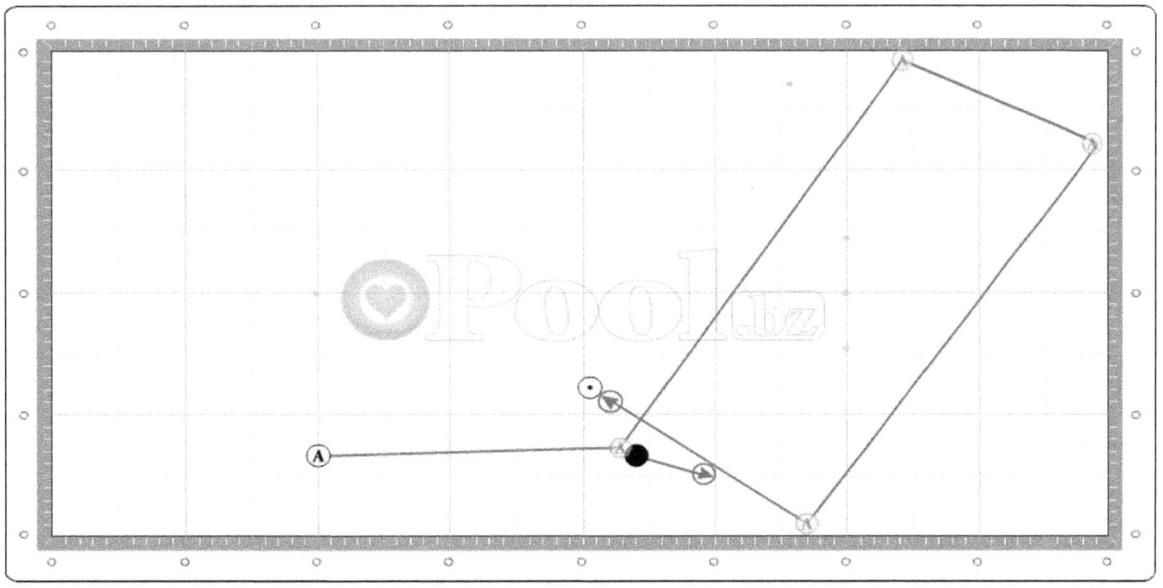

E:1d – Installer

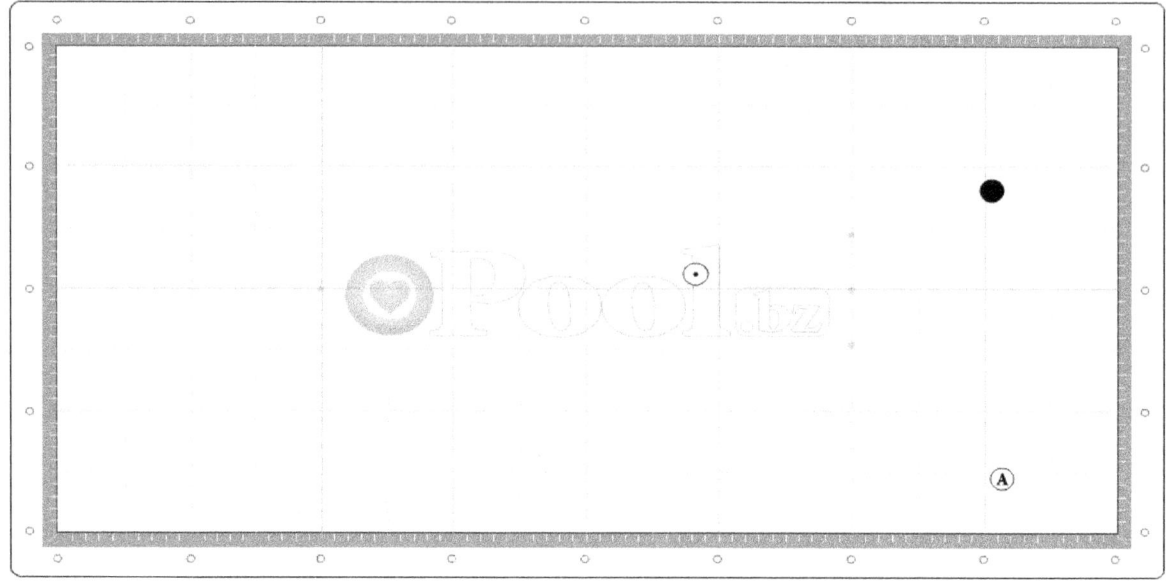

Notes et idées:

Modèle de balle

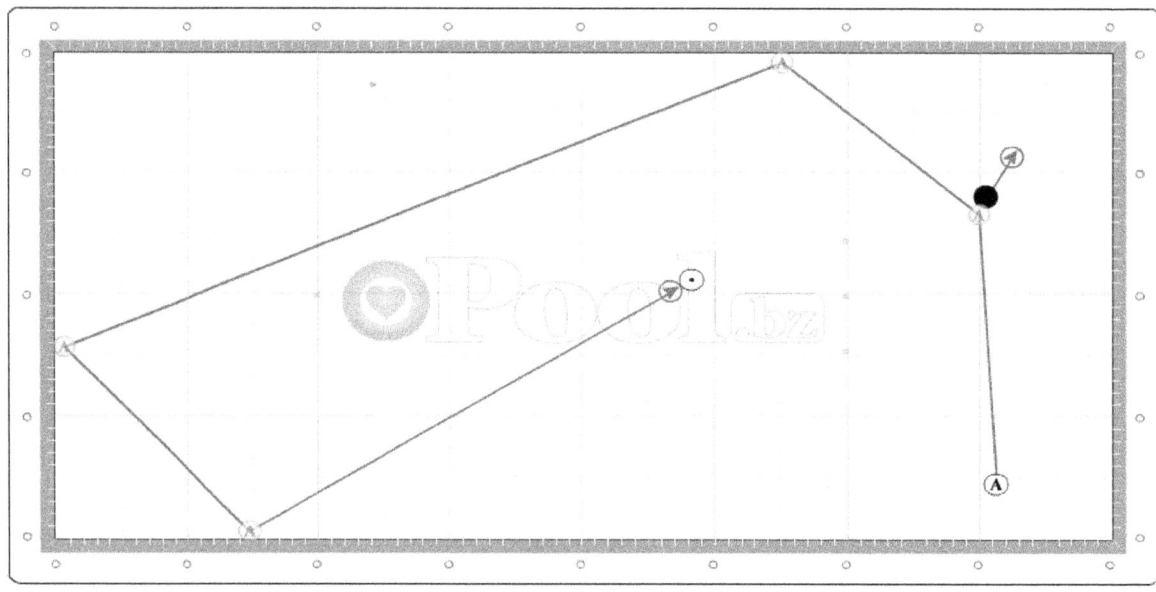

E: Groupe 2

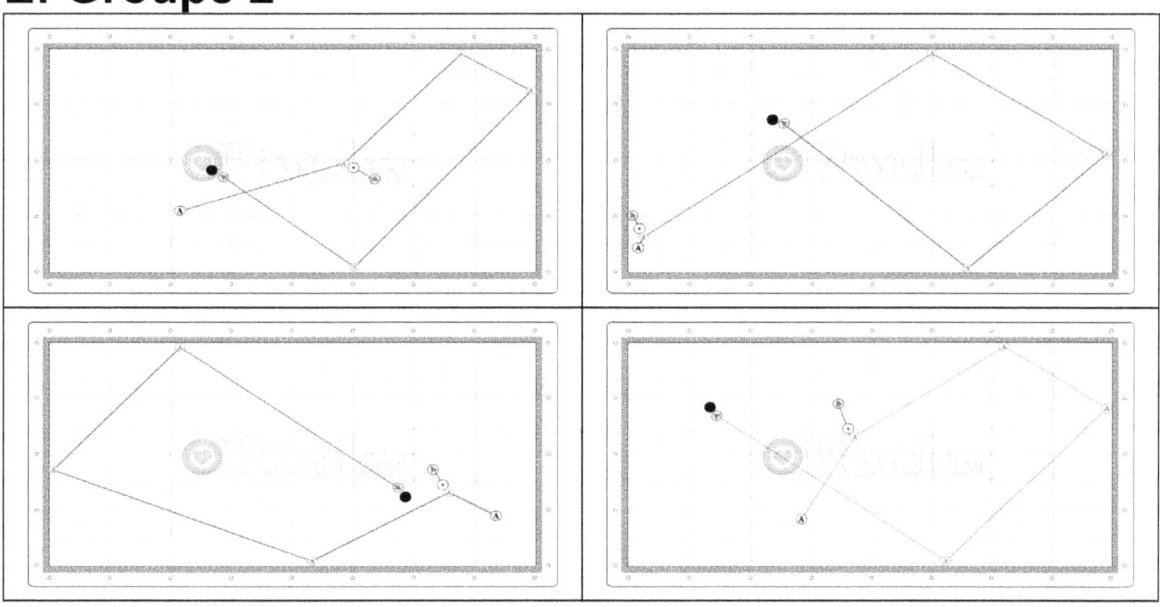

Une analyse:

E:2a. _____

E:2b. _____

E:2c. _____

E:2d. _____

E:2a – Installer

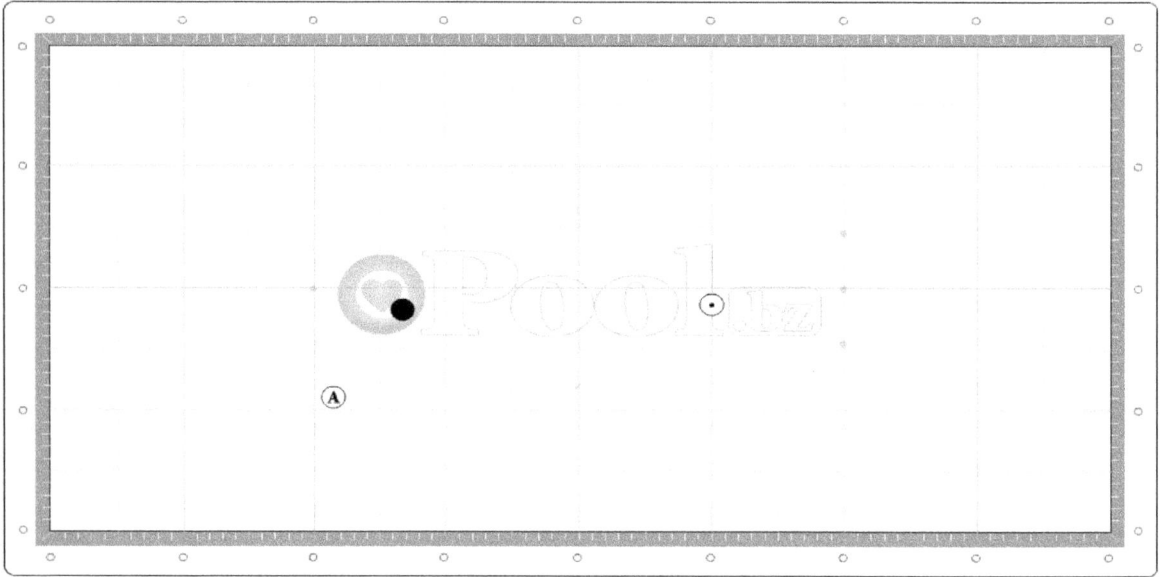

Notes et idées:

Modèle de balle

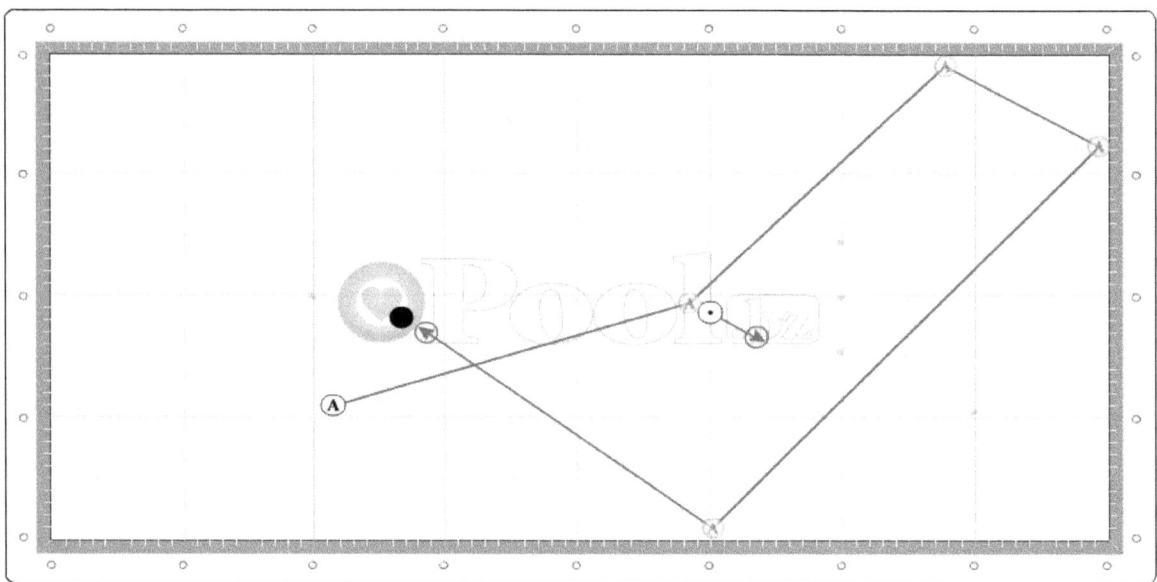

E:2b – Installer

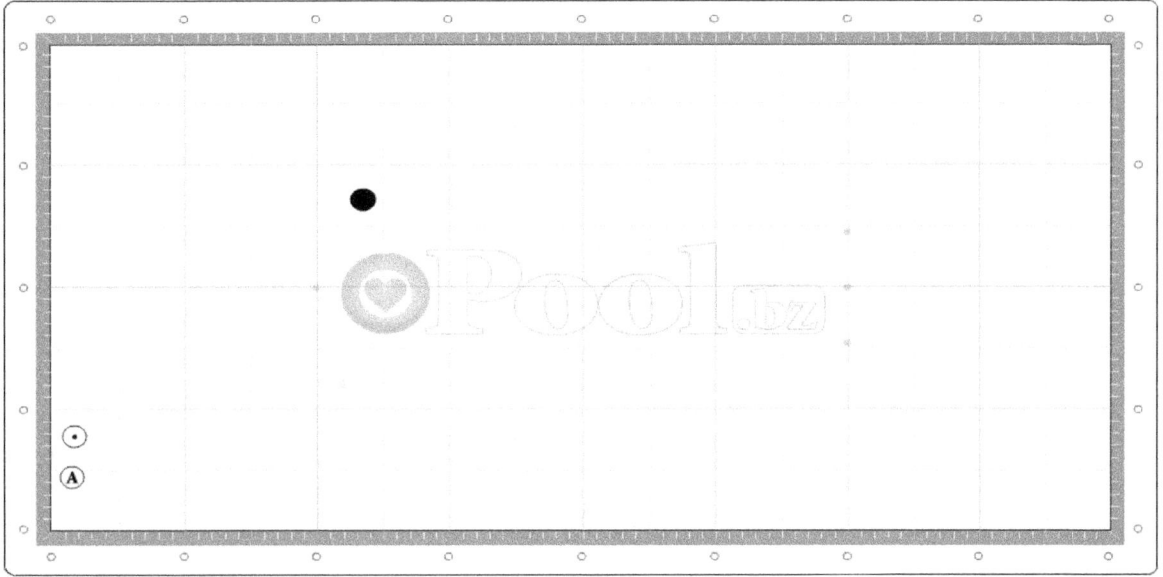

Notes et idées:

Modèle de balle

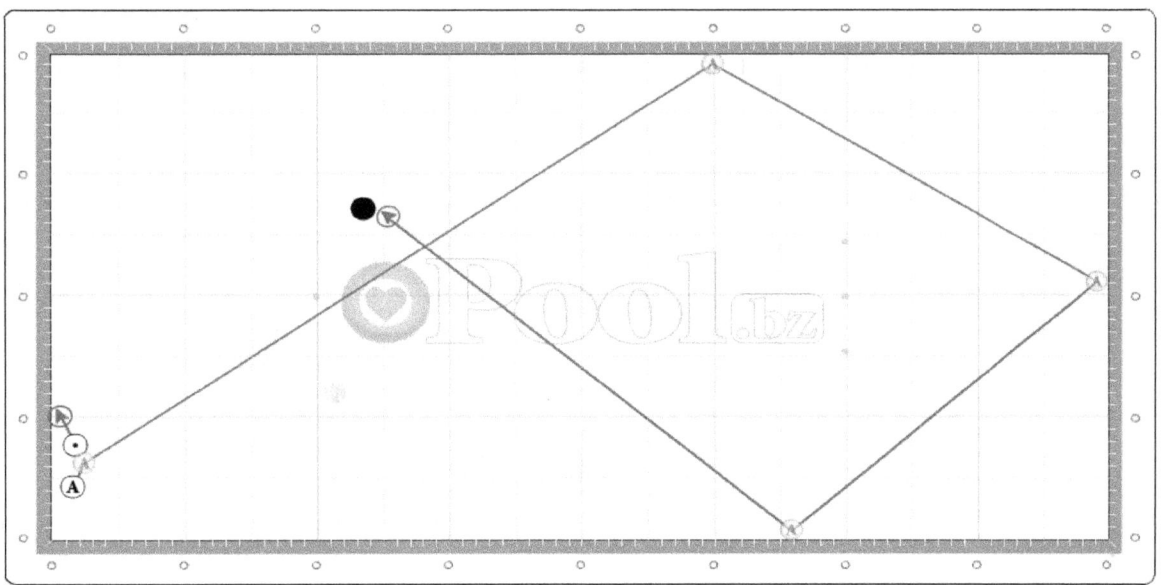

E:2c – Installer

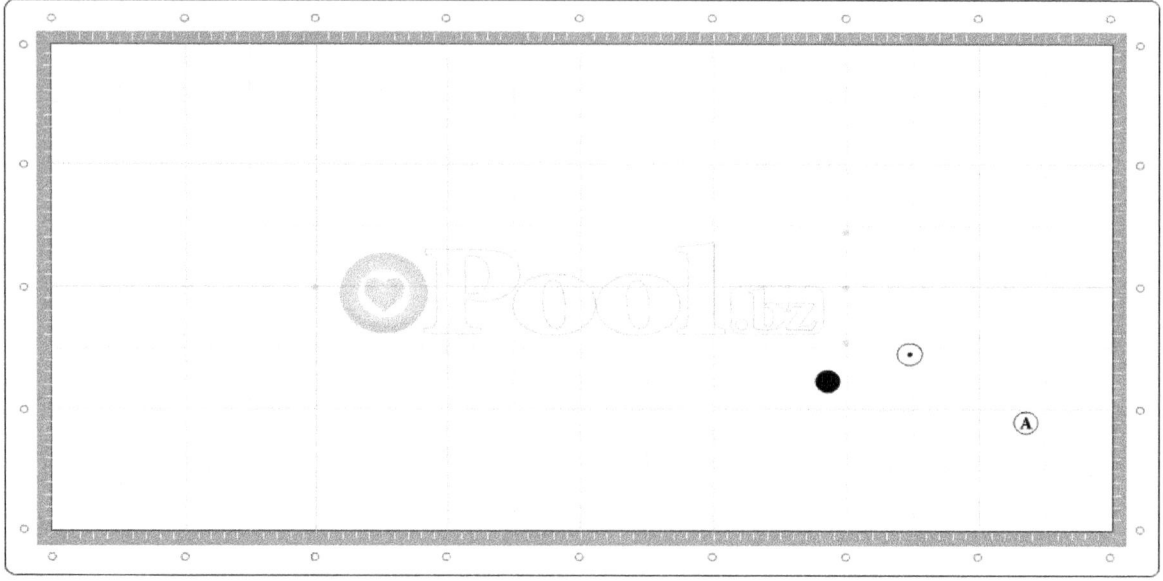

Notes et idées:

Modèle de balle

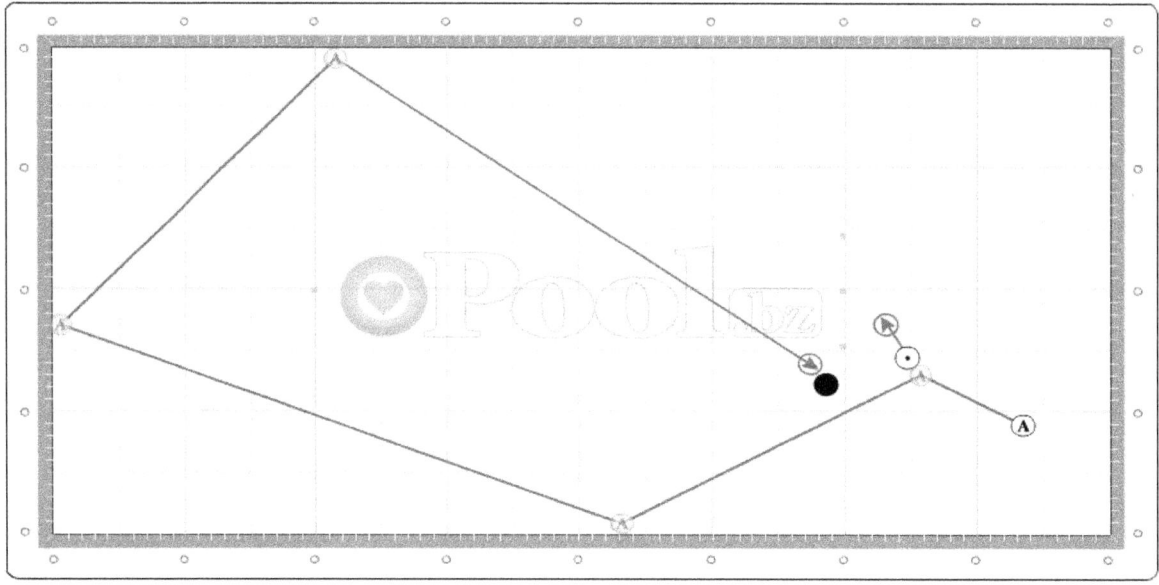

E:2d – Installer

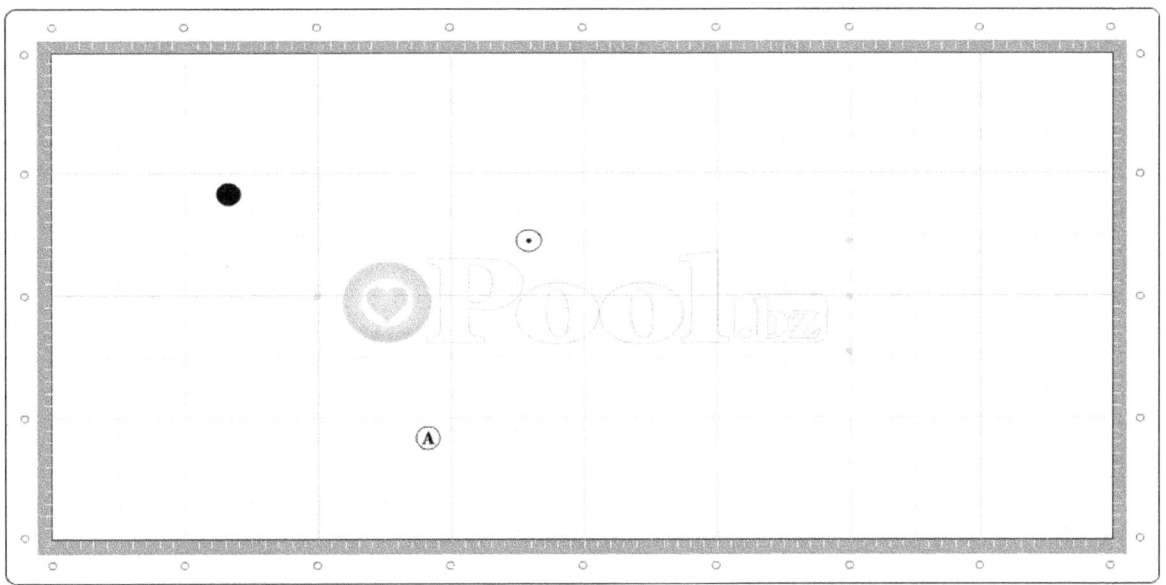

Notes et idées:

Modèle de balle

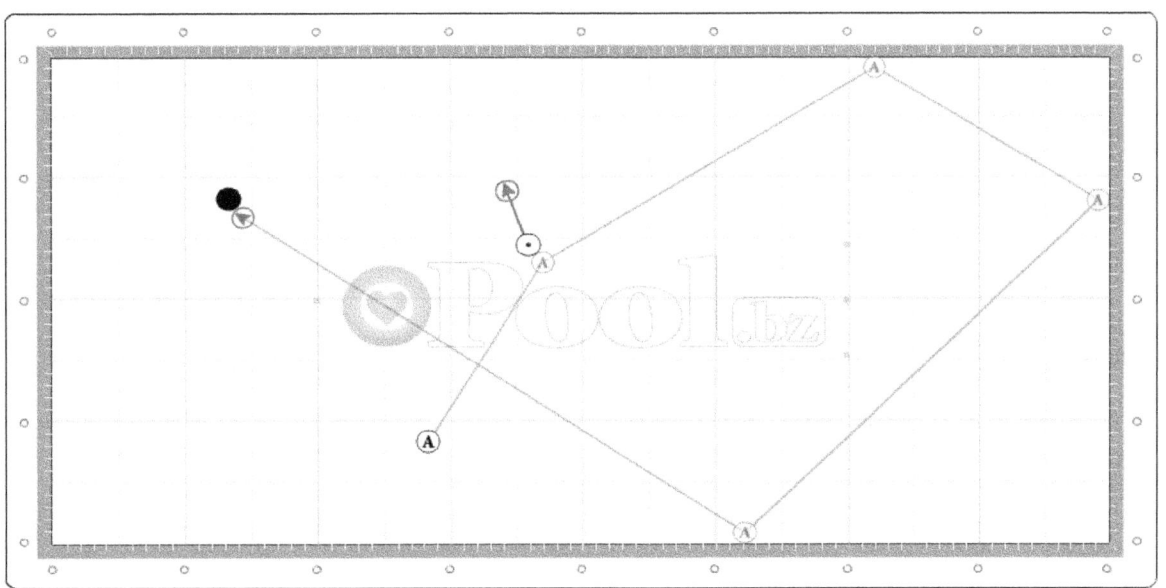

E: Groupe 3

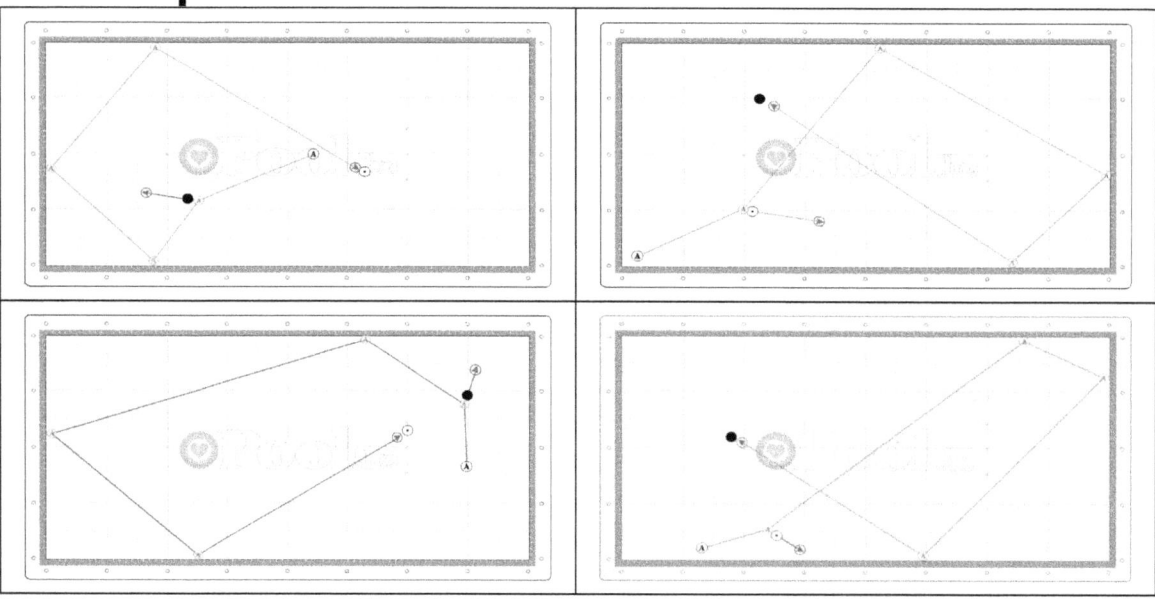

Une analyse:

E:3a. _____

E:3b. _____

E:3c. _____

E:3d. _____

E:3a – Installer

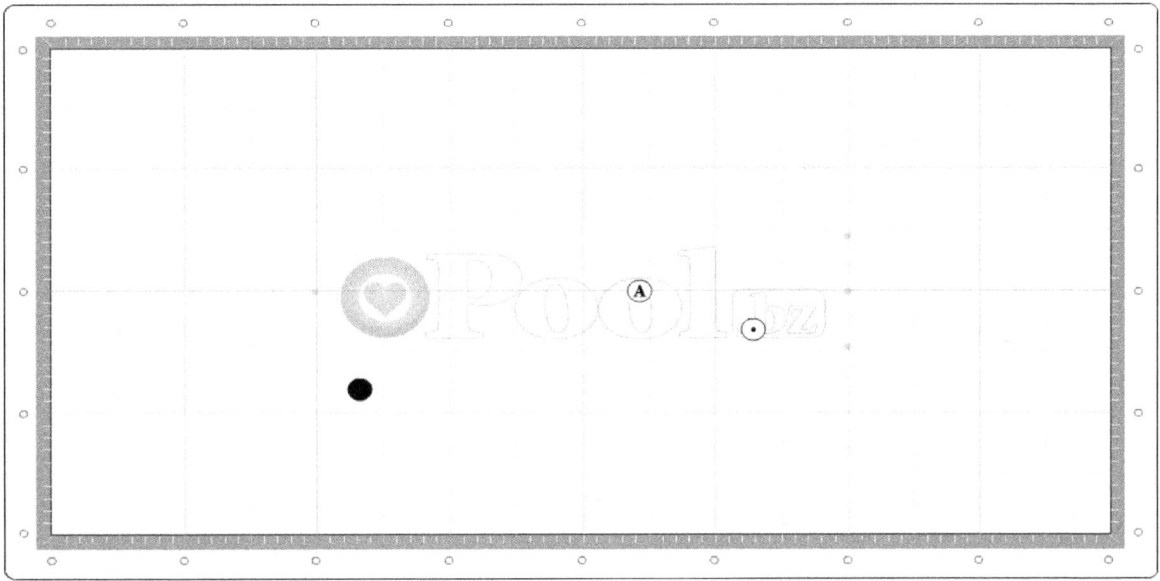

Notes et idées:

Modèle de balle

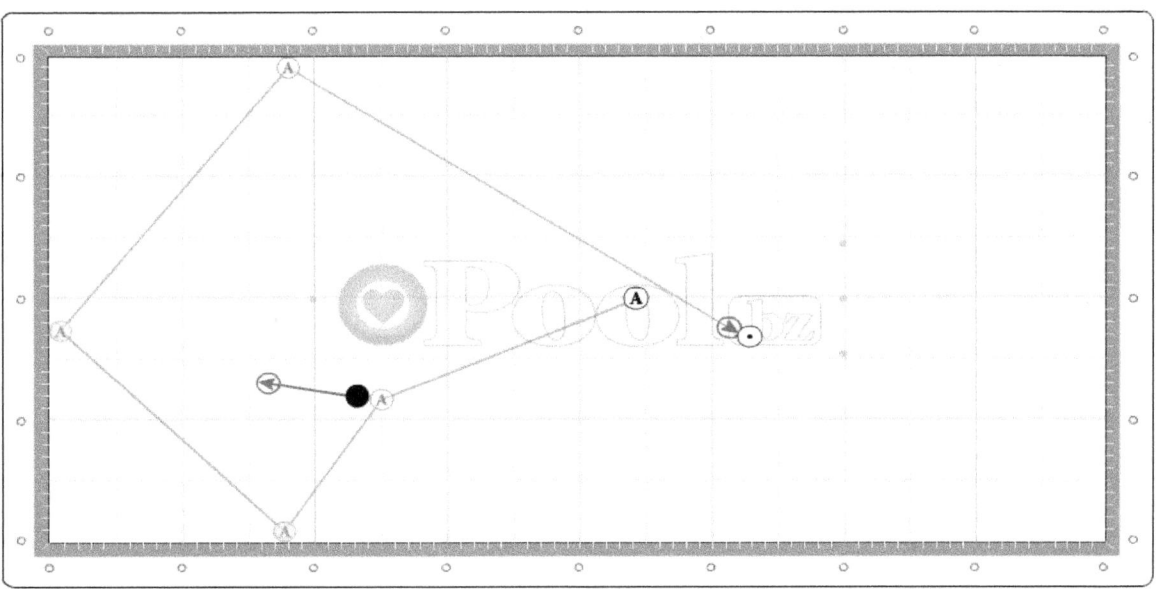

E:3b – Installer

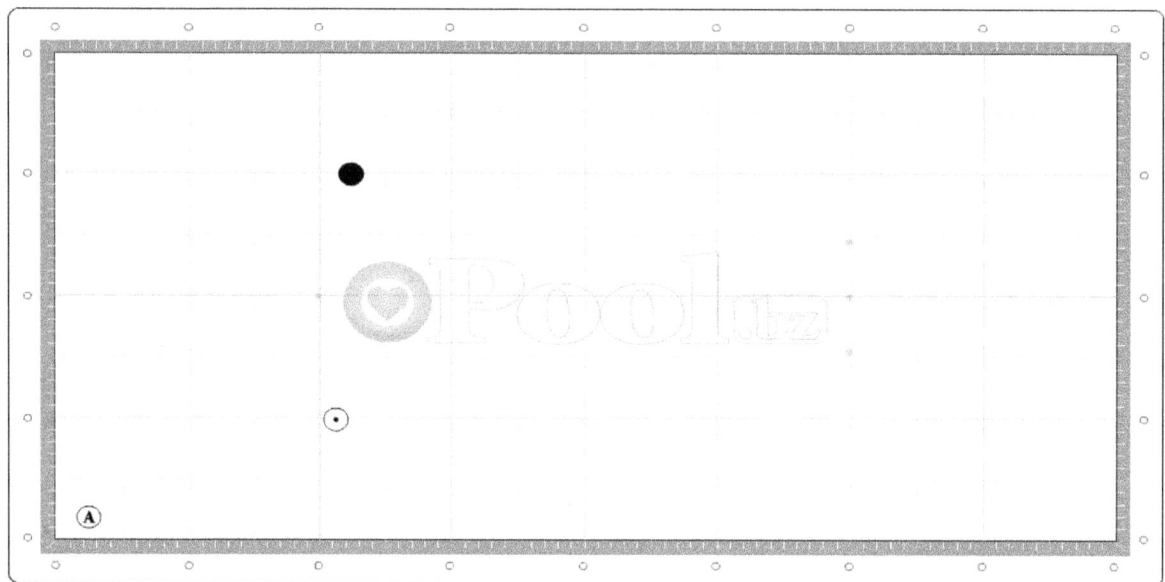

Notes et idées:

Modèle de balle

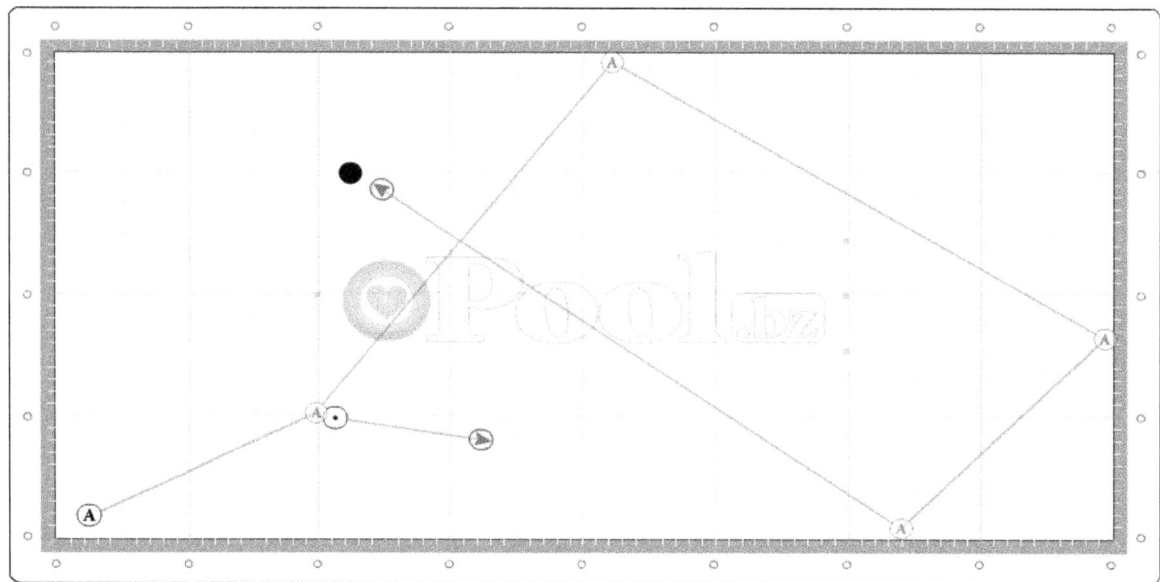

E:3c – Installer

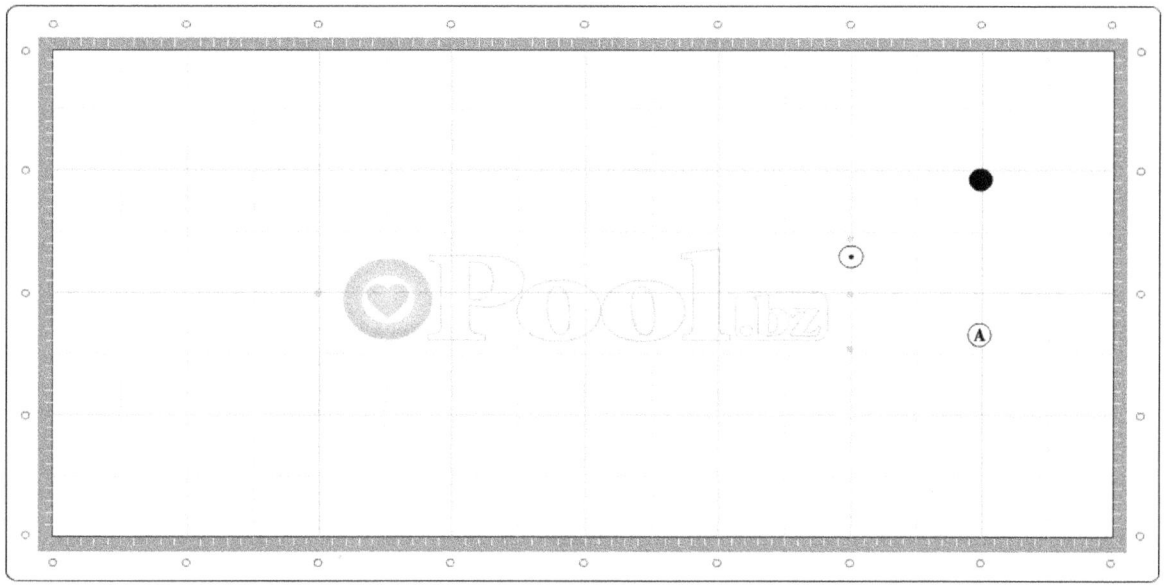

Notes et idées:

Modèle de balle

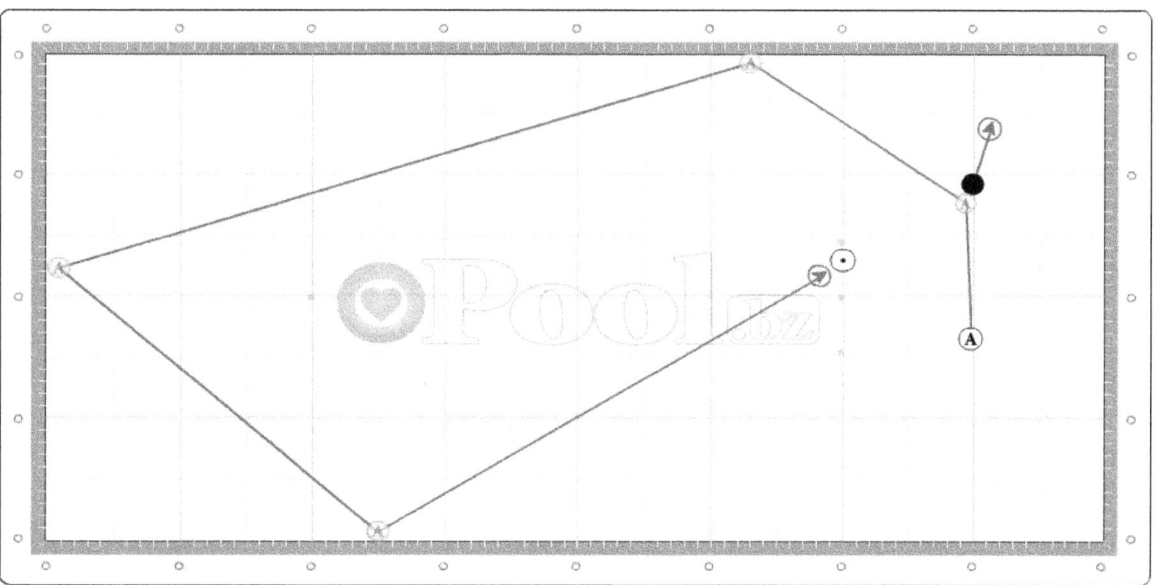

E:3d – Installer

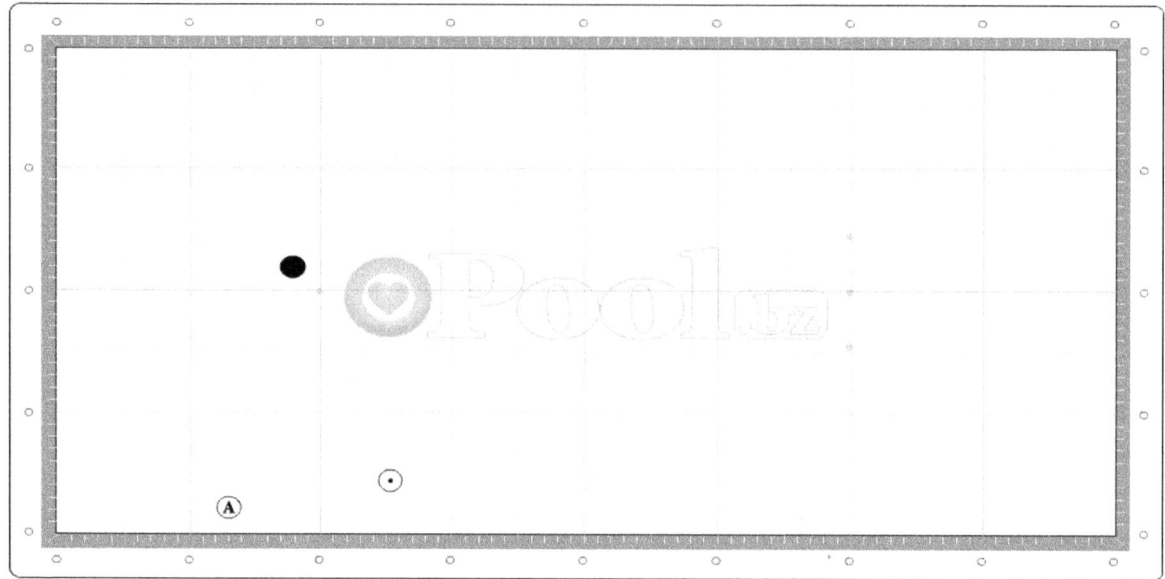

Notes et idées:

Modèle de balle

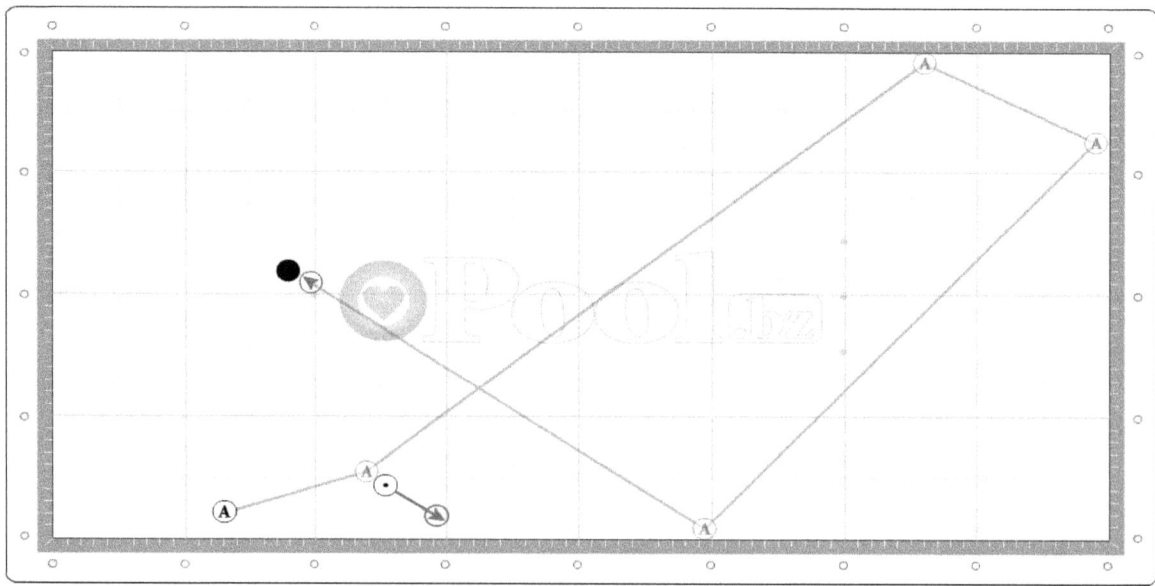

F: Chemins courts, modifies

Le (CB) entre dans le premier (OB) et suit la norme dans le monde entier. Cependant, le motif est modifié, car l'autre (OB) n'est pas sur le chemin normal du coin d'origine. Cela signifie que les angles doivent être ajustés pour effectuer un coup sur l'autre (OB).

(A) (CB) (votre balle) - ⊙ (OB) (balle de l'adversaire) – ● (OB) Balle rouge

F: Groupe 1

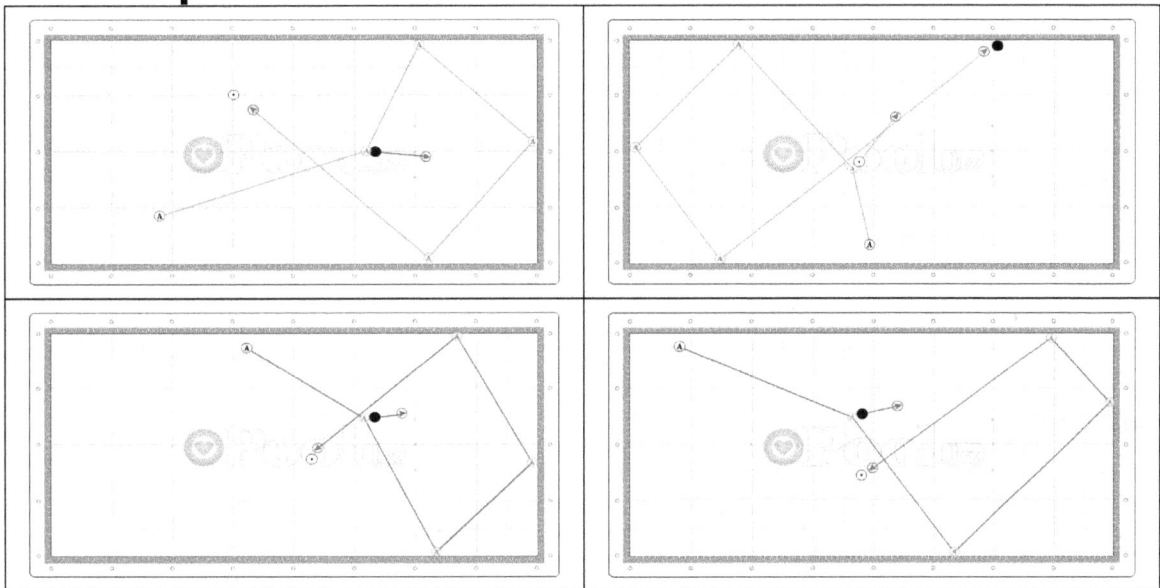

Une analyse:

F:1a. _____

F:1b. _____

F:1c. _____

F:1d. _____

F:1a – Installer

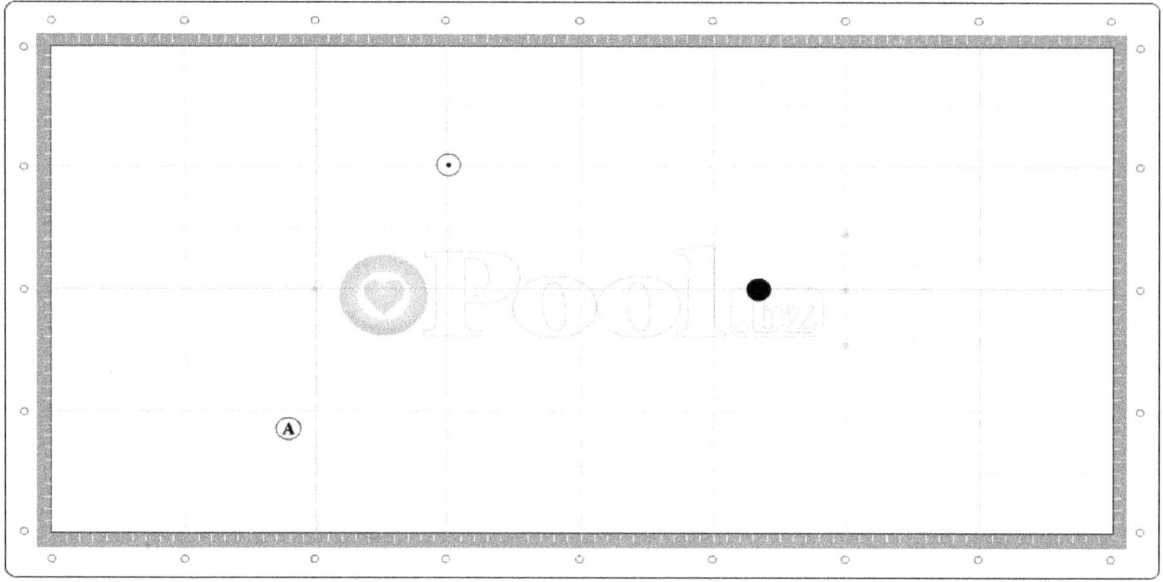

Notes et idées:

Modèle de balle

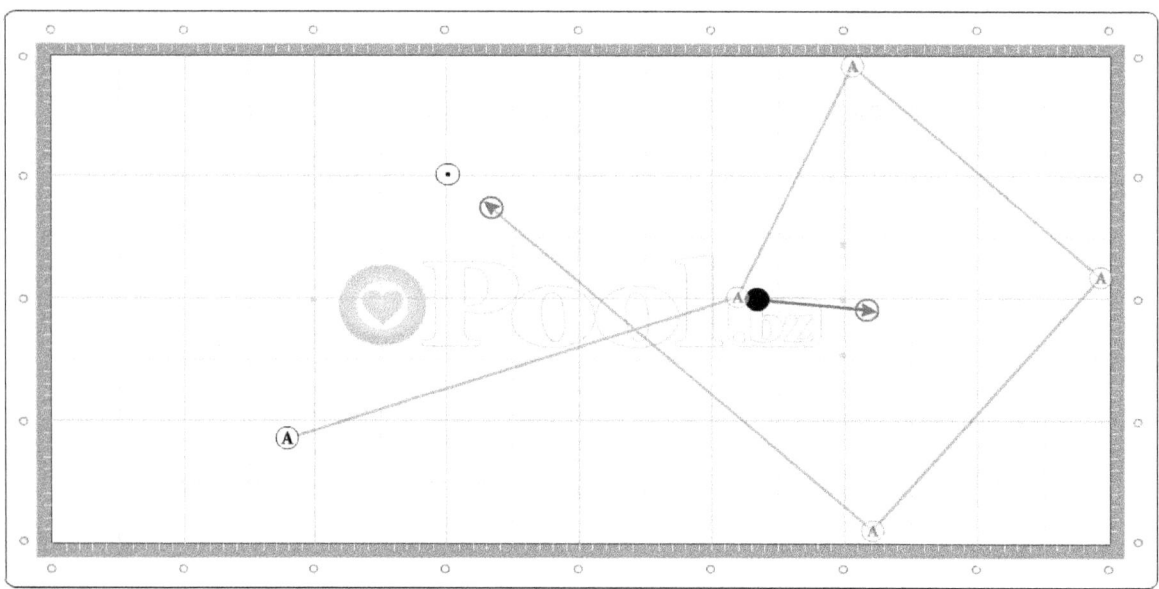

F:1b – Installer

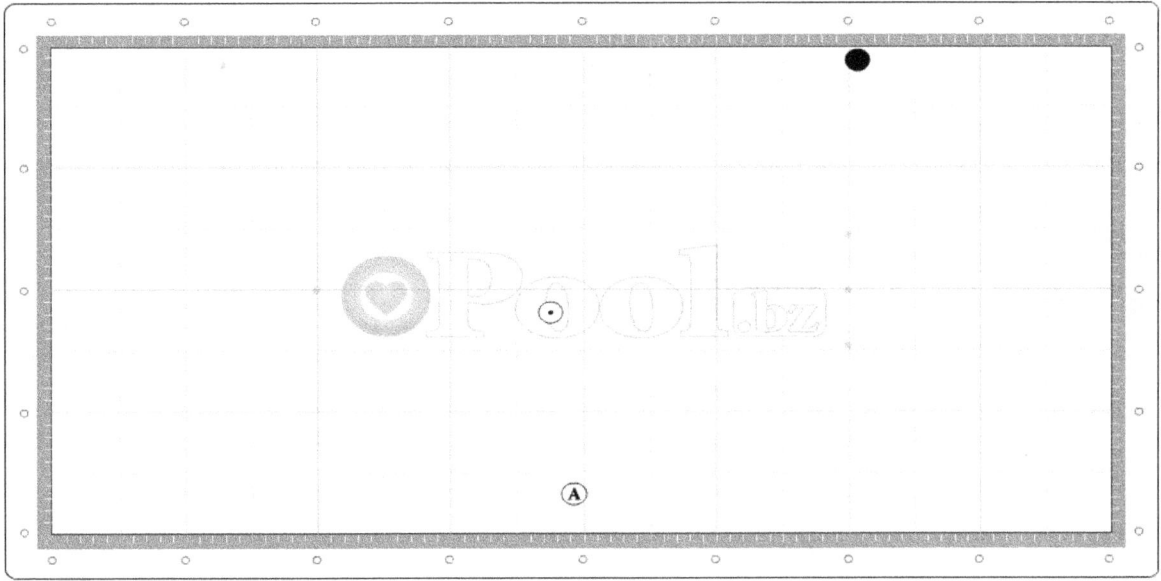

Notes et idées:

Modèle de balle

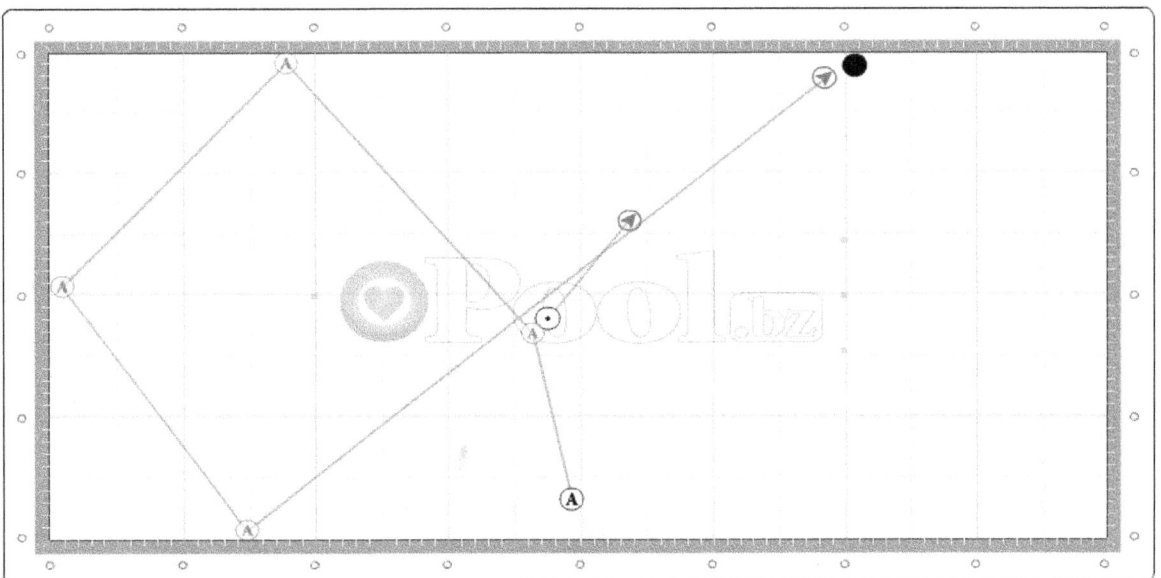

F:1c – Installer

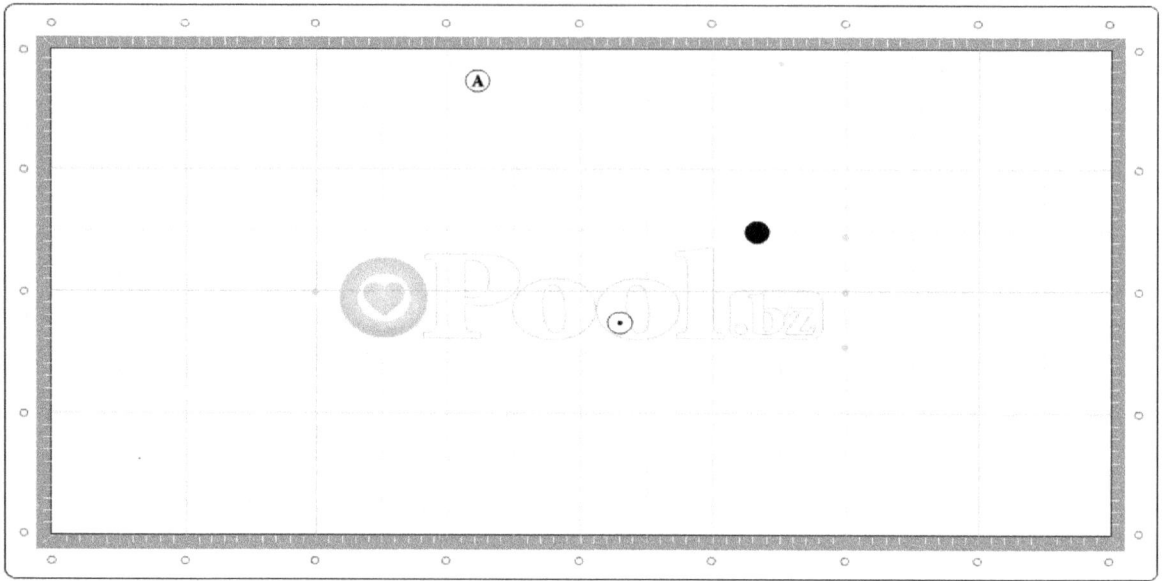

Notes et idées:

Modèle de balle

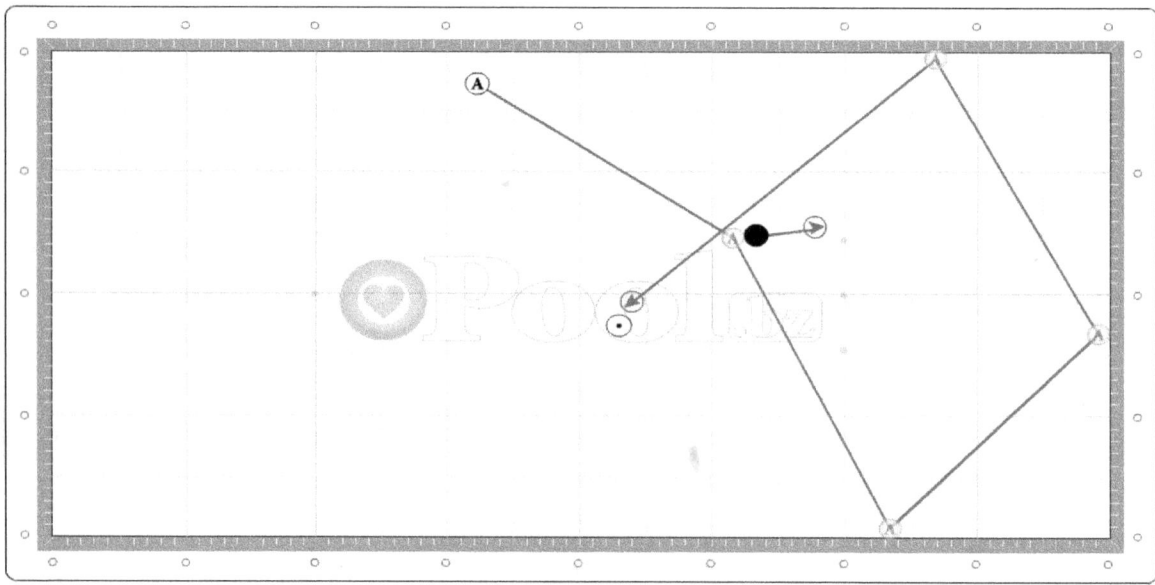

F:1d – Installer

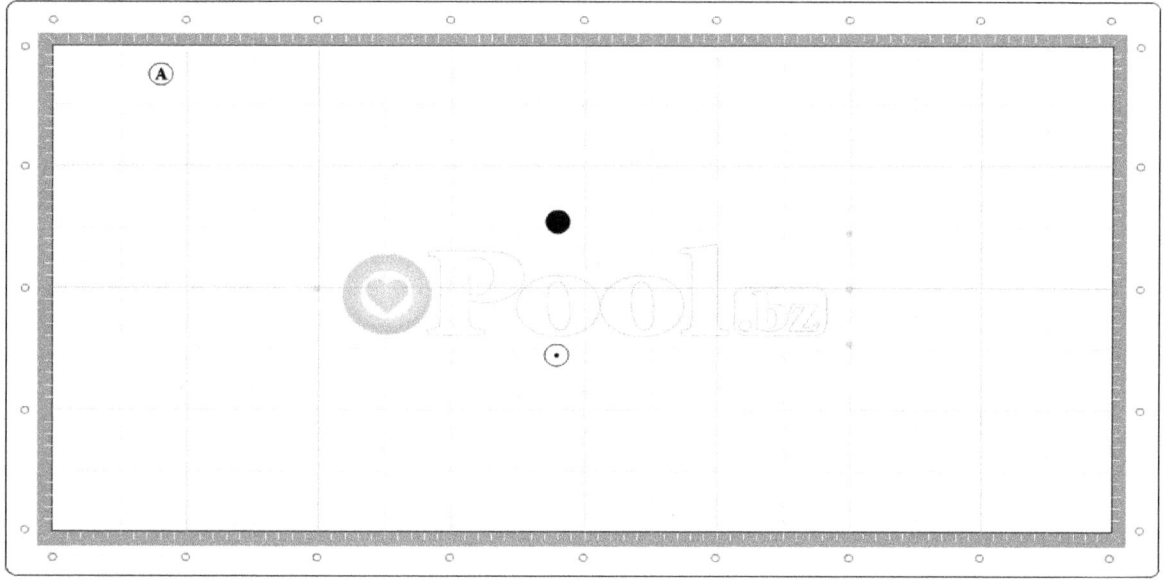

Notes et idées:

Modèle de balle

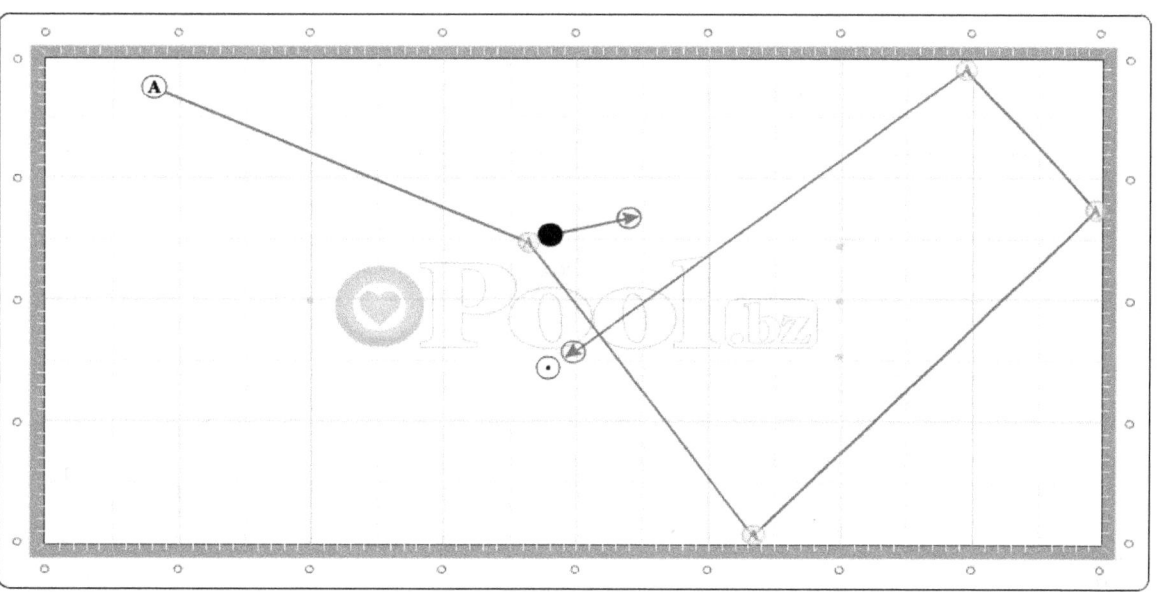

F: Groupe 2

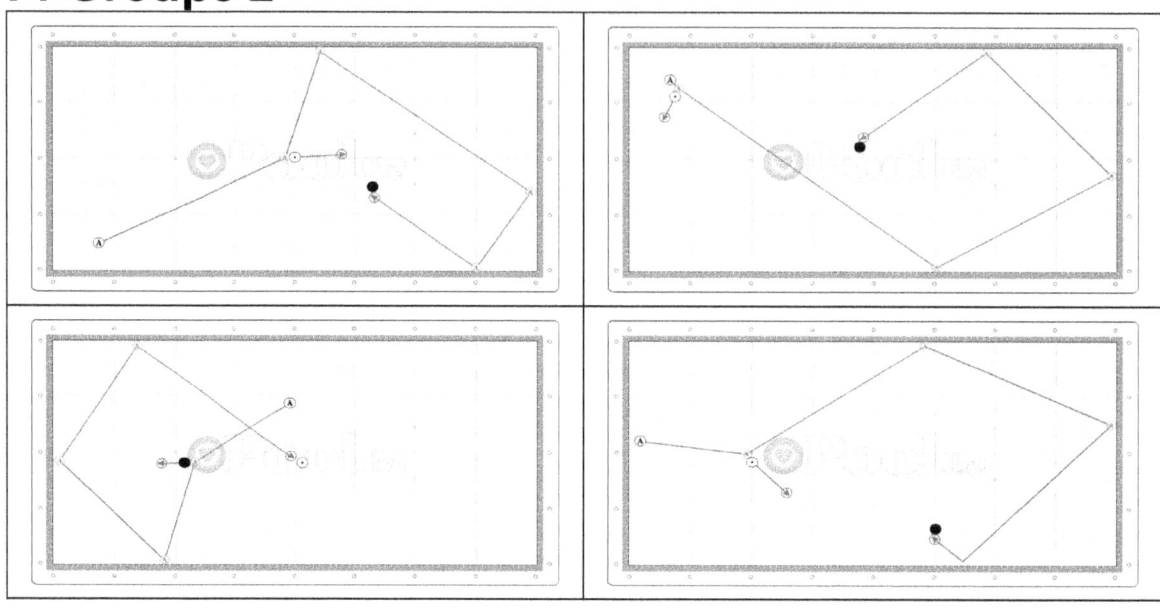

Une analyse:

F:2a. _____

F:2b. _____

F:2c. _____

F:2d. _____

F:2a – Installer

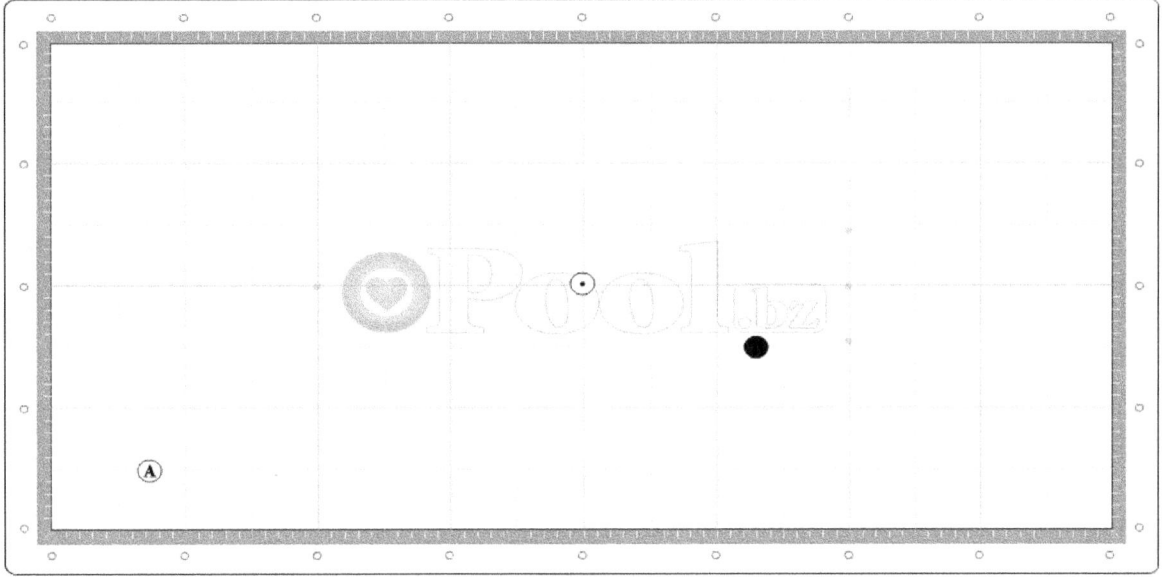

Notes et idées:

Modèle de balle

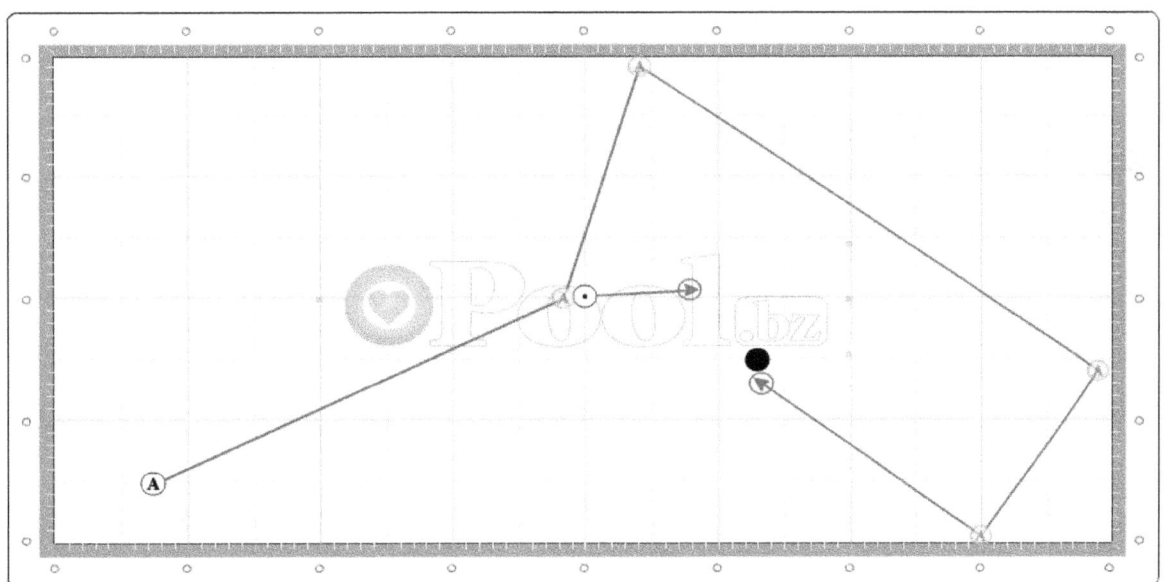

F:2b – Installer

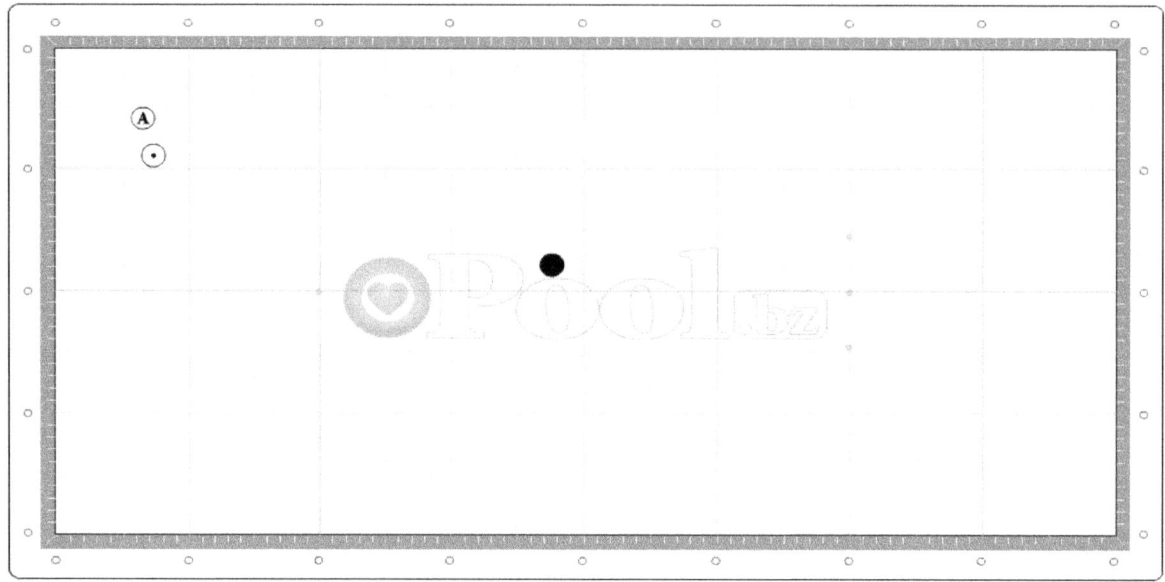

Notes et idées:

Modèle de balle

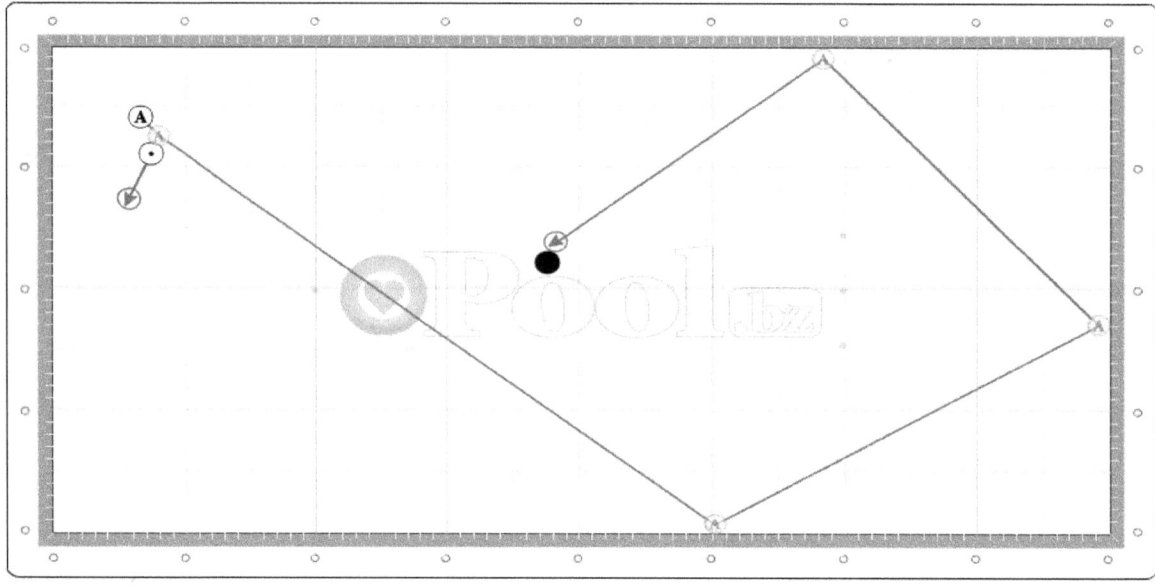

F:2c – Installer

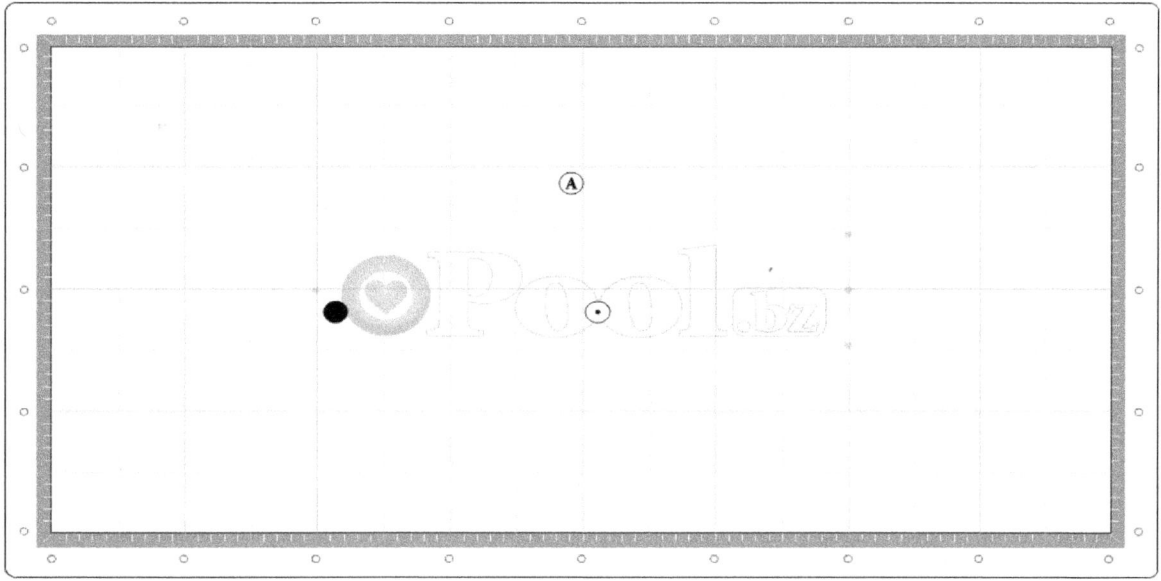

Notes et idées:

Modèle de balle

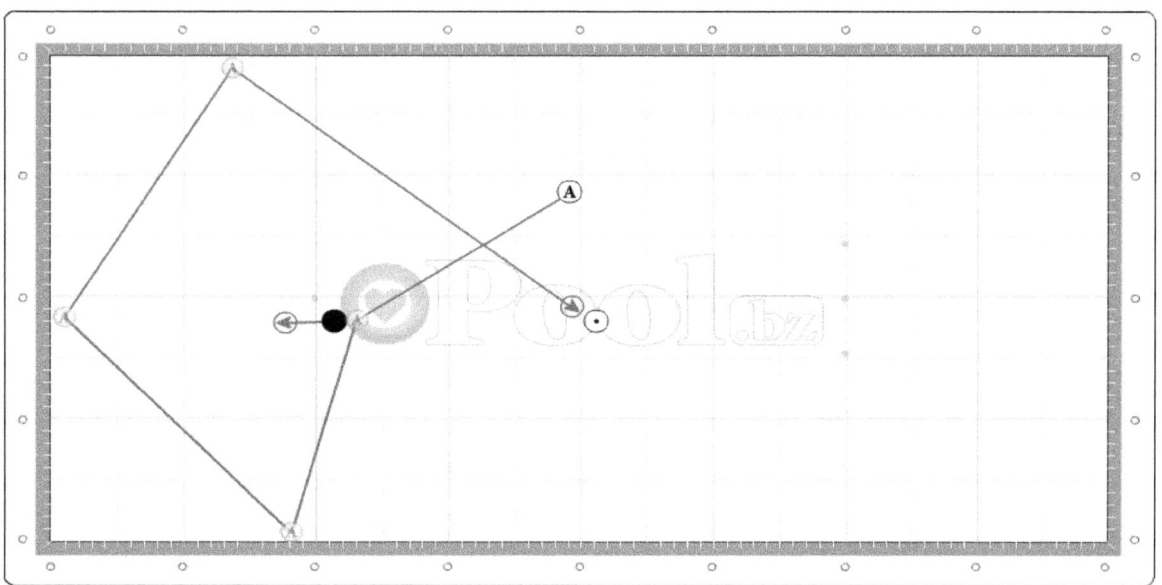

F:2d – Installer

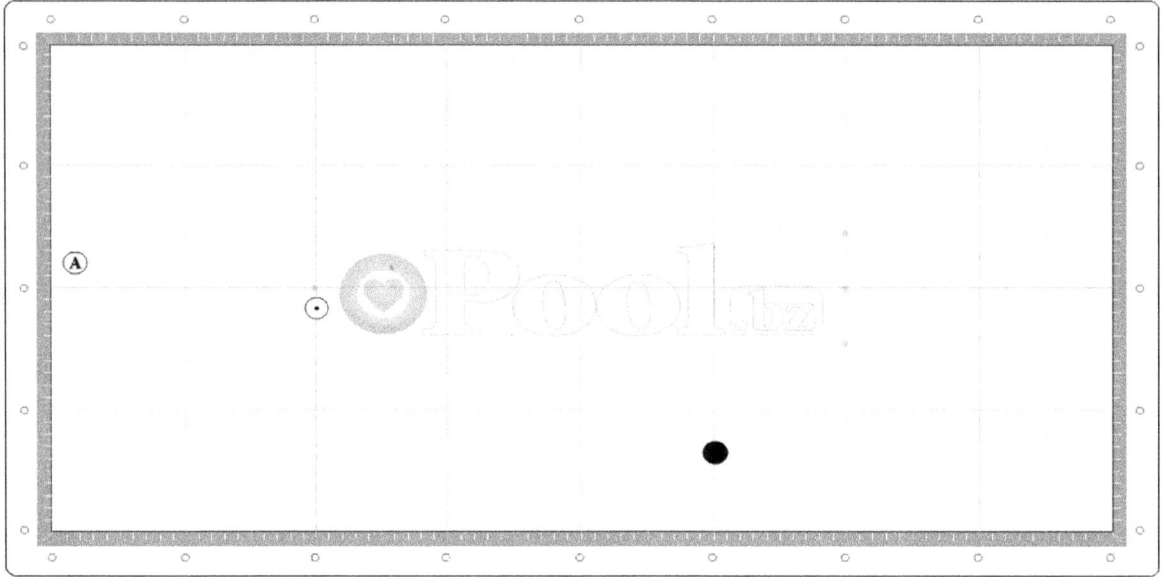

Notes et idées:

Modèle de balle

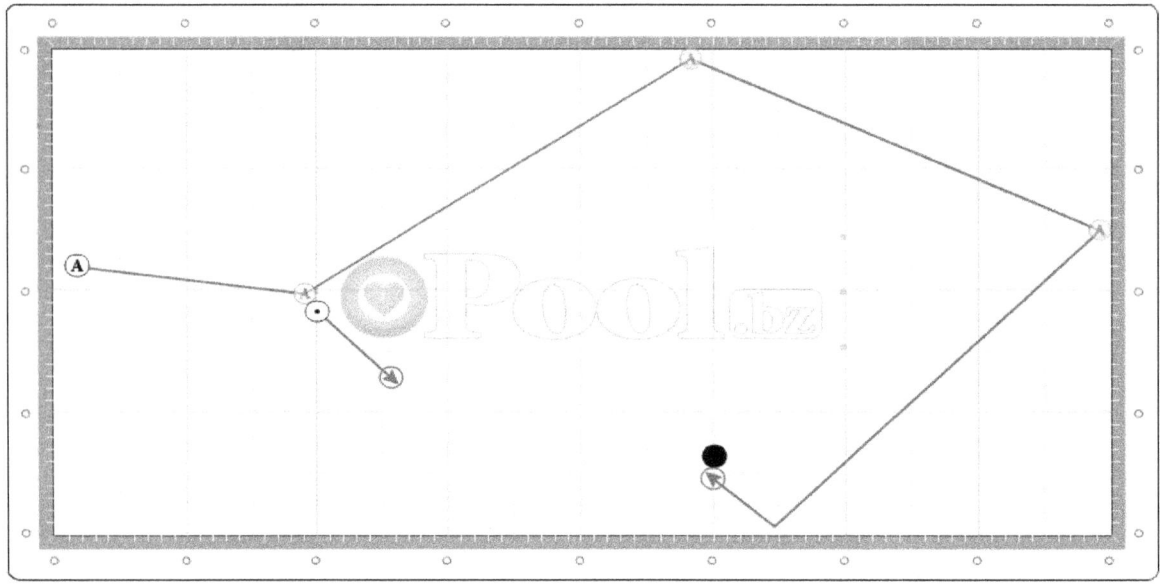

www.ingramcontent.com/pod-product-compliance
Lightning Source LLC
Chambersburg PA
CBHW080922170426
43201CB00016B/2238